KB192998

수학적 사고력 향상을 위한

파이썬 코딩 수학 with 딥러닝

수학적 사고력 향상을 위한

파이썬 코딩 수학 with 딥러닝

초판 1쇄 인쇄 | 2019년 7월 5일
초판 1쇄 발행 | 2019년 7월 10일

지 은 이 | 박경원
발 행 인 | 이상만
발 행 처 | 정보문화사

책임편집 | 최동진
편집진행 | 노미라

주 소 | 서울시 종로구 대학로 12길 38 (정보빌딩)
전 화 | (02)3673-0037(편집부) / (02)3673-0114(代)
팩 스 | (02)3673-0260
등 록 | 1990년 2월 14일 제1-1013호
홈페이지 | www.infopub.co.kr

I S B N | 978-89-5674-835-1

수학적 사고력 향상을 위한

파이썬 코딩 수학 with 딥러닝

박경원 지음

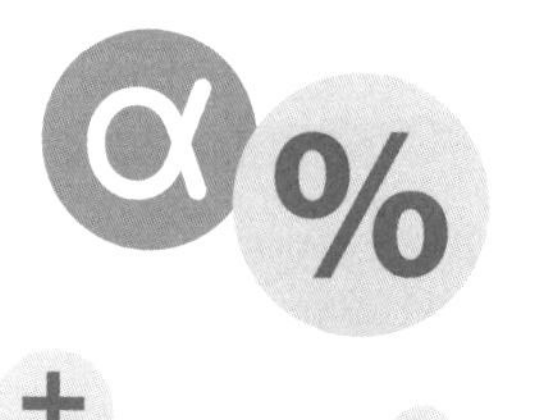

정보문화사
Information Publishing Group

머리말

코딩은 참 어려웠습니다. 특히 C언어만 사용해야 했을 때 말이죠. 전자공학을 전공했지만, 데이터 구조 및 알고리즘 등 코딩 과목이 가장 어려웠고, 코딩 관련 프로젝트는 가능하면 피하고 싶었습니다. 파이썬이 나오고 나서야 코딩이 '이렇게 쉽고 재미있구나.'라고 생각할 수 있었습니다.

예를 들어 다음 코드를 봅시다.

```
if money < 2000: print ('You'd better take a bus')
```

아무런 어려움 없이, 2000원이 안 되면 버스를 타고 가라고 해석됩니다. 만약 다른 언어로 같은 내용을 코딩해야 했다면 money에 대한 자료 형식을 정의해야 하며, 괄호 { }의 사용법도 알아야 합니다. 또한 변수에 대한 메모리 주소를 할당할 필요가 있습니다.

파이썬은 이런 번거로운 작업이 필요 없는, 코드를 이해하기 쉽고, 이로 인해 초보자가 배우기 쉬운 프로그래밍 언어입니다. 또한 코드를 개발하기도 편합니다.

과거에는 C언어로 느리지만 차분하게 완벽한 코딩을 하고 배포하는 것이 코딩의 가장 큰 목적이었다면 최근에는, 쉽게 작성한 코드를 간단하게 테스트해 보고 빨리 고치는 식으로 개발 방향이 변하고 있습니다. 예를 들어 머신러닝 분야에서는 다양한 머신러닝 기법 중 가장 효율적인 방법을 찾고 테스트해 보는 것이 중요합니다. 이러한 목적에 가장 부합하는 프로그래밍 언어가 파이썬입니다. 최근 구글에서 가장 많이 검색되는 언어를 보면 압도적으로 파이썬이 1등을 달리는 것을 볼 수 있습니다.

아무런 동기 없이 코딩을 배우기는 힘이 듭니다. 일반적인 전문 코딩 관련 서적은 읽으면 이해는 되지만, 코딩 책은 실습을 동반해야 배웠다고 할 수 있습니다. 시중에 코딩 책은 초보자를 위한 책, 전문가를 위한 책, 어린이들을 위한 아두이노/스크래치/엔트리 책 등으로 구분됩니다. 스크래치나 엔트리도 프로그래밍에 대한 흥미를 유발하기에 좋은 학습 툴이지만 실제 텍스트 기반 프로그래밍 언어와는 차이가 큽니다.

그래서 이 책에서는 코딩을 수학으로 엮어 보려 합니다. 중학교 수학 과정은 논리적 사고력이 필요하게 되는 첫 과정이며, 이 논리에 대한 구술이 바로 코딩과 맞닿아 있습니다. 따라서 이 책을 공부하게 되는 수험생에게는 수학적 사고력과 파이썬 코딩 능력을 동시에 갖출 수 있습니다.

이 책은 코딩을 처음 시작하는 성인들에게도 아주 자연스럽게 코딩을 배울 수 있도록 유도합니다. 시중에 시판된 파이썬 책은 문법 설명이 나오고 예시가 나옵니다. 마치 과거 문법 위주의 영어 교육과 유사합니다. 즉, 문법은 배울 수 있지만, 실제 영어를 잘 쓸 수 있느냐와는 다른 문제입니다. 그러한 책들은 다른 프로그래밍 언어를 사용할 줄 아는 사람들이 파이썬 문법을 배우는 데는 매우 효과적이지만 프로그래밍을 처음 시작한 사람에게는 적합하지 않습니다.

하지만 이 책은 초보자들이 자연스럽게 파이썬을 배우도록 유도합니다. '과거 배웠던 수학에 이러한 로직이 있었구나.'를 되새기면서 이를 코딩으로 직접 구현하게 됩니다. 이러한 과정 중에 파이썬의 중요한 패키지인 numpy, matplotlib, pandas에 대해 배우게 됩니다. 이 책은 이 패키지를 반복적으로 사용하게끔 유도하면서 책을 끝까지 다 공부하고 나면 파이썬의 중요 패키지 사용에 어느 정도 자신감을 갖게 될 것입니다.

미래에는 코딩에 대한 중요성이 지금보다 더 커질 것입니다. 미국 고등학교 중에는 제2외국어 대신 코딩 언어를 선택하게 하는 학교도 있으며, 어떤 초등학교는 코딩을 전교생이 무조건 들어야 하는 의무 교과 과정으로 지정하였습니다. 일본은 2020년부터 코딩이 의무 교과 과정이 됩니다. 우리나라 포항공대도 인공지능을 모든 학과에서 기본적으로 배우도록 교과 과정 개편 중에 있습니다.
미래 직업 중 50%는 인공지능으로 인하여 없어진다고 예측되고 있습니다. 코딩은 빠르게 시작하면 할수록 좋습니다. 지금이라도 늦지 않았습니다. 이 책이 코딩을 시작하는 데 작은 도움이 되었으면 합니다.

박경원

이 책의 구성

이 책에서는 코딩을 수학으로 엮어 보려 합니다. 이 책을 학습하다 보면 수학적 사고력과 파이썬 코딩 능력을 동시에 갖출 수 있을 겁니다.

제목
배워야 할 가장 핵심적인 내용을 제목으로 삼아 학습 방향을 제시합니다.

Tip
개념에 대한 부연 설명, 관련 정보, 알아 두면 좋은 세부 기능, 유용한 활용 팁 등이 가득 담겨 있습니다.

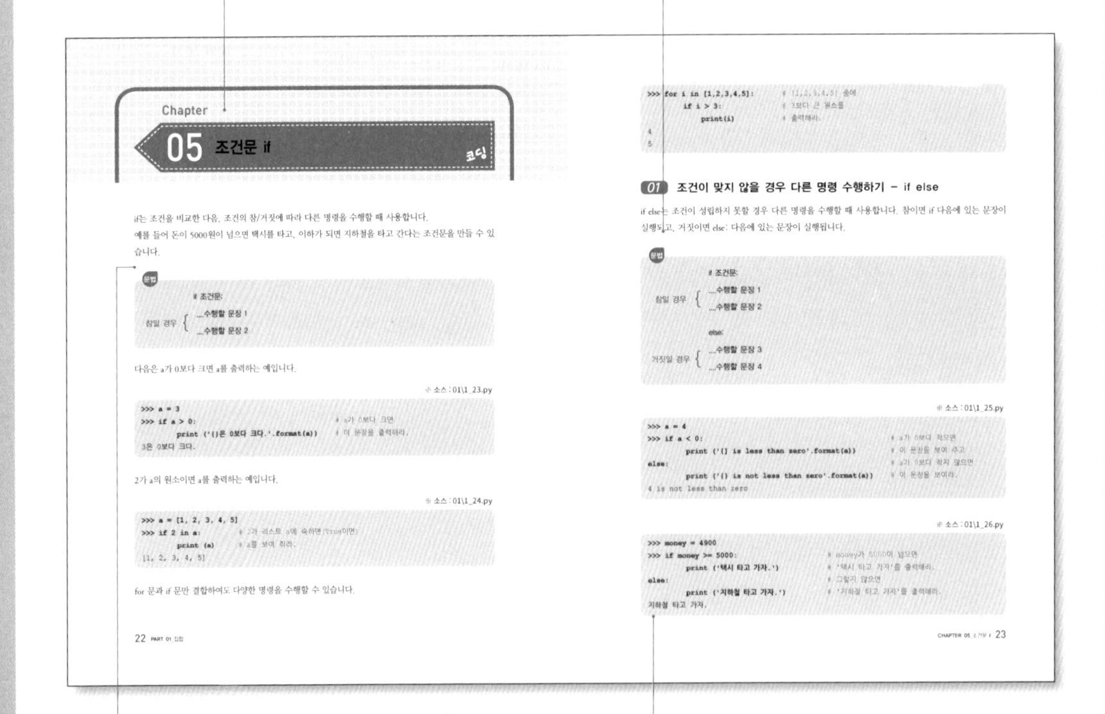

Chapter

05 조건문 if

코딩

if는 조건을 비교한 다음, 조건의 참/거짓에 따라 다른 명령을 수행할 때 사용합니다.
예를 들어 돈이 5000원이 넘으면 택시를 타고, 이하가 되면 지하철을 타고 간다는 조건문을 만들 수 있습니다.

문법

```
        # 조건문:
참일 경우 { ....수행할 문장 1
          ....수행할 문장 2
```

다음은 a가 0보다 크면 a를 출력하는 예입니다.

※ 소스 : 01\1_23.py

```
>>> a = 3
>>> if a > 0:                              # a가 0보다 크면
        print ('{}은 0보다 크다.'.format(a))   # 이 문장을 출력해라.
3은 0보다 크다.
```

2가 a의 원소이면 a를 출력하는 예입니다.

※ 소스 : 01\1_24.py

```
>>> a = [1, 2, 3, 4, 5]
>>> if 2 in a:          # 2가 리스트 a에 속하면(True이면)
        print (a)       # a를 보여 줘라.
[1, 2, 3, 4, 5]
```

for 문과 if 문만 결합하여도 다양한 명령을 수행할 수 있습니다.

22 PART 01 집합

```
>>> for i in [1,2,3,4,5]:      # [1,2,3,4,5] 중에
        if i > 3:              # 3보다 큰 원소를
            print(i)           # 출력해라.
4
5
```

01 조건이 맞지 않을 경우 다른 명령 수행하기 - if else

if else는 조건이 성립하지 못할 경우 다른 명령을 수행할 때 사용합니다. 참이면 if 다음에 있는 문장이 실행되고, 거짓이면 else: 다음에 있는 문장이 실행됩니다.

문법

```
          # 조건문:
참일 경우   { ....수행할 문장 1
            ....수행할 문장 2

          else:
거짓일 경우 { ....수행할 문장 3
            ....수행할 문장 4
```

※ 소스 : 01\1_25.py

```
>>> a = 4
>>> if a < 0:                                       # a가 0보다 작으면
        print ('{} is less than zero'.format(a))       # 이 문장을 보여 주고
else:                                               # a가 0보다 작지 않으면
        print ('{} is not less than zero'.format(a))   # 이 문장을 보여라.
4 is not less than zero
```

※ 소스 : 01\1_26.py

```
>>> money = 4900
>>> if money >= 5000:              # money가 5000이 넘으면
        print ('택시 타고 가자.')      # '택시 타고 가자'를 출력해라.
else:                              # 그렇지 않으면
        print ('지하철 타고 가자.')    # '지하철 타고 가자'를 출력해라.
지하철 타고 가자.
```

CHAPTER 05_조건문 if 23

개념과 문법 설명
꼭 알아야 할 이론적인 개념과 문법을 설명해 놓았습니다. 개념과 문법을 미리 알아 두면 훨씬 쉽고 재미있게 실습할 수 있습니다.

예제
이 책에서는 예제를 통해 이론 및 명령어를 자연스럽게 익힐 수 있도록 구성하였습니다. 예제 소스는 직접 파이썬에 입력해서 실행해 보면 좋습니다. 소스는 정보문화사 홈페이지에서 다운로드하여 실습해 볼 수 있습니다.

[소스 파일 다운로드]

이 책에 사용된 소스 파일은 정보문화사 홈페이지(http://www.infopub.co.kr)에서 다운로드할 수 있습니다. 홈페이지에 접속하고 '자료실'을 클릭한 다음 검색란에 "코딩 수학"을 입력하고 [검색] 버튼을 클릭합니다. '파이썬 코딩 수학 with 딥러닝'이 표시되면 파일 항목에서 파일명을 클릭하여 부록 데이터를 다운로드하고 압축을 풀어 사용합니다.

생각해 보기

'수학에 이러한 로직이 있었구나'를 되새기면서 이를 코딩으로 직접 구현해 볼 수 있습니다.

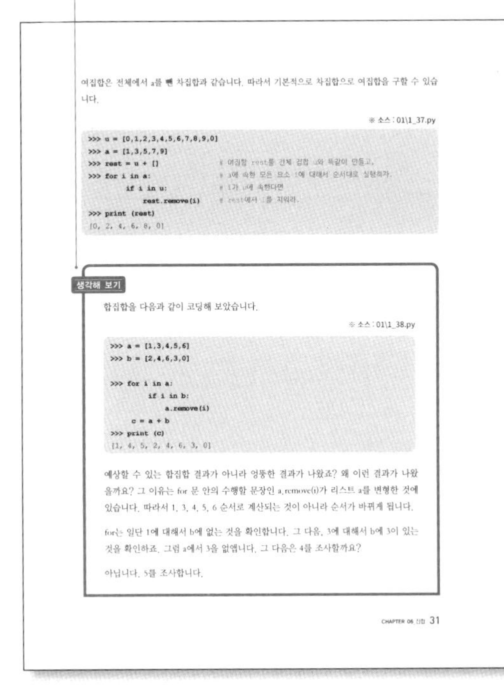

여집합은 전체에서 a를 뺀 차집합과 같습니다. 따라서 기본적으로 차집합으로 여집합을 구할 수 있습니다.

※ 소스 : 01\1_37.py

```
>>> u = [0,1,2,3,4,5,6,7,8,9,0]
>>> a = [1,3,5,7,9]
>>> rest = u + []             # 여집합 rest를 전체 집합 u와 똑같이 만들고,
>>> for i in a:               # a에 속한 모든 요소 i에 대해서 순서대로 실행하라.
        if i in u:            # i가 u에 속한다면
            rest.remove(i)    # rest에서 i를 지워라.
>>> print (rest)
[0, 2, 4, 6, 8, 0]
```

생각해 보기

합집합을 다음과 같이 코딩해 보았습니다.

※ 소스 : 01\1_38.py

```
>>> a = [1,3,4,5,6]
>>> b = [2,4,6,3,0]

>>> for i in a:
        if i in b:
            a.remove(i)
    c = a + b
>>> print (c)
[1, 4, 5, 2, 4, 6, 3, 0]
```

예상할 수 있는 합집합 결과가 아니라 엉뚱한 결과가 나왔죠? 왜 이런 결과가 나왔을까요? 그 이유는 for 문 안의 수행할 문장인 a.remove(i)가 리스트 a를 변형한 것에 있습니다. 따라서 1, 3, 4, 5, 6 순서로 계산되는 것이 아니라 순서가 바뀌게 됩니다.

for는 일단 1에 대해서 b에 없는 것을 확인합니다. 그 다음, 3에 대해서 b에 3이 있는 것을 확인하죠. 그럼 a에서 3을 없앱니다. 그 다음은 4를 조사할까요?

아닙니다. 5를 조사합니다.

CHAPTER 06 집합 31

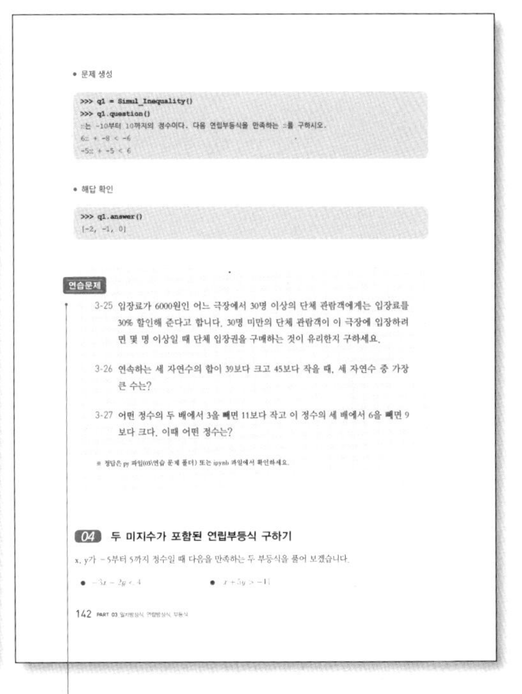

• 문제 생성

```
>>> q1 = Simul_Inequality()
>>> q1.question()
x는 -10부터 10까지의 정수이다. 다음 연립부등식을 만족하는 x를 구하시오.
6x + -8 < -6
-5x + -5 < 6
```

• 해답 확인

```
>>> q1.answer()
[-2, -1, 0]
```

연습문제

3-25 입장료가 6000원인 어느 극장에서 30명 이상의 단체 관람객에게는 입장료를 30% 할인해 준다고 합니다. 30명 미만의 단체 관람객이 이 극장에 입장하려면 몇 명 이상일 때 단체 입장권을 구매하는 것이 유리한지 구하세요.

3-26 연속하는 세 자연수의 합이 39보다 크고 45보다 작을 때, 세 자연수 중 가장 큰 수는?

3-27 어떤 정수의 두 배에서 3을 빼면 11보다 작고 이 정수의 세 배에서 6을 빼면 9보다 크다. 이때 어떤 정수는?

※ 정답은 py 파일(03\연습 문제 폴더) 또는 ipynb 파일에서 확인하세요.

04 두 미지수가 포함된 연립부등식 구하기

x, y가 −5부터 5까지 정수일 때 다음을 만족하는 두 부등식을 풀어 보겠습니다.

- $-3x - 2y < 4$
- $x + 5y > -11$

142 PART 03 일차방정식, 연립방정식, 부등식

연습문제

배운 기능을 확실히 자신의 것으로 만들 수 있도록 연습문제를 수록하였습니다.

Contents

3 일차방정식, 연립방정식, 부등식

4 일차함수

5 확률과 통계

6 이차방정식 및 이차함수

7

딥러닝

개발 환경 준비하기

01 왜 파이썬(Python)인가?

우리가 컴퓨터 혹은 인터넷 환경에서 원하는 바를 수행하려면 코드를 작성해야 하고, 그러려면, 프로그램 언어가 필요합니다.

프로그래밍 언어 중 가장 유명하고 널리 알려진 언어는 C언어이지만, 최근에는 C언어보다 훨씬 배우기 쉽고, 가벼우며 다양하게 응용할 수 있는 파이썬이 많이 사용되고 있습니다.

파이썬은 빅데이터 분석, 인공지능, 통계, 경제, 수학, 과학 등 다양한 분야에서 폭넓게 활용되고 있으며, 또한 다른 언어에 비해 문법이 쉽고 직관적이라 처음 접하는 사람도 쉽게 배울 수 있습니다.

다음 그림을 보면, 파이썬이 얼마나 주목받고 있는지 알 수 있습니다. 특히 2018년 이후에는 가장 인기 있는 프로그래밍 언어가 되었습니다.

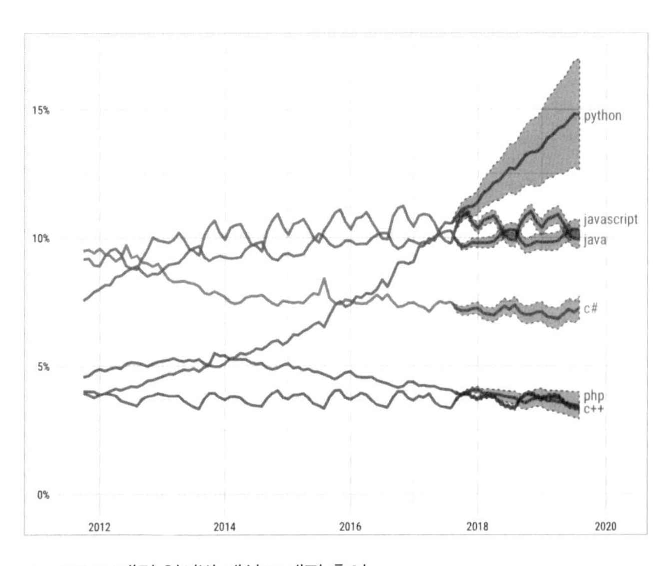

▲ 프로그래밍 언어별 예상 트래픽 추이
(출처: https://stackoverflow.blog)

더욱이 최근 주목받는 머신러닝, 데이터 사이언스에서 요구되는 프로그래밍 언어에서도 파이썬이 1위를 달리고 있습니다. 따라서 파이썬으로 코딩 공부를 시작해 보겠습니다.

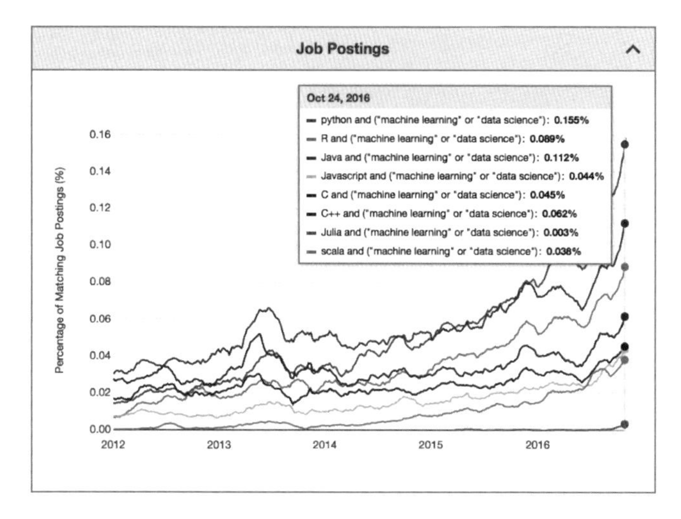

▲ 기계 학습과 데이터 과학에서 사용하는 인기 언어(출처: https://fossbytes.com)

그럼, 파이썬을 시작하는 법부터 배워 보겠습니다. 우선 파이썬을 노트 필기장처럼 사용하는 주피터 노트북(Jupyter Notebook)을 사용 환경으로 설치해 보겠습니다.

파이썬을 사용하기 위해서는 사용자의 취향에 따라 주피터 노트북(Jupyter Notebook)을 이용하거나 Python.org에서 제공하는 IDLE, 또는 명령 프롬프트를 이용할 수 있습니다.

주피터 노트북을 사용하는 것을 추천하지만, IDLE 혹은 명령 프롬프트를 선택하여 사용해도 됩니다.

02 주피터 노트북 설치하기

여러 개발사들이 각기 다른 개발 환경을 만들어 사용자에게 유료 혹은 무료로 제공해 주고 있지만 여기서는 아나콘다라는 회사에서 개발한 사용 환경인 주피터 노트북을 설치해 보겠습니다. 물론 아나콘다는 무료입니다.

설치 전 자신의 컴퓨터가 몇 비트 시스템인지 확인이 필요합니다. '내 PC' 아이콘을 마우스 오른쪽 버튼으로 클릭하고 **[속성]**을 실행합니다.

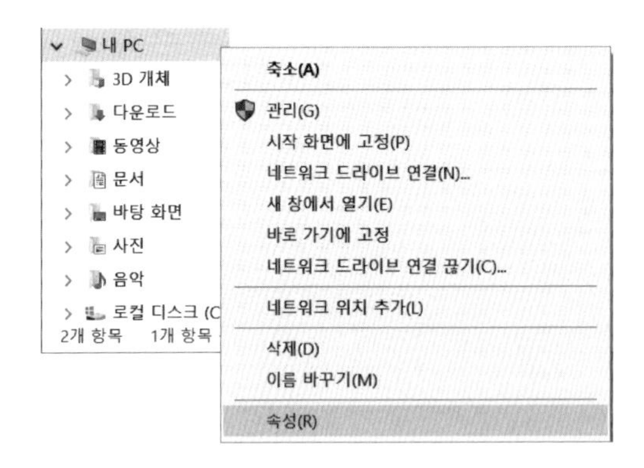

시스템 항목의 시스템 종류에서 몇 비트 운영체제인지 확인합니다.

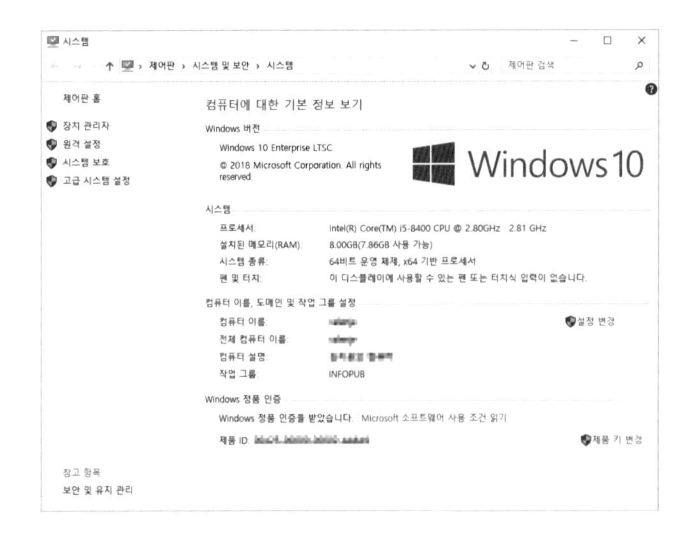

다음 링크로 이동합니다.

https://www.anaconda.com/download/#windows

확인한 운영체제 비트에 맞춰 파이썬 버전을 다운로드합니다. 파이썬 2는 이제 개발이 종료되어 이 책에서는 파이썬 3를 이용합니다.
아나콘다를 설치한 다음 설치된 ANACONDA Navigator를 실행합니다.

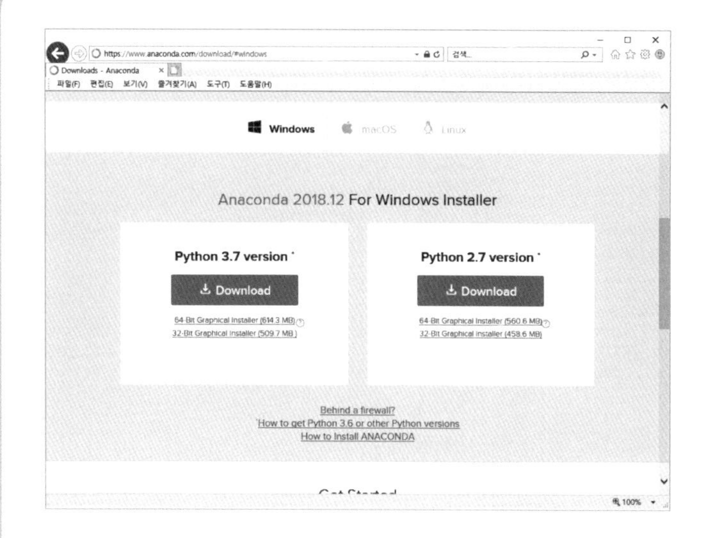

03 주피터 노트북 개발 환경 사용하기

주피터 노트북은 다음 그림처럼, 프로그램 코드를 넣는 셀(코드 셀), 설명하는 셀(마크다운 셀), 그림이나 계산의 결과를 돌려 주는 출력 셀로 되어 있습니다. 이 코드와 마크다운을 적절히 배치하면, 화면이 흡사 필기한 노트를 보는 것 같이 됩니다.

다음 그림에서 Simple spectral analysis는 마크다운 셀입니다. 여기서는 이 프로그램으로 어떤 계산식을 코딩할지 설명해 주고 있습니다.

그 다음 In [1]:, In [2]로 시작하는 코드 셀이 있습니다. 여기서는 실제 코딩 명령어가 들어 있습니다.

마크다운 In [2] 다음에는 그래프가 있습니다. 위 코드 셀을 실행시키면 어떤 결과가 나오는지 보여주고 있는 출력 셀입니다.

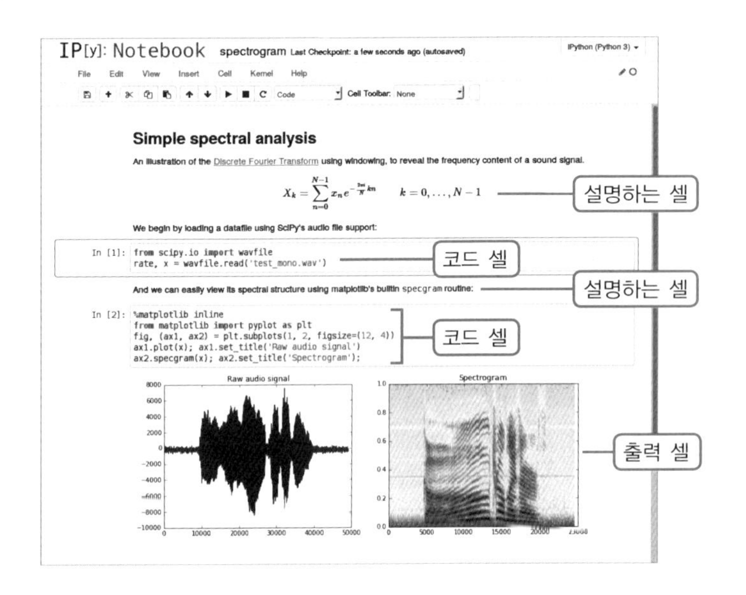

이렇게 주피터 노트북에서는 어떤 코딩을 할 것이며, 실제 코드는 무엇이며, 어떤 결과가 나올지 한눈에 알아볼 수 있게 되어 있습니다. 이 주피터 노트북을 통해 파이썬을 배우면 코딩 학습에 얼마나 효과적인지 이 책의 내용을 공부해 보면 알게 될 것입니다.

다음으로 주피터 노트북을 실행해 보겠습니다. 아나콘다 내비게이터의 초기 화면에서 Jupyter Notebook의 [Launch] 버튼을 클릭합니다.

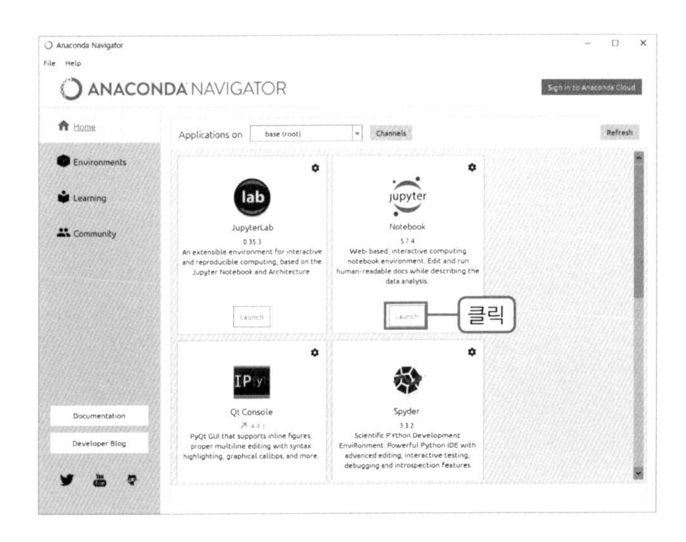

오른쪽에서 [New]–[Python 3]을 클릭합니다. 주피터 노트북이 실행됩니다.

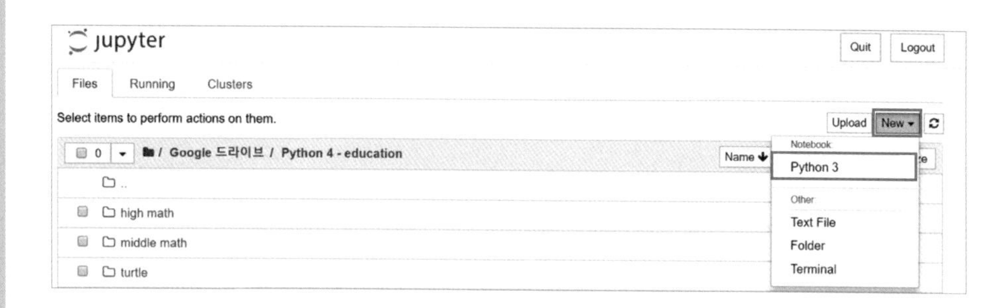

주피터 노트북의 첫 화면은 메뉴와 버튼, 그리고 긴 바로 구성되어 있습니다. 이 긴 바를 셀이라고 합니다.

처음 파일 이름을 만들면 'Untitled'로 되어 있습니다. 이름을 클릭하고 'My_first_notebook'으로 수정합니다.

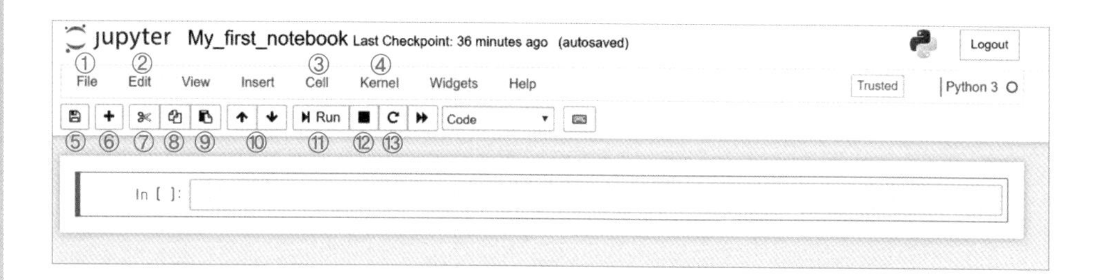

① File

ⓐ New Notebook: 새로운 노트북을 만듭니다.

ⓑ Open: 기존 노트북을 엽니다.

ⓒ Make a Copy: 복사 노트북을 만듭니다.

ⓓ Save and Checkpoint: 저장합니다.

② Edit

· Split Cell : 셀을 나눕니다.

```
In [ ]: a = 3
        b = 5

In [ ]: c = a + b
        print (c)
```

③ Cell

ⓐ Run Cells: 해당 셀만 실행합니다.

ⓑ Run All: 노트북에 있는 모든 셀을 실행합니다.

ⓒ Run All Above: 커서가 위치해 있는 셀 포함 그 위의 모든 셀을 실행합니다.

ⓓ Run All Below: 커서가 위치해 있는 셀 포함 그 아래의 모든 셀을 실행합니다.

④ Kernel

ⓐ Interrupt: 컴퓨터가 결과를 내놓지 않고 멈췄을 때(혹은 멈춘 것처럼 보일 때) 강제로 작동을 중지합니다.

ⓑ Restart: 그동안 실행했던 결과(Run)를 모두 지우고 새로 시작합니다.

ⓒ Restart & Run All: 새로 시작하고, 모든 셀을 실행합니다.

⑤ 저장합니다.

⑥ 새로운 셀을 만듭니다.

⑦ 셀을 오려 둡니다.

⑧ 셀을 복사합니다.

⑨ 오려 둔 셀 내용을 붙입니다.

⑩ 셀을 이동합니다.

⑪ 셀 내용을 실행합니다.

⑫ 실행 동작을 중지합니다.

⑬ 셀의 기능을 바꿉니다.

ⓐ Code: 셀에 쓰인 글자들을 코드로 인식하고, 프로그램을 작성할 때 사용됩니다. 가령 1+2를 쓰고, [Run] 버튼(Ctrl+Enter)를 누르면 1+2의 결과인 3이 출력됩니다.

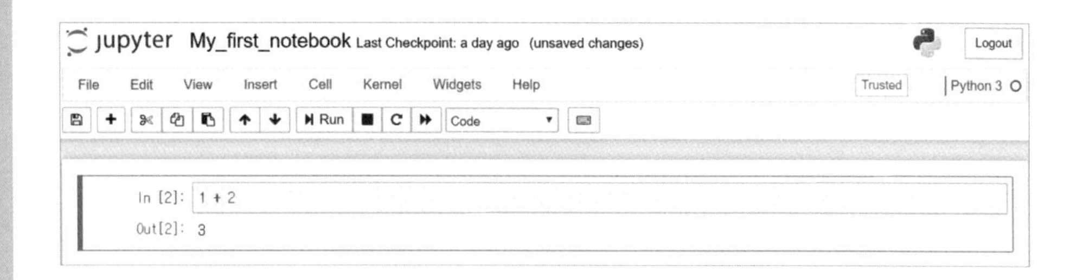

ⓑ Markdown: 프로그램에 관여하지 않으며 위나 아래에 있는 코드 셀이나 주피터 노트북에 대한 설명을 담는 기능을 합니다.

셀을 'Markdown'으로 사용하면 박스를 설명하는 것에 사용되기 때문에 앞에 In, Out이 사라집니다. Markdown을 적절히 사용하면, 다른 사람이 작성한 코드일지라도 누구나 쉽게 읽고 빠른 이해를 할 수 있습니다.

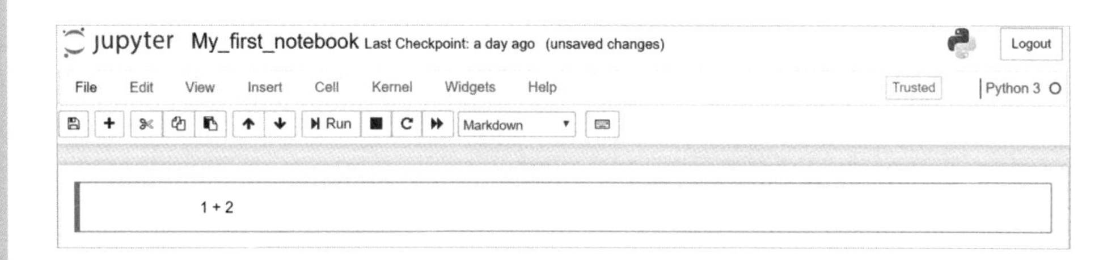

Markdown을 좀 더 가독성 있게 하는 팁이 있습니다. # 글자, ## 글자, ### 글자, #### 글자, **글자**로 표시하면 글자 크기를 변경할 수 있습니다. **글자**는 글자 크기는 동일하지만 굵기가 변경됩니다.

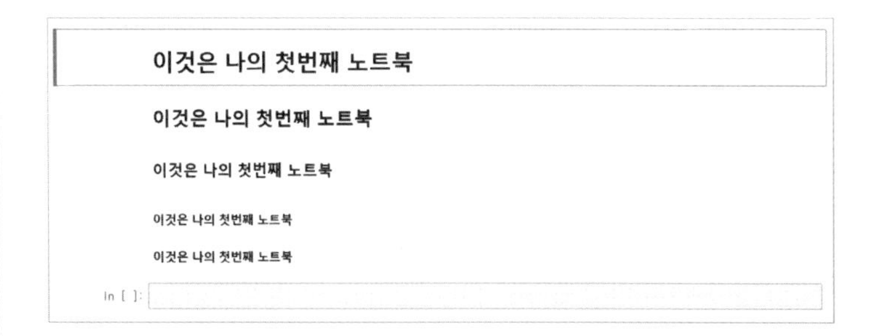

이러한 주피터 노트북은 복잡한 프로그램을 작성하는 데 사용하기보다는, 프로그래머들이 자신의 아이디어를 쉽게 테스트할 수 있는 환경을 제공해 주며 다른 사람들로 하여금 쉽게 자신의

코드를 이해시키려 작성하기도 합니다. 따라서 다양한 분야의 과학자, 통계학자, 공학자들이 많이 사용하고 있습니다. 아래 예는 Markdown과 Code 셀을 적절히 배치하여 프로그램을 만드는 예입니다.

2010 US Census data

The 2010 Census collected a variety of demographic information for all the more than 300 million people in the USA. Here we'll focus on the subset of the data selected by the Cooper Center, who produced a map of the population density and the racial makeup of the USA. Each dot in this map corresponds to a specific person counted in the census, located approximately at their residence. (To protect privacy, the precise locations have been randomized at the census block level, so that the racial category can only be determined to within a rough geographic precision.) The Cooper Center website delivers pre-rendered tiles, which are fast to view but limited to the specific plotting choices they made. Here we will show how to run novel analyses focusing on whatever aspects of the data that you select yourself, rendered dynamically as requested using the datashader library.

Load data and set up

First, let's load this data into a Dask dataframe. Dask is similar to Pandas, but with extra support for distributed or out-of-core (larger than memory) operation. If you have at least 16GB of RAM, you should be able to run this notebook-as is, using fast in-core operations. If you have less memory, you'll need to use the slower out-of-core operations by commenting out the `.persist()` call.

In [1]:
```
import datashader as ds
import datashader.transfer_functions as tf
import dask.dataframe as dd
import numpy as np
import pandas as pd
```

In [2]:
```
%%time
df = dd.io.parquet.read_parquet('data/census.snappy.parq')
df = df.persist()
```

```
CPU times: user 29.3 s, sys: 4.51 s, total: 33.8 s
Wall time: 18.3 s
```

In [3]:
```
df.head()
```

Out[3]:

	easting	northing	race
0	-13700737.0	6275190.0	w
1	-13700711.0	6275195.0	w
2	-13702081.0	6274898.5	w
3	-13701948.0	6274931.0	w
4	-13701793.0	6275088.5	w

There are 306675004 rows in this dataframe (one per person counted in the census), each with a location in Web Mercator format and a race encoded as a single character (where 'w' is white, 'b' is black, 'a' is Asian, 'h' is Hispanic, and 'o' is other (typically Native American)). (Try `len(df)` to see the size, if you want to check, though that forces the dataset to be loaded so it's skipped here.)

Let's define some geographic ranges to look at later, and also a default plot size. Feel free to increase `plot_width` to 2000 or more if you have a very large monitor or want to save big files to disk, which shouldn't *greatly* affect the processing time or memory requirements.

In [4]:
```
USA          = ((-124.72,  -66.95), (23.55, 50.06))
LakeMichigan = (( -91.68,  -83.97), (40.75, 44.08))
Chicago      = (( -88.29,  -87.30), (41.57, 42.00))
Chinatown    = (( -87.67,  -87.63), (41.84, 41.86))
NewYorkCity  = (( -74.39,  -73.44), (40.51, 40.91))
LosAngeles   = ((-118.53, -117.81), (33.63, 33.96))
Houston      = (( -96.05,  -94.68), (29.45, 30.11))
Austin       = (( -97.91,  -97.52), (30.17, 30.37))
NewOrleans   = (( -90.37,  -89.89), (29.82, 30.05))
Atlanta      = (( -84.88,  -84.04), (33.45, 33.84))

from datashader.utils import lnglat_to_meters as webm
x_range,y_range = [list(r) for r in webm(*USA)]

plot_width  = int(900)
plot_height = int(plot_width*7.0/12)
```

다음 링크는 주피터 노트북으로 만들어진 여러 가지 프로그램들입니다. 둘러 보면 주피터 노트북을 이해하는 데 도움을 받을 수 있습니다.

https://github.com/jupyter/jupyter/wiki/A-gallery-of-interesting-Jupyter-Notebooks

이 책에서는 파이썬 예제 파일인 .py 파일뿐만 아니라 주피터 노트북 파일인 .ipynb도 제공합니다.

04 파이썬 IDLE 개발 환경 사용하기

python.org에서 제공하는 IDLE(Integrated Development Environment)로 개발을 할 수도 있습니다. IDLE를 다운로드하기 위해서는 다음 링크로 들어간 후 파이썬 최신 버전을 다운로드하면 됩니다.

https://www.python.org/downloads

설치 파일을 실행하고 [Install Now]를 클릭합니다.

설치를 마치면 프로그램 목록에서 다음과 같은 프로그램이 설치된 것을 확인할 수 있습니다. 'IDLE' 를 실행해 봅니다.

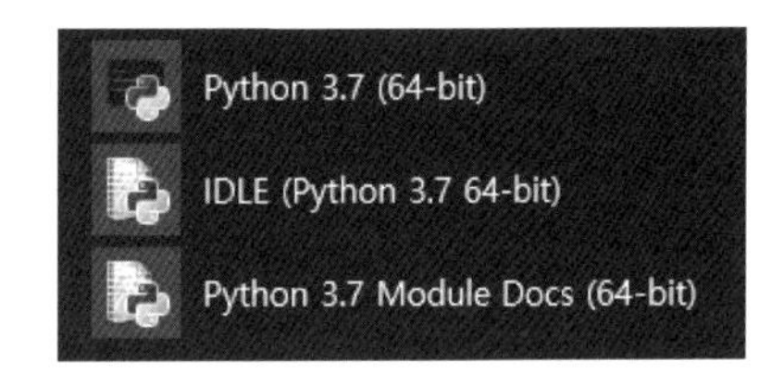

IDLE를 실행해 보겠습니다. 다음과 같은 화면이 나오고 **이 IDLE 창을 Shell이라고 합니다.** 이 창에서 파이썬으로 코딩을 할 수 있습니다. **〉〉〉 뒤에 코딩을 하면 됩니다.**

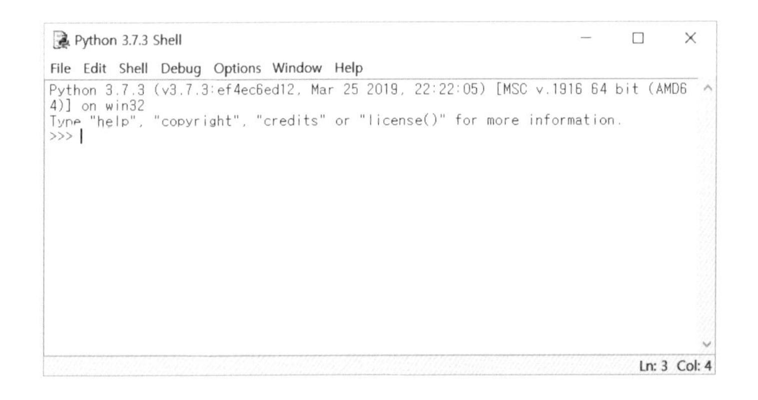

본격적인 코딩을 시작하기 전, 파이썬에서 가장 많이 쓰는 패키지를 먼저 다운로드하는 것이 좋습니다. 예를 들어, 여러 가지 수학 계산 기능을 지원하는 numpy나, 그래프를 그려 주는 matplotlib, 데이터 처리에 유용한 pandas 등 패키지는 설치하고 시작하는 것이 좋습니다. 이 패키지들은 이 책에서도 자주 사용됩니다.

우선 파이썬이 어디에 설치되어 있는지 확인해 보겠습니다. IDLE에서 [File]-[Path Browser]를 실행합니다.

파이썬이 설치된 위치가 표시됩니다. 또한 site-packages 폴더는 앞으로 설치할 패키지가 설치될 장소입니다.

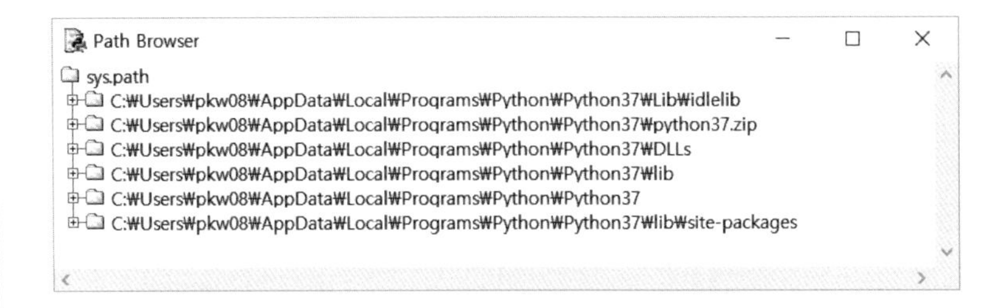

Alt + R 을 누르고 표시되는 [실행] 대화상자에서 'cmd'를 입력합니다.

Python37\Scripts로 이동합니다. 예를 들어, 위에서 살펴본 이미지와 같은 경로라면 다음과 같이 입력하면 됩니다.

```
C:\>cd C:\(사용자 파이썬 설치 경로)\AppData\Local\Programs\Python\Python37(설치된 파이썬 버전)\Scripts
```

'python -m pip install numpy'를 입력하고 Enter 를 누릅니다.

'python -m pip install matplotlib'를 입력하고 Enter 를 누릅니다.

'python -m pip install pandas'를 입력하고 Enter 를 누릅니다.

패키지 3개가 모두 설치됩니다.

다음 윈도우 탐색기로 Lib\site-packages로 돌아가면 numpy, matplotlib, pandas가 설치되어 있는 것을 확인할 수 있습니다.

matplotlib	2019-04-20 오후 4:17	파일 폴더
matplotlib-3.0.3.dist-info	2019-04-20 오후 4:17	파일 폴더
mpl_toolkits	2019-04-20 오후 4:17	파일 폴더
numpy	2019-04-20 오후 4:16	파일 폴더
numpy-1.16.2.dist-info	2019-04-20 오후 4:16	파일 폴더
pandas	2019-04-20 오후 11:13	파일 폴더

이제 numpy, matplotlib, pandas를 이용할 수 있습니다. pip 명령어는 파이썬의 여러 패키지를 쉽게 다운로드할 수 있게 만든 명령어입니다. 또 어떤 패키지가 있는지 궁금하거나 다운받고 싶은 패키지를 보려면 'https://pypi.org'에서 찾으면 됩니다. 물론 설치는 'pip install (pypi에서 찾은 패키지 이름)'을 쓰면 됩니다.

다음은 IDLE 화면의 기본 기능을 알아보겠습니다.

① File

ⓐ New File(Ctrl+N): 새로운 파이썬 파일(*.py)을 만듭니다.

ⓑ Open(Ctrl+O): 기존 파이썬 파일을 엽니다.

ⓒ Save As(Ctrl+Shift+S): 새로운 이름으로 저장합니다.

ⓓ Exit(Ctrl+Q): IDLE를 종료합니다.

② Edit

ⓐ Undo(Ctrl+Z): 방금한 행동을 취소합니다.

ⓑ Redo(Ctrl+Shift+Z) : Undo로 취소한 행동을 복원합니다.

ⓒ Cut(Ctrl+X) : 드래그한 부분을 오려둡니다.

ⓓ Copy(Ctrl+C) : 드래그한 부분을 복사합니다.

ⓔ Paste(Ctrl+V) : 오려두거나 복사한 부분을 붙여넣습니다.

ⓕ Find(Ctrl+F) : 원하는 텍스트를 찾습니다.

다음은 'Hello World' 라는 문장을 출력하는 프로그램입니다.

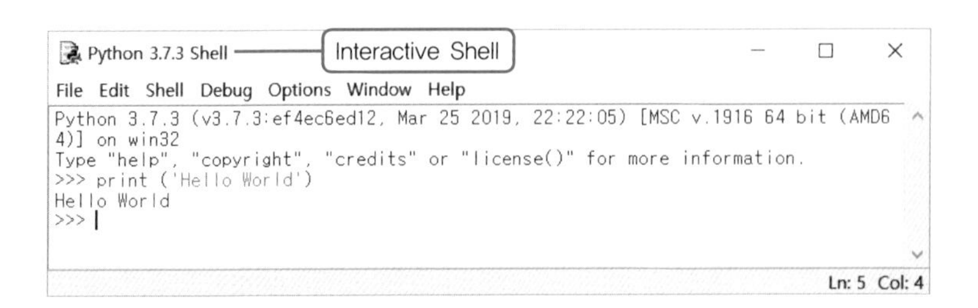

하지만 조금 더 긴 여러 줄의 코딩을 하고 한꺼번에 실행하려면 어떻게 할까요? 이때는 코딩 내용을 스크립트로 작성하여 한꺼번에 실행하면 됩니다.

[File]－[New File(Ctrl+N)]을 실행합니다. 이 창을 스크립트 창이라고 합니다. 내용을 입력해 보았습니다.

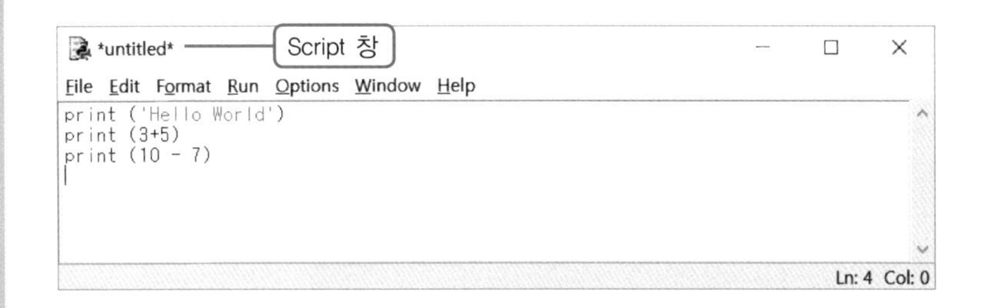

기존 Shell과는 다르게 메뉴에 [Run] 탭이 있습니다. [Run]–[Run Module]을 실행하거나 F5를 눌러 보면 위 내용을 저장하라는 대화상자가 나옵니다. 편의상 'a.py'로 저장하겠습니다. 그런 다음 새로운 shell에 결과 값인 'Hello World', '8', '3'이 출력되는 것을 볼 수 있습니다.

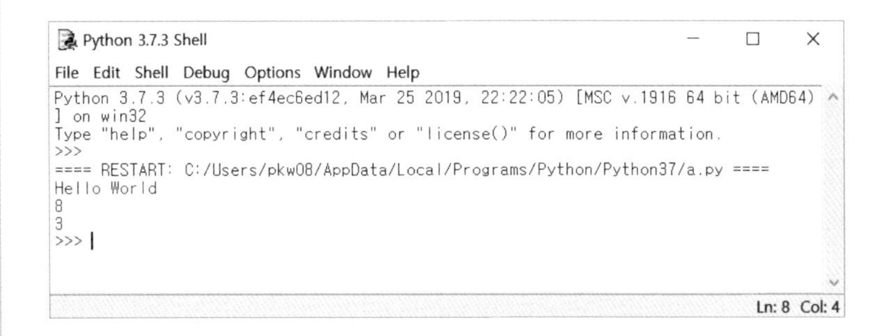

위에 'Python 3.7.3 Shell'이 적힌 창을 Interactive Shell(상호작용하는 Shell)이라고 하며, 여러 줄을 한꺼번에 입력할 수 있는 창을 Script File 창이라고 합니다. Interactive Shell은 한 줄 단위로 실행이 되고, Script File(a.py와 같은)에 코딩을 하고, 실행(Run)하면, 안에 있는 모든 내용이 실행되며 그 결과는 Interactive Shell에 출력됩니다.

05 명령 프롬프트 개발 환경 사용하기

파이썬을 설치했으면 Alt+R을 눌렀을 때 표시되는 [실행] 대화상자에서 'cmd'를 입력하여 파이썬을 이용할 수 있습니다.

명령 프롬프트에서 다음과 같이 입력하여 파이썬 폴더로 이동할 수 있습니다.

```
C:\>cd
C:\(사용자 파이썬 설치 경로)\AppData\Local\Programs\Python\Python37(설치된 파이썬 버전)
```

'python'을 입력해 봅니다.

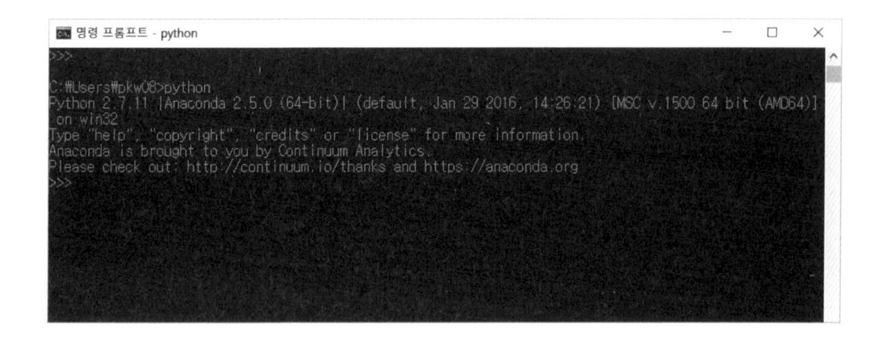

화면이 C:\에서 >>>로 변하였습니다. 즉 파이썬 환경으로 바뀐 것입니다.

다음과 같이 연습해 보겠습니다.

'print ('Hello World')'를 입력하니, 'Hello World'가 출력되어 나왔고, 'a = 3'을 입력한 다음에 5를 더하니 8이 나왔습니다. 즉, IDLE의 Interactive Shell과 같이 한 줄 단위로 실행됩니다.

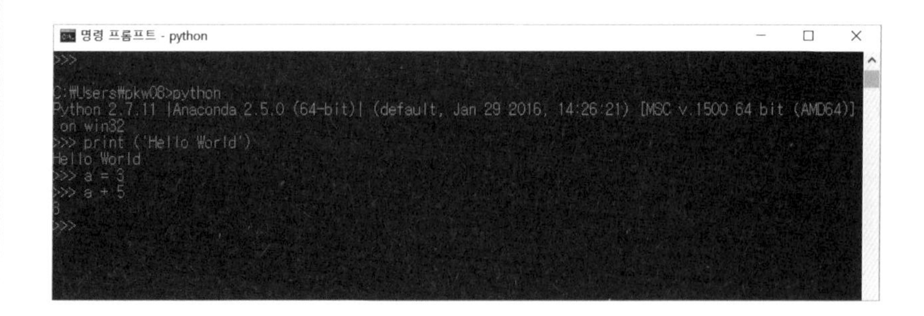

하지만 이렇게 해서는 긴 코드를 짜는 데 한계가 있습니다. 따라서 긴 코딩은 IDLE의 스크립트 창에서 작성하는 것이 편할 수 있습니다. 다음은 위에서 만든 a.py를 실행해 보겠습니다.

우선 파이썬을 나오기 위해서 'exit()'를 입력합니다. 그럼 다시 C:\ 화면으로 전환됩니다.

'python a.py'를 입력합니다.

명령 프롬프트

```
C:₩Users₩pkw08₩AppData₩Local₩Programs₩Python₩Python37>python a.py
Hello World
8
3

C:₩Users₩pkw08₩AppData₩Local₩Programs₩Python₩Python37>
```

'Hello World'가 출력되고, 3+5의 결과인 8과 10−7의 결과인 3이 계산되어 나옵니다.

이렇게 취향에 따라 IDLE, 명령 프롬프트, 주피터 노트북을 이용하여 파이썬을 활용할 수 있습니다. 하지만 아나콘다를 설치하면 numpy, matplotlib, pandas 등의 여러 유용한 패키지가 자동으로 설치됩니다.

PART 1

집합

CODING

집합은 여러 가지가 모인 것입니다.

집합으로 코딩을 시작해 볼까요? 집합은 구분이 가능한 여러 가지 원소들이 모인 것입니다.

예를 들어 우리나라 강에는 한강, 영산강, 낙동강, 금강 등이 있고, 아시아에는 우리나라, 중국, 일본 등이 있죠.

아시아는 이렇게 한국, 중국, 일본 등을 개별 원소로 하는 집합이라 할 수 있으며, 이러한 원소들의 특징은 서로 구분이 가능합니다.

우리 반 학급을 집합이라 하면 민서, 서연, 철수, 이렇게는 구별이 가능하지만, 안경 낀 애, 안경 안 낀 애, 안경 안 낀 애 2, 키 큰 애로는 구별이 불가능하겠죠?

집합은 위와 같이 셀 수 있는 원소들의 집단을 구별하는 것에서부터 사용하기 시작했습니다.

집합은 수학을 공부하는 데 기초라고 할 수 있으며, 또한 중고등학교 수학뿐 아니라 머신러닝을 공부하는 데 있어서도 기초가 됩니다.

한 예로 머신러닝으로 MRI 사진을 보고 암세포를 판단하는 방법 중 기존 암세포 데이터로 이루어진 집합의 원소들과 유사하냐를 따지는 방법이 있습니다.

그렇게 판별한 결과 암세포이면 암세포 데이터로 이루어진 집합에 추가합니다.

이렇게 모인 데이터들은 다음 암 환자의 암세포를 판별하는 데 도움이 됩니다.

Part 1의 코딩 목표는 집합의 연산인 **합집합**, **교집합**, **차집합**, **여집합**을 계산하는 코드를 구현하는 것입니다. 파이썬에서는 집합의 자료형(Sets)을 기본으로 제공하는데, 이 책의 목표는 명령어를 외워서 쓰는 것이 아닌, 코드를 작성하는 능력을 먼저 키우는 데에 있으므로 Sets를 처음부터 만들어 보겠습니다.

[코딩] 챕터에서는 이러한 집합을 구현하기 위해 다음과 같은 것들을 익힙니다.

① 정수 및 문자형 자료형
② 리스트
③ 반복문 for
④ 조건문 if
⑤ **코딩 함수**(코딩에서 한 가지 임무를 반복적으로 수행할 때, 반복을 피하기 위해서 코딩 함수를 만들어 사용)
⑥ Class 맛보기

Chapter

01 정수형, 문자형 자료형

코딩

파이썬에는 여러 가지 자료형이 있습니다. 집합을 공부하기 위해 숫자형, 문자형, 리스트(list)형 자료형을 배워 보겠습니다.

숫자 1이 글자 'ㄱ'과 쓰임새가 다르듯이, 컴퓨터 언어에서도 숫자와 글자는 다른 용도로 사용해야 합니다. 숫자를 필요로 하는 자료형에는 문자가 들어가면 안 되듯이 문자가 들어가야 할 자료형에는 숫자가 들어가면 안 됩니다.

다음에서 a의 자료형은 정수형이며, b의 자료형은 문자형입니다.

```
>>> a = 3
>>> b = 'coding'
```

Tip

정수형은 int(integer의 약자)라고 하며, 문자형은 str(string의 약자)라고 합니다.

'='는 같다는 뜻이 아니라, 오른쪽 자료를 왼쪽에 집어 넣는다는 의미입니다.

이렇게 왼쪽에 자료가 저장되는 값을 '변수'라고 합니다. 위 예에서는 a, b가 변수가 되고 3, 'coding'이 자료가 됩니다. 그 중 a는 정수형 자료형이 되고, b는 문자형 자료형이 됩니다.

Tip

등식에서 부호의 양편에 있는 식이나 수를 '변'이라고 합니다. 왼쪽의 것을 '좌변', 오른쪽의 것을 '우변'이라고 합니다.

a, b가 무엇인지 판별하려면 'a', 'b'를 입력해 보면 됩니다.

※ 소스 : 01\1_1.py

```
>>> a
3
>>> b
'coding'
```

또한 type(변수)으로 어떠한 자료 형태인지 파악할 수 있습니다.

```
>>> type(a)
<class 'int'>
>>> type(b)
<class 'str'>
```

유의해야 할 점은 +, * 등 연산자는 정수형과 문자형이 다르게 연산된다는 것입니다.
정수형 자료형의 +, *는 각각 더하기와 곱하기로 연산되지만, 문자형 자료형에서 +, *는 문자열을 잇거나 반복하는 데 사용됩니다.

```
>>> a + a
6
>>> a * 3
9
>>> b + b     # 문자열을 두 번 잇는다.
'codingcoding'
>>> b * 3     # 문자열을 세 번 잇는다.
'codingcodingcoding'
```

또한 a + b는 서로 다른 자료형을 더하게 하므로 다음과 같은 오류가 발생하게 됩니다.

```
>>> a + b
Traceback (most recent call last):
  File "<pyshell#11>", line 1, in <module>
    a+b
TypeError: unsupported operand type(s) for +: 'int' and 'str'
```

파이썬에서 오류가 나면 'TypeError'에서 오류가 난 원인을 알 수 있습니다.
'TypeError: unsupported operand type(s) for +: 'int' and 'str''는 +가 정수형(int)과 문자형(str) 사이에서 지원하지 않는(unsupported) 연산 유형(operand types)이라는 의미입니다.

따옴표 ' ' 또는 " " 안에 들어가는 것은 글자든 숫자든 무조건 문자형 자료형이 됩니다.

```
>>> c = '3'
>>> type(c)
<class 'str'>
```

이를 정수형으로 바꾸려면 int( )를 쓰면 되고 다시 문자형으로 바꾸려면 str( )를 쓰면 됩니다.

```
>>> d = int(c)
>>> d
3
>>> e = str(d)
>>> e
'3'
```

01 문자형 자료형 인덱싱 사용하기

'coding'이라는 문자열에서 d를 뽑으려면 어떻게 할까요?
이럴 때 필요한 것이 인덱스(index, 색인)입니다. 인덱스는 문자열 뒤 [숫자]로 표현하며, **파이썬은 숫자를 0부터 셉니다.** 따라서 'd'는 'coding'에서 두 번째 숫자이며 b[2]로 표현합니다.
이렇게 인덱스를 이용하면 문자열에서 각 문자에 개별적으로 접근할 수 있습니다. 'coding'의 각 글자의 인덱스는 다음과 같습니다. 또한 음수(−) 인덱스로도 접근이 가능합니다.

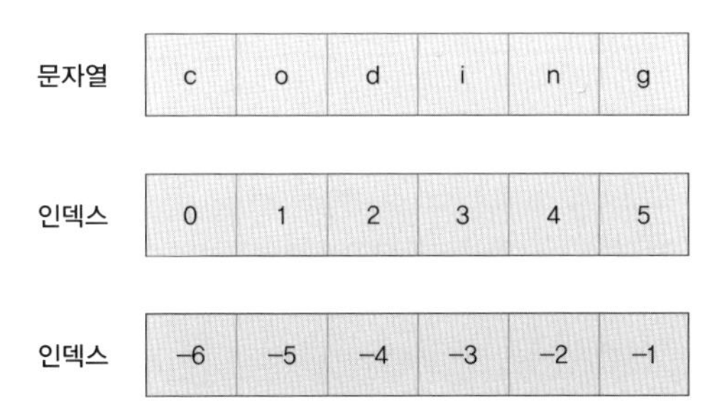

마지막 문자 g의 index는 5가 될 수도 있고, −1이 될 수도 있습니다.

```
>>> b = 'coding'
>>> b[0]
'c'
>>> b[1]
'o'
>>> b[5]
'g'
>>> b[-1]
'g'
```

02 문자형 자료형 슬라이스(:) 사용하기

문자열 'coding'에서 'odi'를 한꺼번에 불러내고 싶을 때는 어떻게 할까요?
b[1] + b[2] + b[3]을 사용할 수 있습니다.

```
>>> b[1] + b[2] + b[3]
'odi'
```

하지만 여간 번거로운 게 아닙니다. 이럴 때 사용하는 것이 슬라이스(slice)입니다. 슬라이스는 ':'을 이용하며 다음과 같이 사용합니다.

- **슬라이스하려는 문자열을 b라고 할 때,**

b[:] : 0번째부터 마지막까지 모두 출력
b[start:end] : start 인덱스부터 end 인덱스 바로 전까지 출력
b[:end] : 0번째 인덱스부터 end 인덱스 바로 전까지 출력
b[start:] : start 인덱스부터 마지막 인덱스까지 출력
b[start:end:step)] : start 인덱스부터 end 인덱스 바로 전까지 step만큼 건너뛰며 출력합니다.

다음 예를 통해 공부해 보겠습니다.

- **인덱스 1부터 인덱스 4 전(인덱스 3)까지 출력**

```
>>> b[1:4]
'odi'
```

• **모두 출력**

```
>>> b[:]
'coding'
```

• **처음부터 인덱스 3 전(인덱스2)까지 출력**

```
>>> b[:3]
'cod'
```

• **인덱스 2부터 마지막까지 출력**

```
>>> b[2:]
'ding'
```

• **인덱스 1부터 인덱스 6 전까지 하나씩 건너뛰며 출력**

```
>>> b[1:6:2]
'oig'
```

• **처음부터 마지막까지 하나씩 건너뛰며 출력**

```
>>> b[::2]
'cdn'
```

이렇게 인덱스를 써서 연속적으로 글자에 접근 가능함을 배웠습니다. 뒷부분에서 배울 리스트 원소 각각에 대한 접근 방법도 문자열에 대한 인덱스와 슬라이스(:) 용법과 동일합니다.
다만 정수형 자료는 인덱스로 접근할 수 없습니다.

※ 소스 : 01\1_2.py

```
>>> a = 357
>>> a[1]
Traceback (most recent call last):
  File "<pyshell#37>", line 1, in <module>
    a[1]
TypeError: 'int' object is not subscriptable
```

숫자 5에 접근을 하려고 인덱스를 이용하였으나 오류가 표시되었습니다.
이러한 경우 5에 접근하려면 우선 a를 문자형으로 바꾸고, 인덱스로 접근한 다음, 다시 숫자로 바꿔 주면 됩니다.

```
>>> b = str(a)
>>> b
'357'
>>> b[1]
'5'
>>> c = int(b[1])
c
5
```

이를 한 줄로 표현하면 다음과 같습니다.

```
>>> b = int(str(a)[1])
>>> b
5
```

3쪽에서 a = 3으로 설정하였으나, 7쪽에서 a = 357로 바꾸었습니다. 이렇게 변수는 새로 지정할 때마다 새로운 값이 저장되고 예전 값은 지워집니다.

03 문자형 자료형의 문자 길이 세기 - len(문자형 자료형)

len(문자형 자료형)을 써서 문자형 자료형이 몇 글자를 가지고 있나 셀 수 있습니다.

```
>>> b = 'coding'
>>> len(b)
6
```

04 원하는 문자가 몇 개 있는지 세기 - 변수.count('원하는 문자')

count를 이용하여 원하는 문자 수를 셀 수 있습니다.

※ 소스 : 01\1_3.py

```
>>> a = 'hallelujah'
>>> a.count('l')
3
```

a 문자형 자료에서 'l'은 총 세 번 나옵니다.

지금까지 정수형 자료형과 문자형 자료형을 배웠습니다. **문자형 자료형에서 쓰인 인덱스나 슬라이스 (:), len( ), 변수.count( )는 리스트에도 똑같이 쓰일 수 있습니다.**

Chapter

02 print

코딩

print는 결과를 출력하는 기능을 합니다.
print를 사용하지 않고 b를 출력해 보겠습니다.

※ 소스 : 01\1_4.py

```
>>> a = [ ]
>>> b = [1, 2, 3]
>>> c = ['Coding', 'is', 'not', 'difficult']
>>> d = [1, 2, 'Math', 'Coding']
>>> e = [1, 2, ['Math', 'Coding']]
>>> b
[1, 2, 3]
```

주피터 노트북과 같은 개발 도구를 이용해서 여러 줄을 입력하면 마지막에 실행될 때만 결과 값을 보여준다는 단점이 있습니다.
아래 예는 마지막 e 값만 출력됩니다.

```
>>> a
>>> b
>>> c
>>> d
>>> e
[1, 2, ['Math', 'Coding']]
```

정확하게 출력하기 위해선 print(출력할 변수)를 써야 합니다. 명령 프롬프트나 IDLE에서도 출력을 위해서는 print 명령어를 사용해야 합니다.

```
>>> print(a)
>>> print(b)
>>> print(c)
>>> print(d)
>>> print(e)
[]
[1, 2, 3]
['Coding', 'is', 'not', 'difficult']
[1, 2, 'Math', 'Coding']
[1, 2, ['Math', 'Coding']]
```

print 안에 따옴표를 써서 원하는 문장을 출력할 수 있습니다.

```
>>> print('Coding is easy')
Coding is easy
```

또한 print로 변수 값을 출력할 필요가 있습니다. 다음과 같이 변수가 들어갈 곳에 중괄호 { } 를 넣고 마지막에 .format(변수)를 쓰면 됩니다. 그렇게 되면 { } 들어갈 자리에 변수가 나타나는 형태로 출력이 됩니다.

※ 소스 : 01\1_5.py

```
>>> a = 3
>>> print ('a는 {} 이다.'.format(a))
a는 3 이다.
>>> a = a + 10            # a는 원래 3이었는데 3+10을 집어 넣어 13이 됩니다.
>>> print ('a는 {} 이다.'.format(a))
a는 13 이다.
```

```
>>> number = 180
>>> print ('나의 키는 {} cm이다.'.format(number))
나의 키는 180 cm이다.
```

※ 소스 : 01\1_6.py

```
>>> a = 3
>>> b = '더하기'
>>> c = 4
>>> d = '은'
>>> e = 7
>>> f = '이다'
>>> print ('{} {} {} {} {} {}'.format(a, b, c, d, e, f))
3 더하기 4 은 7 이다
```

위처럼 여러 변수를 출력할 수 있는데 반드시, 중괄호 { }의 개수와 format 안에 있는 변수 개수는 같아야 합니다.

Chapter

03 리스트(List)

코딩

리스트는 여러 가지 자료형을 원소로 가질 수 있습니다. 사용법은 대괄호([ ]) 안에, 원소를 넣고 원소 사이는 쉼표(,)를 이용해 구분합니다.

- 예 : [원소1, 원소2, 원소3, ……, 원소n]

원소는 int(정수형)도 될 수 있고, str(문자형)도 될 수 있습니다. 또한 리스트도 리스트 안에 원소가 될 수 있으며, 앞으로 배울 어떠한 자료 형태든 리스트의 원소가 될 수 있습니다.

리스트와 집합의 차이는, 집합은 중복된 원소를 가질 수 없지만, 리스트는 중복된 원소를 가질 수 있다는 것입니다. 또 집합에는 원소들 사이 순서가 없는데, 리스트는 순서가 있습니다.
리스트와 집합은 이처럼 다르지만 리스트를 이용하여 집합 및 집합 계산을 공부해 보겠습니다. 리스트는 파이썬에서 가장 널리 쓰이는 자료형 중 하나이니 많이 연습하면 좋습니다.
리스트를 만들어 봅시다.

※ 소스 : 01\1_7.py

```
>>> a = [ ]
>>> b = [1, 2, 3]
>>> c = ['Coding', 'is', 'not', 'difficult']
>>> d = [1, 2, 'Math', 'Coding']
>>> e = [1, 2, ['Math', 'Coding']]
```

리스트 a는 원소가 하나도 없는 공집합 혹은 빈 리스트입니다.
리스트 b의 원소는 정수형 자료형 1, 2, 3으로 구성되어 있습니다.
또한 리스트 c처럼 문자도 원소로 들어갈 수가 있죠.
d처럼 문자 혹은 숫자를 섞어서 표현할 수도 있고,
e처럼 리스트 안 원소로써 다른 리스트가 들어갈 수도 있습니다.

type( )으로 e를 확인해 보면 리스트형 자료형임을 알 수 있습니다.

```
>>> type(e)
<class 'list'>
```

01 리스트 원소 개수 구하기 - len(리스트)

리스트를 만든 다음 얼마나 많은 원소들이 있는지 파악하려면 len(리스트 이름)을 사용합니다.

```
>>> len(a)
0
>>> len(c)
4
>>> len(e)
3
```

a = [ ]는 원소가 없으니 len(a)는 0을 돌려 줍니다.
c = ['Coding', 'is', 'not', 'difficult']의 원소는 4개임이 확인되었습니다.
e의 원소는 1, 2, ['Math', 'Coding'] 이렇게 3개입니다.

02 특정 원소 개수 구하기 - 리스트.count(특정 원소)

또한 리스트 안에 특정 원소가 몇 개인지 알아보는 방법은 리스트.count(특정 원소)가 있습니다.

```
>>> f = [2, 4, 6, 3, 6, 3, 7, 3, 2, 7, 3, 7]
>>> f.count(3)
4
```

리스트에서 3이 몇 번 나왔는지 구하기 위해 count를 사용하였습니다.

03 리스트의 인덱스 익히기

집합에는 순서가 없지만 리스트는 순서가 있습니다. 리스트의 인덱스도 0부터 시작하므로, 첫 번째 원소는 0을 통해 찾아야 합니다. 리스트에 n개의 원소가 있다면 n－1이 마지막 원소가 되며, －1로도 마지막 원소를 찾을 수 있으며, 문자열 인덱스 사용법과 같습니다.
다음 예제를 통해 리스트의 인덱스를 익혀 보겠습니다.

※ 소스 : 01\1_8.py

```
>>> a = [ ]
>>> b = [1, 2, 3]
>>> c = ['Coding', 'is', 'not', 'difficult']
>>> d = [1, 2, 'Math', 'Coding']
>>> e = [1, 2, ['Math', 'Coding']]
>>> print (b[0])      # 0은 b의 첫 원소를 가리킨다.
1
>>> print (b[2])      # 2는 b의 세 번째 원소를 가리킨다.
3
>>> print (b[-1])     # -1은 b의 마지막 원소를 가리킨다.
3
>>> print (c[2])
not
>>> print (e[2])['Math', 'Coding']
>>> print (e[2][1])  # [2][1]은 e의 세 번째 원소인 ['Math', 'Coding'] 리스트의 두 번째 원
소를 가리킨다.
Coding
```

04 리스트에서 slice 사용하기

리스트도 ':'를 써서 연속적으로 원소를 불러올 수 있습니다. ':' 사용법은 문자열과 같습니다.

- x[:5] : 처음부터 다섯 번째 index 전까지 불러오기
- x[3:] : 네 번째부터 마지막까지 불러오기
- x[:] : 전부 다 불러오기

```
>>> a = [1, 2, 3, 4, 5, 6, 7, 8, 9]
>>> print (a[0:5])
[1, 2, 3, 4, 5]
>>> print (a[3:])
[4, 5, 6, 7, 8, 9]
>>> print (a[:])
[1, 2, 3, 4, 5, 6, 7, 8, 9]
>>> print (e[2][:])
['Math', 'Coding']
```

'print e[2][:]'는 리스트 e의 세 번째 원소인 '['Math', 'Coding']'을 전부 불러들이라는 뜻입니다.

05 리스트 연산하기

리스트에서 다른 원소를 추가하거나, 있던 원소를 바꾸거나, 제거할 수 있습니다.
다음은 두 리스트를 +를 써서 합쳐 보겠습니다. 또한 *를 이용하여, 반복할 수도 있습니다.

※ 소스 : 01\1_9.py

```
>>> a = [3, 5]
>>> b = [4, 7]
>>> print (a + b)    # [3, 5] + [4, 7] = [3, 5, 4, 7]
[3, 5, 4, 7]
>>> print (a * 3)
[3, 5, 3, 5, 3, 5]
>>> print (a * 2 + b * 3)
[3, 5, 3, 5, 4, 7, 4, 7, 4, 7]
```

06 리스트 요소 수정하기

리스트 요소를 수정해 보겠습니다. a의 네 번째 요소가 8에서 7로 바뀐 것을 알 수 있습니다.

※ 소스 : 01\1_10.py

```
>>> a = [1, 3, 5, 8, 9]
>>> a[3] =7    # a[3] = 8이었는데 이것을 7로 바꾼다.
>>> print (a)
[1, 3, 5, 7, 9]
```

또한 del을 이용해 요소를 삭제할 수 있습니다.

```
>>> del a[3]
>>> print (a)
[1,3,5,9]
```

del은 리스트의 index를 이용해 삭제하는 방법인데 비해, remove는 원소 자체를 지정하여 삭제할 수 있습니다.

※ 소스 : 01\1_11.py

```
>>> a = [1, 2, 3]
>>> a.remove(3)
>>> print (a)
[1, 2]
```

그렇다면 해당 원소가 여러 개 있으면 어떨까요? 처음 3만 지워진 것을 알 수 있습니다.

※ 소스 : 01\1_12.py

```
>>> a = [1, 2, 3, 1, 2, 3, 1, 2, 3]
>>> a.remove(3)
>>> print (a)
[1, 2, 1, 2, 3, 1, 2, 3]
```

리스트에 새로운 요소를 추가하고 싶으면 어떻게 해야 할까요? append를 이용하면 됩니다.

```
>>> a.append(4)
>>> print (a)
[1, 2, 1, 2, 3, 1, 2, 3, 4]
```

혹은 앞에서 배운 대로 +를 사용할 수도 있습니다.

※ 소스 : 01\1_13.py

```
>>> a = [1, 2]
>>> a = a + [4]
>>> print(a)
[1, 2, 4]
```

하지만 대괄호([ ])를 사용하지 않고 더할 수는 없습니다. 리스트와 정수형, 즉 다른 자료형끼리의 연산은 불가능하다는 것을 앞에서도 배웠죠?

※ 소스 : 01\1_14.py

```
>>> a = [1, 2]
>>> a + 4
Traceback (most recent call last):
  File "<pyshell#67>", line 1, in <module>
    a + 4
TypeError: can only concatenate list (not "int") to list
```

07 리스트 정렬하기

리스트를 오름차순 혹은 내림차순으로 정렬할 수 있습니다. sort( )를 이용하면 오름차순, 알파벳순으로 정렬되며, reverse( )는 내림차순으로 정렬됩니다.

※ 소스 : 01\1_15.py

```
>>> a = [1, 5, 4, 3, 9]    # 정렬이 안 된 상태
>>> a.sort()               # 오름차순으로 정렬
>>> print (a)
[1, 3, 4, 5, 9]
>>> a.reverse()            # 오름차순의 반대 방향으로 정렬, 즉 내림차순
>>> print (a)
[9, 5, 4, 3, 1]
```

※ 소스 : 01\1_16.py

```
>>> a = ['totamo', 'mango',  'watermellon', 'apple']
>>> a.sort()
>>> print (a)
['apple', 'mango', 'totamo', 'watermellon']
>>> a.reverse()
>>> print (a)
['watermellon', 'totamo', 'mango', 'apple']
```

한글도 가나다순으로 정렬됩니다.

※ 소스 : 01\1_17.py

```
>>> a = ['서준', '민수', '영희', '철수', '필립']
>>> a.sort()
>>> print (a)
['민수', '서준', '영희', '철수', '필립']
```

08 리스트 원소의 인덱스 구하기

인덱스로 원소를 찾는 것의 반대 방법으로 index( )를 이용해 해당 원소의 순서가 몇 번째인지(index number) 알 수 있습니다.

```
>>> a.index('철수')
3
```

09 리스트 안의 원소 유무 판별하기

원소 in 리스트를 사용하여 원소가 리스트에 있으면 True를 돌려 주고, 없으면 False를 돌려 줍니다.

※ 소스 : 01\1_18.py

```
>>> a = [3,1,6,4,9]
>>> 1 in a
True
>>> 0 in a
False
```

Chapter

04 for 반복문

코딩

어떤 연속된 원소들에 대해 반복적으로 명령을 수행할 때 for 반복문을 사용합니다. 연속된 원소들은 리스트가 될 수도 있고, 뒤에서 배울 tuple, array, dictionary 등이 될 수도 있습니다.

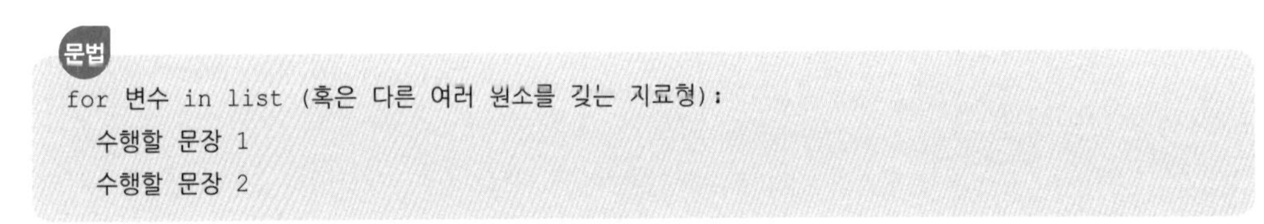

문법

```
for 변수 in list (혹은 다른 여러 원소를 갖는 지료형):
    수행할 문장 1
    수행할 문장 2
```

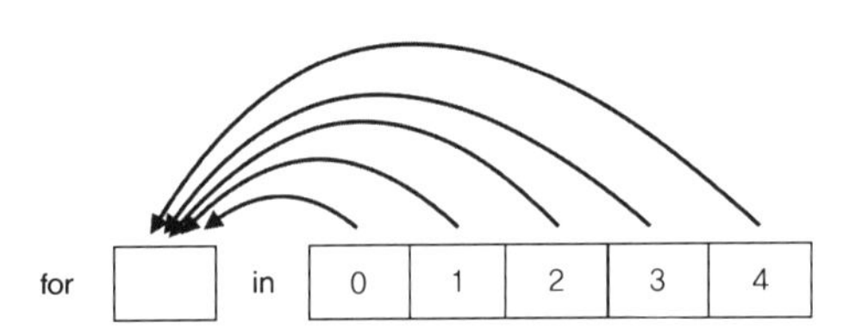

▲ 0부터 4까지 숫자를 순서대로 실행하는 for 문

a 안의 각 원소 i를 모니터에 출력하는 예입니다.

※ 소스 : 01\1_19.py

```
>>> a = [0,1,2,3,4]
>>> for i in a:       # 리스트 a의 원소 0,1,2,3,4를 i라 하고
        print (i)     # 매번 i를 출력해라.
                      # for 문 다음 문장은 항상 네 칸 띄어쓰기를 하거나 Tab을 눌러서 사용해야 한다.
0
1
2
3
4
```

다음 예에서 b는 '0'이었으나 반복문 for 문이 실행될 때마다 0, 1, 2, 3, 4가 더해져서 최종적으로 '10'이 됩니다.

※ 소스 : 01\1_20.py

```
>>> b = 0                # b의 초기값을 0으로 설정하고
>>> for i in a:          # 리스트 a의 원소 0,1,2,3,4를 i라 하고
        b = b + i        # 매번 i를 b에 더하라.
>>> print ('리스트 a의 요소들의 합은 {} 이다.'.format(b))
리스트 a의 요소들의 합은 10 이다.
```

Tip

'b = b + 1'은 'b += 1'로도 표현할 수 있습니다. 즉 'b += 1'은 b에 1을 더한 값을 새로운 b에 입력하라는 의미입니다. 이후에 더 자세히 공부하겠습니다.

b라는 빈 리스트에 i를 매번 삽입하고 결국 마지막엔 b가 a와 같아지는 예입니다.

※ 소스 : 01\1_21.py

```
>>> b = []                 # 빈 list b를 만들어 놓고
>>> for i in a:            # 리스트 a의 원소 0,1,2,3,4를 i라 하고
          b.append(i)      # 매번 빈 리스트 b에 0,1,2,3,4를 추가해라.
>>> print (b)
[0, 1, 2, 3, 4]
```

for 문은 앞과 같이 여러 자료에 대해서 반복적인 명령을 수행할 때 반드시 필요한 명령어입니다. 다음은 for 문 안에 for 문이 들어가는 경우입니다.

※ 소스 : 01\1_22.py

```
>>> a = [1, 2, 3, 4, 5]
>>> b = [10, 20, 30, 40, 50]
>>> ab_sum = []
>>> for i in b:                     # 리스트 b의 원소 1,2,3,4,5를 i라 하고
        for j in a:                 # 리스트 a의 원소 10,20,30,40,50을 j라 하고
            ab_sum.append(i+j)      # i와 j를 더해서 ab_sum에 추가해라.
>>> print(ab_sum)
[11, 12, 13, 14, 15, 21, 22, 23, 24, 25, 31, 32, 33, 34, 35, 41, 42, 43, 44, 45,
51, 52, 53, 54, 55]
```

Chapter

05 조건문 if

코딩

if는 조건을 비교한 다음, 조건의 참/거짓에 따라 다른 명령을 수행할 때 사용합니다.
예를 들어 돈이 5000원이 넘으면 택시를 타고, 이하가 되면 지하철을 타고 간다는 조건문을 만들 수 있습니다.

문법

```
if 조건문:
참일 경우 { ....수행할 문장 1
           ....수행할 문장 2
```

다음은 a가 0보다 크면 a를 출력하는 예입니다.

※ 소스 : 01\1_23.py

```
>>> a = 3
>>> if a > 0:                                # a가 0보다 크면
        print ('{}은 0보다 크다.'.format(a))    # 이 문장을 출력해라.
3은 0보다 크다.
```

2가 a의 원소이면 a를 출력하는 예입니다.

※ 소스 : 01\1_24.py

```
>>> a = [1, 2, 3, 4, 5]
>>> if 2 in a:          # 2가 리스트 a에 속하면(True이면)
        print (a)       # a를 보여 줘라.
[1, 2, 3, 4, 5]
```

for 문과 if 문만 결합하여도 다양한 명령을 수행할 수 있습니다.

```
>>> for i in [1,2,3,4,5]:        # [1,2,3,4,5] 중에
        if i > 3:                # 3보다 큰 원소를
            print(i)             # 출력해라.
4
5
```

01 조건이 맞지 않을 경우 다른 명령 수행하기 – if else

if else는 조건이 성립하지 못할 경우 다른 명령을 수행할 때 사용합니다. 참이면 if 다음에 있는 문장이 실행되고, 거짓이면 else: 다음에 있는 문장이 실행됩니다.

문법

```
            if 조건문:
참일 경우   {  ....수행할 문장 1
               ....수행할 문장 2

            else:
거짓일 경우 {  ....수행할 문장 3
               ....수행할 문장 4
```

※ 소스 : 01\1_25.py

```
>>> a = 4
>>> if a < 0:                                         # a가 0보다 작으면
        print ('{] is less than zero'.format(a))      # 이 문장을 보여 주고
else:                                                 # a가 0보다 작지 않으면
        print ('{} is not less than zero'.format(a))  # 이 문장을 보여라.
4 is not less than zero
```

※ 소스 : 01\1_26.py

```
>>> money = 4900
>>> if money >= 5000:                  # money가 5000이 넘으면
        print ('택시 타고 가자.')        # '택시 타고 가자'를 출력해라.
else:                                  # 그렇지 않으면
        print ('지하철 타고 가자.')      # '지하철 타고 가자'를 출력해라.
지하철 타고 가자.
```

02 여러 조건에 대한 명령 수행하기 - if elif else

elif로 여러 조건에 대한 명령을 수행할 수 있습니다. if 조건문이나 elif 조건문이 모두 거짓이면 마지막 else 명령이 수행됩니다.

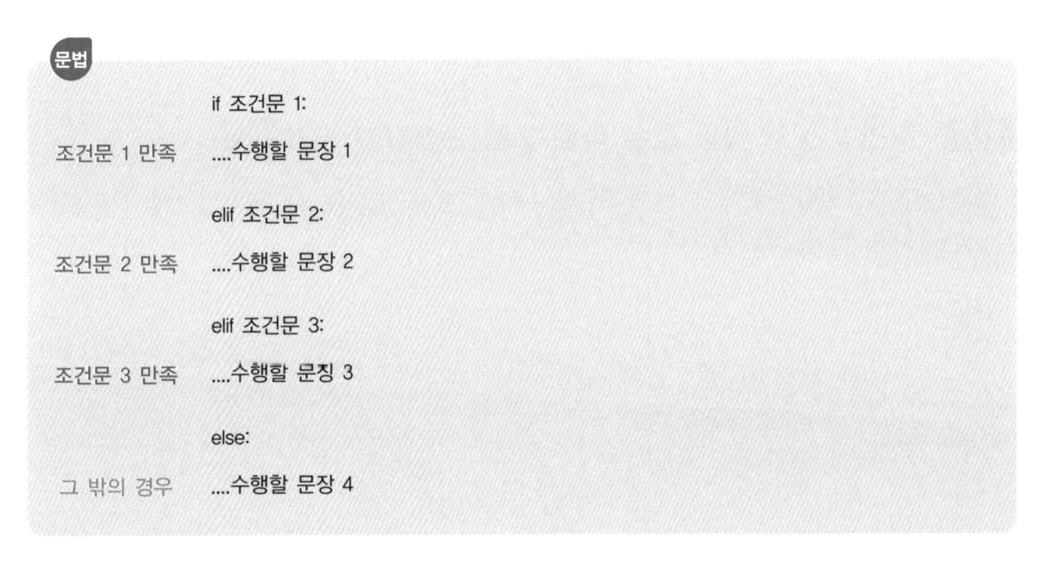

문법
if 조건문 1:
조건문 1 만족
....수행할 문장 1
elif 조건문 2:
조건문 2 만족
....수행할 문장 2
elif 조건문 3:
조건문 3 만족
....수행할 문징 3
else:
그 밖의 경우
....수행할 문장 4

※ 소스 : 01\1_27.py

```
>>> a = ['오이', '상추', '고추']
>>> b = ['사과', '수박']
>>> c = ['닭', '소', '돼지']
>>> d = '오이'

>>> if d in a:
        print ('{}는 야채'.format(d))
elif d in b:
        print ('{}는 과일'.format(d))
elif d in c:
        print ('{}는 고기'.format(d))
else:
        print ('{}는 야채도 아니고 과일도 아니고 고기도 아니다.'.format(d))
오이는 야채
```

```
>>> d = '아이폰'
>>> if d in a:
        print ('{}는 야채'.format(d))
elif d in b:
        print ('{}는 과일'.format(d))
elif d in c:
        print ('{}는 고기'.format(d))
else:
        print ('{}은 야채도 아니고 과일도 아니고 고기도 아니다.' .format(d))
아이폰은 야채도 아니고 과일도 아니고 고기도 아니다.
```

※ 소스 : 01\1_28.py

```
>>>  money = 0
>>>  if money >= 5000:
        print ('택시 타고 가자.')
elif money > 800:
        print ('지하철 타고 가자.')
else:
        print ('걸어가야겠다.')
걸어가야겠다.
```

지금까지 배운 코딩만으로 집합과 집합의 연산을 구현할 수 있습니다. 이제 집합을 코딩해 볼까요?

Chapter

06 집합

수학

01 중복된 원소 제거하기

집합은 구별 가능한 것들의 모임입니다. 한 집합 안에 같은 원소가 있으면 안 되겠죠? 따라서 이럴 때 중복되는 원소를 삭제해야 합니다.

다음과 같은 리스트 a, b는 중복된 원소가 없는 집합입니다.

```
>>> a = [1,2,3]
>>> b = [4,5,6]
```

'a = [1,2,3,1]'을 집합으로 표현하려면 '[1,2,3]'으로 바꿔야겠죠? 이를 위해 공집합 new_a를 만들어 놓고 a와 new_a를 비교하여, a의 원소가 new_a에 없으면 추가하는 방식을 사용할 수 있습니다.

※ 소스 : 01\1_29.py

```
>>> a = [1,2,3,1]
>>> new_a = []                    # 공집합을 만들어 new_a로 저장하고
>>> for i in a:                   # a의 원소에 대해
        if i not in new_a:        # i가 new_a에 없으면
            new_a.append(i)       # new_a에 i를 추가해라.
>>> print (new_a)
[1, 2, 3]
```

02 합집합 구현하기

합집합 기호는 다음과 같이 표시합니다.

$$c = a \cup b$$

중복되지 않는 리스트 a, b를 합집합하는 c를 리스트로 구현해 보겠습니다.

※ 소스 : 01\1_30.py

```
>>> a = [1,2,3]
>>> b = [4,5,6]
>>> c = a + b
>>> print (c)
[1, 2, 3, 4, 5, 6]
```

문제는 a, b 중 같은 원소가 있을 때입니다. 이럴 경우 3이 2개가 들어있는 것을 볼 수 있습니다.

```
>>> a = [1,2,3]
>>> b = [3,4,5]
>>> print (a + b)
[1, 2, 3, 3, 4, 5]
```

중복되지 않는 합집합 [1,2,3,4,5]는 어떻게 구할 수 있을까요?
직감적으로, 우리는 a, b의 원소를 비교하면서 서로 공통된 요소가 있는지 확인하죠? 코딩도 똑같습니다. 우리 머릿속으로 전개되는 사고 과정을 그대로 옮기면 됩니다.

우선 1이 b에 있나 살펴보고, 2와 3도 b에 있나 살펴보는 과정이 필요합니다. 없는 원소 1, 2를 b에 더하면 됩니다.

※ 소스 : 01\1_31.py

```
>>> c = []                      # 합집합을 우선 공집합으로 만들어 놓고
>>> for i in a:                 # a에 속한 모든 요소 i에 대해서 순서대로 실행하자.
        if i not in b:          # 만약 i가 b에 속하지 않는다면
            c.append(i)         # 합집합 c에 i를 추가해라.
>>> c = c + b
>>> c.sort()
>>> print (c)
[1, 2, 3, 4, 5]
```

또한 다음과 같이 만들 수도 있습니다.

※ 소스 : 01\1_32.py

```
>>> c = []                    # 합집합을 우선 공집합으로 만들어 놓고
>>> for i in a:               # a의 원소 i가
        if i not in c:        # c에 없으면
            c.append(i)       # c에 그 원소 i를 넣어라.

>>> for i in b:               # b의 원소 i가
        if i not in c:        # c에 없으면
            c.append(i)       # c에 그 원소 i를 넣어라.
>>> c.sort()
>>> print (c)
[1, 2, 3, 4, 5]
```

연습문제

1-01 a, b의 합집합을 구하세요.

```
>>> a = ['apple', 'melon', 'orange']
>>> b = ['chicken', 'pig', 'cow']
```

그리고, 다음 명령으로 melon을 중복되게 만든 다음 다시 합집합을 구하세요.

```
>>> b[1] = 'melon'
```

※ 정답은 py 파일(01\연습 문제 폴더) 또는 ipynb 파일에서 확인하세요.

03 교집합 구현하기

교집합은 두 집합의 공통된 원소로 이루어진 집합입니다. 교집합 기호는 다음과 같이 표시합니다.

$$c = a \cap b$$

교집합을 구하려면 두 리스트에 공통된 원소를 추가하면 됩니다.

※ 소스 : 01\1_33.py

```
>>> a = [1,2,3]
>>> b = [3,4,5]

>>> c = []                    # 교집합을 우선 공집합으로 만들어 놓고
>>> for i in a:               # a에 속한 모든 요소 i를 순서대로 실행하라.
        if i in b:            # i가 b에 속한다면
            c.append(i)       # 교집합 c에 추가해라.
>>> print (c)
[3]
```

04 차집합 구현하기

차집합 기호는 다음과 같이 표시합니다.

$$c = a - b$$

a 요소 중 b에 속하지 않는 집합을 a의 b에 대한 차집합이라 하죠?

a를 c라는 집합으로 복사해 놓고, b 원소 중 c에 속하면 c에서 지워서 차집합을 구할 수 있습니다.

※ 소스 : 01\1_34.py

```
>>> a = [1,2,3]
>>> b = [3,4,5]

>>> c = a + []                # c는 a와 똑같은 리스트가 되게 복사
>>> for i in b:               # b 원소의
        if i in a:            # i가 a에 속한다면
            c.remove(i)       # c에서 i를 지워라.
>>> print (c)
[1, 2]
```

왜 'c = a' 대신 'c = a + [ ]'를 쓸까요? 'c = a'라고 놓고 풀어 보겠습니다.

※ 소스 : 01\1_35.py

```
>>> a = [1,2,3]
>>> b = [3,4,5]

>>> c = a                       # c는 a와 똑같은 리스트가 되게 복사
>>> for i in b:                 # b 원소의
        if i in a:              # i가 a에 속한다면
            c.remove(i)         # c에서 i를 지워라.
>>> print (c)
[1, 2]
>>> print (a)
[1, 2]
```

분명 a를 복사한 c에서 b의 원소를 뺐는데 a에서도 b의 원소가 제거되었죠? 이는 'c = a'라고 함으로써 c가 a와 복사를 한 수준이 아니라 c와 a가 완전히 같아져서 그렇습니다.

따라서 a를 a대로 유지하고 싶으면, a에다가 공집합 [ ]을 추가하여 a와는 다르다는 것을 나타내거나 **copy() 명령어를 사용하면 됩니다.** 다음은 copy( ) 명령어를 사용한 경우입니다.

※ 소스 : 01\1_36.py

```
>>> a = [1,2,3]
>>> b = [3,4,5]
>>> c = a.copy()
>>> for i in b:               # b 원소의
        if i in a:            # i가 a에 속한다면
            c.remove(i)       # c에서 i를 지워라.
>>> print (c)
[1, 2]
>>> print (a)
[1, 2, 3]
```

05 여집합 구현하기

a의 여집합은 전체 집합 중 a에 속하지 않는 모든 요소들의 집합입니다. 여집합 기호는 다음과 같이 표시합니다.

$$a^c$$

여집합은 전체에서 a를 뺀 차집합과 같습니다. 따라서 기본적으로 차집합으로 여집합을 구할 수 있습니다.

※ 소스 : 01\1_37.py

```
>>> u = [0,1,2,3,4,5,6,7,8,9,0]
>>> a = [1,3,5,7,9]
>>> rest = u + []              # 여집합 rest를 전체 집합 u와 똑같이 만들고,
>>> for i in a:                # a에 속한 모든 요소 i에 대해서 순서대로 실행하자.
        if i in u:             # i가 u에 속한다면
            rest.remove(i)     # rest에서 i를 지워라.
>>> print (rest)
[0, 2, 4, 6, 8, 0]
```

생각해 보기

합집합을 다음과 같이 코딩해 보았습니다.

※ 소스 : 01\1_38.py

```
>>> a = [1,3,4,5,6]
>>> b = [2,4,6,3,0]

>>> for i in a:
        if i in b:
            a.remove(i)
    c = a + b
>>> print (c)
[1, 4, 5, 2, 4, 6, 3, 0]
```

예상할 수 있는 합집합 결과가 아니라 엉뚱한 결과가 나왔죠? 왜 이런 결과가 나왔을까요? 그 이유는 for 문 안의 수행할 문장인 a.remove(i)가 리스트 a를 변형한 것에 있습니다. 따라서 1, 3, 4, 5, 6 순서로 계산되는 것이 아니라 순서가 바뀌게 됩니다.

for는 일단 1에 대해서 b에 없는 것을 확인합니다. 그 다음, 3에 대해서 b에 3이 있는 것을 확인하죠. 그럼 a에서 3을 없앱니다. 그 다음은 4를 조사할까요?

아닙니다. 5를 조사합니다.

for 문은 a의 index 0, 1, 2, 3, 4 요소인 1, 3, 4, 5, 6 순서로 실행하는데, index가 1인 3을 실행할 때, a에서 3을 빼라는 명령이 오면 a는 [1, 4, 5, 6]이 되고 새로운 a의 index 두 번째 값은 4가 아니라 5가 됩니다. 따라서 5번에 대해서 for 문이 실행되고, 4에 대해서는 remove 명령을 수행하지 않습니다.

즉, for 문을 수행할 때 절대 원소들을 추가하거나 없애면 안 됩니다.

지금까지 for, if, 리스트의 append, remove만으로 집합의 연산을 구현했습니다. 코딩이란 머릿속으로 생각하는 과정을 컴퓨터를 이용하여 논리적으로 구현하는 것이라는 사실을 기억하기 바랍니다.

Chapter

07 코딩 함수

수학

for, if를 가지고 집합을 표현하는 방법을 배워 보았습니다. 하지만 같은 기능을 하는 코딩을 여러 번 구현할 때, 예를 들어 합집합이나 여집합을 여러 번 구할 경우 매번 for, if를 써서 구현하기는 번거롭습니다. 이럴 때 **코딩 함수**를 만들면 한 줄로 같은 기능을 반복할 수 있습니다.

```
def 함수 이름(입력 값):
    수행할 명령들
    return 출력 값(출력 값은 있어도 되고, 없어도 됩니다.)
```

다음 예를 보겠습니다.

※ 소스 : 01\1_39.py

```
""" 함수의 정의 """
>>> def plus(a,b):        # 입력 값 a, b 2개를 받아서
        c = a + b         # a + b를 c에 저장하고
        return c          # 결과 값 c를 돌려 줘라.

""" 함수의 사용 """
>>> d = plus(10, 17)
>>> print (d)
27
```

plus라는 코딩 함수를 만들었습니다. 입력 값은 2개로, a와 b를 가져오고 a와 b를 더한 c를 출력합니다. 10, 17의 input을 더하면 27이 나오죠? 어차피 +로 하면 간단한데 왜 이렇게 하는지 궁금할 수 있습니다. 하지만 코딩 함수를 가지고 합집합, 차집합, 교집합을 구현해 보면 얼마나 편한지 알 수 있습니다.

01 합집합을 코딩 함수로 만들기

합집합은 영어로 Union입니다. 합집합을 구현하는 union 함수를 만들겠습니다.

※ 소스 : 01\1_40.py

```
>>> def union(a,b):
        c = []                    # 공집합 c를 만들어 놓고
        for i in a:               # a에 속한 모든 요소 i에 대해서 순서대로 실행시키자.
            if i not in b:        # 만약 i가 b에 속하지 않는다면
                c.append(i)       # 합집합 c에 i를 추가하여라.
         c = c + b                # b에 속하지 않는 a와 b를 더한다.
         c.sort()
         return c
```

이제 c = union(리스트1, 리스트2)만 써서 합집합을 구할 수 있습니다.

```
>>> a = [1, 3, 4, 5, 6]
>>> b = [2, 4, 6, 3, 0]
>>> union(a,b)
[0, 1, 2, 3, 4, 5, 6]
```

```
>>> a = [0, 2, 4]
>>> b = [3, 0, 99]
>>> c = union(a,b)
>>> c
[0, 2, 3, 4, 99]
```

매번 네 줄 코딩했던 것이 한 줄로 줄어들었습니다. 이제 합집합은 매번 코딩할 필요없이 입력값만 코딩 함수에 집어 넣으면 결과가 나옵니다.

02 교집합을 코딩 함수로 만들기

교집합은 영어로 Intersection입니다. 교집합을 구현하는 intersection 함수를 만들고 사용해 보겠습니다. 역시 교집합을 코딩 함수로 만들면 매번 여러 줄을 코딩할 필요가 없습니다.

※ 소스 : 01\1_41.py

```
>>> def intersection(a,b):
        c = []
        for i in a:                 # a의 원소를 i라 놓고
            if i  in b:             # i가 b에 속하면
                c.append(i)         # 교집합 c에 넣어라.
        c.sort()
        return c

>>> a = [1, 3, 4, 5, 6]
>>> b = [2, 4, 6, 3, 0]
>>> intersection(a,b)
[3, 4, 6]
```

a, b 교집합이 아무것도 없다면 공집합 [ ]를 출력합니다.

```
>>> a = [1, 3, 5, 7, 9]
>>> b = [2, 4, 6, 8, 0]
>>> c = intersection(a,b)
>>> c
[]
```

결과 값을 안 받으면 바로 출력 값이 모니터로 보입니다. 단, 셀 안의 마지막 줄인 경우에 보입니다.

03 차집합, 여집합을 코딩 함수로 만들기

차집합은 영어로 Complement입니다. 차집합을 구현하는 complement 함수를 만들고 사용해 보겠습니다.

※ 소스 : 01\1_42.py

```
>>> def complement(a,b):
        c = a + []
        for i in b:
            if i in a:
                c.remove(i)
        c.sort()
        return c
```

```
>>> a = [1,3,4,5,6]
>>> b = [2,4,6,3,0]

>>> c = complement(a,b)
>>> d = complement(b,a)
>>> print ('a - b = {}'.format(c))
>>> print ('b - a = {}'.format(d))
a - b = [1, 5]
b - a = [0, 2]
```

04 차집합과 교집합으로부터 합집합 구하기

나음과 같은 방법으로 차집합과 교집합으로부터 합집합을 구할 수 있습니다.

$$a \cup b = (a - b) + (b - a) + a \cap b$$

교집합과 차집합으로 합집합을 구하는 예는 다음과 같습니다.

※ 소스 : 01\1_43.py

```
>>> a = [1, 3, 4, 5, 6]
>>> b = [2, 4, 6, 3, 0]

>>> c = complement(a, b) + complement(b, a) + intersection(a, b) # 차집합(a, b) + 차
집합(b, a) + 교집합
>>> c.sort()
>>> print (c)
[0, 1, 2, 3, 4, 5, 6]
```

05 함수에서 * 사용하기

임의의 개수의 집합으로부터 교집합과 합집합을 구하는 함수를 만들고 사용해 보겠습니다. 코딩 함수를 정의할 때 입력 값 앞에 '*'를 붙이면 입력 값 숫자에 제한이 없게 됩니다.

※ 소스 : 01\1_44.py

```
>>> def multi_input(*args):
        print (args[0])
        print (args[1])
        print (args[2])
        print (args[3])
        print (args[-1])

>>> multi_input(1, 2, 3, 4, 5)
1
2
3
4
5
```

다음 예처럼 입력 값 앞에 *를 붙이면 함수를 불러들일 때 무수히 많은 입력 값을 써도 상관이 없습니다.

※ 소스 : 01\1_45.py

```
>>> """함수의 정의"""
>>> def sum_all(*args):
        total_sum = 0                  # total_sum을 우선 0으로 만들고
        for i in args:                 # 여러 가지 입력 값 args의 각 원소 i에 대해
           total_sum = total_sum + i   # total_sum에 i를 더하라.
        return total_sum

>>> print (sum_all(3,6,9))
>>> print (sum_all(3,1,5,6,4,7))
18
26
```

* 입력 값을 이용해 여러 개의 합집합과 교집합을 구하는 함수를 만들겠습니다.

※ 소스 : 01\1_46.py

```
>>> def union_all(*lists):
        """여러 개의 입력 값으로부터 합집합 구하기
        list_a, list_b, list_c로부터 합집합을 구하려면 두 번의 합집합이 필요하다.
        즉 list_a와 list_b의 합집합을 구하고, 그 결과와 list_c의 합집합을 구하면 된다.
        즉 n개의 입력 값으로부터 합집합은 n-1번의 합집합이 필요하다.
        """

        u = union(lists[0], lists[1])     # 처음은 lists[0]과 lists[1]의 합집합을 구하
여 u라 정의하고
        for i in lists[2:]:               # for 문에서 lists[2]부터 다시 합집합을 구한다.
            u = union(u, i)
            u.sort()
        return u

>>> def intersection_all(*lists):
        """여러 개의 입력 값으로부터 교집합 구하기
        리스트_a, 리스트_b, 리스트_c로부터 교집합을 구하려면 두 번의 교집합이 필요하다."
        즉 n개의 입력 값으로부터 교집합은 n-1번의 교집합이 필요하다."
        """

        d = intersection(lists[0], lists[1])    # 처음은 lists[0]과 lists[1]의 교집합
을 구하여 c라 정의하고
        for i in lists[2:]:                     # for 문에서 lists[2]부터 다시 교집합을
구한다.
            d = intersection(d, i)
            d.sort()
        return d
```

```
>>> a = [1,3,6,5,7]
>>> b = [1,5,2,7,3]
>>> c = [4,2,8,9,5]
>>> print (union_all(a,b,c))
[1, 2, 3, 4, 5, 6, 7, 8, 9]
>>> print (intersection_all(a,b,c))
[5]
```

코딩 함수에서 * 입력 값을 쓰면 여러 개의 입력 값을 불러올 수 있다는 것을 알았습니다.

위 예에서 a, b, c의 입력 값은 3개임에도 *lists로 다 받을 수 있고 lists의 원소들이 되었습니다.

a는 lists[0]으로, b는 lists[1]으로, c는 lists[2]로 대입되었습니다.

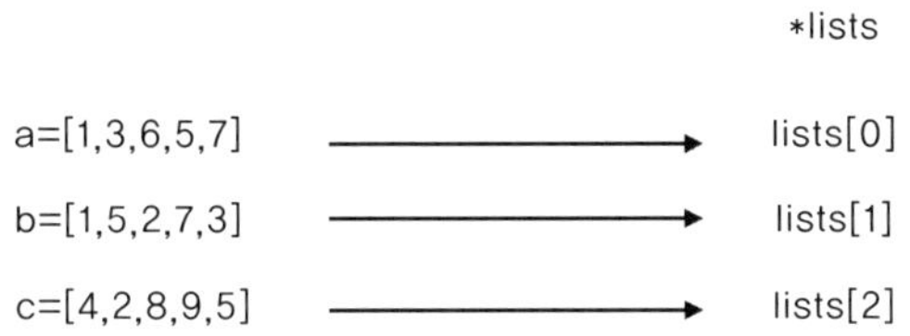

*lists

a=[1,3,6,5,7] → lists[0]

b=[1,5,2,7,3] → lists[1]

c=[4,2,8,9,5] → lists[2]

Chapter

08 클래스

수학

클래스(Class)를 배워 보겠습니다. 사실 코딩을 시작하자마자 클래스를 배우는 게 무리일 수도 있겠지만 클래스가 어떤 것인지, 코딩 함수랑은 무엇이 다른지 정도로 알아보고 앞으로 나올 여러 클래스 예제를 통해 익숙해져 보겠습니다. 코딩이 길어지고 복잡해지면, 어느 부위에서 에러가 발생했는지 찾기가 점점 더 복잡해집니다. 이때 코딩의 중요한 부분(데이터와 그 데이터의 동작)을 모듈화를 해 놓으면, 코딩 수정, 오류 분석을 더 빠르게 할 수 있습니다. 이러한 모듈화를 객체화라고 하며 이렇게 만든 코딩 방식을 객체 지향 프로그래밍이라고 합니다. 이때 이 객체를 클래스로 정의를 하여 사용합니다. 즉 클래스는 객체의 속성과 동작을 코드로 구현한 것입니다. 클래스 각각은 자신만의 변수를 가질 수 있으며 클래스가 동작하는 함수를 만들 수 있습니다. 이러한 함수를 메소드라고 합니다.

예를 살펴봅시다.
데이터 a, b를 가지고 합집합 (c), 교집합(d), 차집합(e)을 만들겠습니다.

※ 소스 : 01\1_47.py

```
>>> a = [1,3,4,5,6]
>>> b = [2,4,6,3,0]
>>> c = union(a,b)
>>> d = intersection(a,b)
>>> e = complement(a,b)

>>> print(c)
[0, 1, 2, 3, 4, 5, 6]
>>> print(d)
[3, 4, 6]
>>> print(e)
[1, 5]
```

다음으로는 합집합, 교집합, 차집합을 클래스를 이용해 구현해 보겠습니다.

※ 소스 : 01\1_48.py

```
>>> class Sets():                       # 집합의 연산을 Sets라는 이름의 클래스로 정의
        def setdata(self,a,b): # 클래스의 def는 코딩 함수가 아니라 메소드(Method)라고 부르며
                               # 메소드는 입력 값으로 항상 self를 맨 앞에 써 줘야 함
            self.a = a         # a를 클래스의 객체 변수로 만든다.
            self.b = b         # b를 클래스의 객체 변수로 만든다.

        def union(self):       # 합집합을 구하는 메소드
            result = self.b + []
              for i in self.a:
                if i not in self.b:
                   result.append(i)
            result.sort()
            return result

        def intersection(self):     # 교집합을 구하는 메소드
            result = []
            for i in self.a:
               if i  in self.b:
                   result.append(i)
            result.sort()
            return result

        def complement(self):       # 차집합을 구하는 메소드
            result = self.a + []
            for i in self.b:
               if i in self.a:
                   result.remove(i)
            result.sort()
            return result

>>> c = Sets()          # c를 Sets라는 클래스의 객체로 정의한다.
>>> c.setdata(a,b)      # c라는 객체를 연산하기 위해 setdata라는 메소드가 필요한 데이터 a, b를
개체 변수로 만든다.
>>>                     # 만들어진 객체 변수 a,b는 합집합, 교집합, 차집합 메소드로 계산할 때 쓰인다.
>>> print (c.a, c.b) # c의 객체 변수 c.a, c.b를 출력한다.
[1, 3, 4, 5, 6] [2, 4, 6, 3, 0]
>>> print ('{}와 {}의 합집합은 {}이다.'.format(c.a, c.b, c.union()))
# c라는 객체의 변수 a, b를 가지고 합집합을 구한다.
[1, 3, 4, 5, 6]와 [2, 4, 6, 3, 0]의 합집합은 [0, 1, 2, 3, 4, 5, 6]이다.
>>> print ('{}와 {}의 교집합은 {}이다.'.format(c.a, c.b, c.intersection()))
```

```
# c라는 객체의 변수 a, b를 가지고 교집합을 구한다.
[1, 3, 4, 5, 6]와 [2, 4, 6, 3, 0]의 교집합은 [3, 4, 6]이다.
>>> print ('{}와 {}의 차집합은 {}이다.'.format(c.a, c.b, c.complement()))
# c라는 객체의 변수 a, b를 가지고 a-b의 차집합을 구한다.
[1, 3, 4, 5, 6]와 [2, 4, 6, 3, 0]의 차집합은 [1, 5]이다.
```

c라는 집합을 연산할 수 있는 객체를 만들고 setdata에서 a, b를 입력 값으로 받았습니다. 이 Sets라는 클래스는 합집합, 차집합, 교집합을 연산하는 기능을 제공합니다.

그 결과는 c.union( ), c.intersection( ), c.complement( )로 출력합니다. 한눈에 봐도 c라는 객체의 결과임을 알 수 있습니다.

데이터 a, b를 위의 코딩 함수만으로 구현하면 합집합(c), 교집합(d), 차집합(e) 사이의 연관관계가 안 보이지만, 이를 클래스 c로 객체화하면 c.union( ), c.intersection( ) 등으로 같은 객체에서 나온 합집합, 교집합임을 알 수 있습니다.

또 다른 객체를 만들겠습니다. d라는 객체에 대해 집합 연산을 해 보았습니다.

```
>>> a = ['apple', 'banana', 'melon', 'mango', 'tomato']
>>> b = ['watermelon', 'strawberry', 'orange', 'apple', 'banana']

>>> d = Sets()
>>> d.setdata(a,b)

>>> print (d.a, d.b)          # d의 객체 변수 d.a, d.b를 출력한다.
['apple', 'banana', 'melon', 'mango', 'tomato'] ['watermelon', 'strawberry',
'orange', 'apple', 'banana']
>>> print (d.union())         # d라는 객체 변수 a,b를 가지고 합집합을 구한다.
['apple', 'banana', 'mango', 'melon', 'orange', 'strawberry', 'tomato',
'watermelon']
>>> print (d.intersection()) # d라는 객체 변수 a,b를 가지고 교집합을 구한다.
['apple', 'banana']
>>> print (d.complement())    # d라는 객체 변수 a,b를 가지고 a-b의 차집합을 구한다.
['mango', 'melon', 'tomato']
```

코딩 함수와 클래스의 차이가 느껴지나요?

클래스로 연산하면 그에 대한 결과 값을 '객체명.' + intersection( ), union( ), complement( ) 등으로 표현할 수 있으며 영원히 저장됩니다.

클래스는 마치 롤플레잉 게임의 캐릭터를 생각하면 쉽습니다. 한 번 캐릭터를 생성하고 게임하면서 저장하면 캐릭터의 성질, 장비 등이 저장됩니다. 또한 기존에 만든 캐릭터와 똑같이 생겼지만 완전히 새로운 캐릭터를 만들 수도 있습니다.

롤플레잉 속의 도둑 캐릭터를 클래스로 만든다고 생각해 봅시다.

```
class 도둑():
def 베기(self):
    칼을 휘두른다.
def 돈줍기(self):
    돈을 줍는다.
def 장비목록(self):
    착용한 장비 목록을 보여 준다.
def 장비착용(self):
    self.sword = sword2
    self.shield = shield3
```

이렇게 도둑이라는 클래스를 정의한 다음 김똑똑이라는 객체를 만듭니다.

```
김똑똑 = 도둑()
김똑똑.베기()
```

김똑똑 이름을 가진 도둑 캐릭터가 만들어지며, 한번 칼을 휘두르는 액션을 취할 수 있습니다.

다음을 실행하면 검은 sword2를 착용하며, 방패는 shield3를 착용합니다.

```
김똑똑.장비착용()
```

또한 다음을 실행하면 같은 도둑 캐릭터인 왕신나라는 새로운 캐릭터도 만들 수 있습니다.

```
왕신나 = 도둑():
```

어때요? 감이 오나요?

01 임의의 집합 문제 생성기 만들기

클래스를 이용하여 문제를 만들고, 그 답을 알려 주는 문제 생성기를 만들겠습니다.

이 문제 생성기는 다음에 설명하겠습니다.

※ 소스 : 01\1_49.py

```
>>> import numpy as np

>>> class Sets():   # 집합의 클래스인 sets를 정의
        def question(self):          # 문제를 만드는 메소드
            self.select = np.random.randint(3)  # 0, 1, 2 중 하나의 숫자를 발생(이후 
0이면 교집합, 1이면 합집합, 2이면 차집합을 계산하고자 함)
            n_a = np.random.randint(10)    # 리스트 a의 개수를 0~9 중 하나 발생
            n_b = np.random.randint(10)    # 리스트 b의 개수를 0~9 중 하나 발생

            self.a = []
            self.b = []
            for i in np.arange(n_a): #n_a 수만큼 중복되지 않는 n_a 개수를 가진 집합 a를 생성
                temp = np.random.randint(10)   # 난수를 발생하여
                if temp not in self.a:         # 기존에 발생한 난수와 겹치지 않으면
                    self.a.append(temp)        # self.a에 추가하여라.

            for i in np.arange(n_b): # 마찬가지로 n_b 만큼의 각기 다른 난수로 이루어진 집
합 self.b를 만들어라.
                temp = np.random.randint(10)
                if temp not in self.b:
                    self.b.append(temp)
            print ('a: [{}]'.format(','.join(map(str, self.a))))
            print ('b: [{}]'.format(','.join(map(str, self.b))))
            if self.select == 0:
                print ('a, b가 위와 같고 두 집합의 교집합을 구하시오')
            elif self.select == 1:
                print ('a, b가 위와 같고 두 집합의 합집합을 구하시오')
            elif self.select == 2:
                print ('a, b가 위와 같고 차집합 a-b를 구하시오')

        def setdata(self,a,b):        # 데이터 a, b 2개를 받아들이는 메소드
            self.a = a
            self.b = b

        def intersection(self):       # 집합을 클래스 sets로 정의하고 그 중 교집합을 구하는 
함수를 정의
            result = []
            for i in self.a:
                if i  in self.b:
                    result.append(i)
            return result
```

```
    def union(self):
        result = self.b + []
        for i in self.a:            # a에 속한 모든 요소 i를 순서대로 실행한다.
            if i not in self.b:     # 만약 i가 b에 속하지 않는다면
                result.append(i)    # result에 b와 b에 속하지 않은 a를 더하라.
        return result

    def complement(self):
        result = self.a + []
        for i in self.b:              # b에 속한 모든 요소 i를 순서대로 실행한다.
            if i in self.a:           # i가 a에 속한다면
                result.remove(i)      # a에서 i를 지워라.
        return result

    def answer(self):    # 해답을 만드는 메소드
        if self.select == 0:
            result = self.intersection()
            result.sort()
            print (result)
        elif self.select == 1:
            result = self.union()
            result.sort()
            print (result)
        elif self.select == 2:
            result = self.complement()
            result.sort()
            print (result)
```

np.random.randint(숫자)는 0부터 숫자-1 사이에서 임의의 수 1개를 만드는 함수입니다. np.arange(숫자)는 0부터 1, 2 그리고 숫자-1까지의 배열을 만드는 함수입니다. 예를 들어 np.arange(7)은 [0,1,2,3,4,5,6]의 배열을 만듭니다. np.random.randint는 Part 2의 Chapter 5에서, np.arange는 Part 3의 Chapter 4에서 더 자세히 설명하겠습니다.
문제를 만들고 해답을 찾겠습니다. 우선 q1이란 객체를 만듭니다.

```
>>> q1 = Sets()
```

문제를 만들기 위해 question 메소드를 실행해 봅시다.

```
>>> q1.question()
a: [5,8,2,3,7,6]
b: [3,2]
a, b가 위와 같고 두 집합의 교집합을 구하시오
```

임의의 문제를 만들었습니다. 문제를 다 풀었으면 답을 확인하겠습니다.

```
>>> q1.answer()
[2, 3]
```

문제는 매번 달라지기 때문에 위 내용은 아닐 수 있습니다. 하지만 각 문제의 답은 위와 같이 불러올 수 있습니다.

다른 문제를 새로 만들어 볼까요?

```
>>> q2 = Sets()
>>> q2.question()
a: [1,0]
b: [4,2,9,3,0,8,1]
a, b가 위와 같고 두 집합의 교집합을 구하시오
```

이에 대한 답은 다음과 같습니다.

```
>>> q2.answer()
[0, 1]
```

하지만 q1에 대한 답도 아직 저장되어 있습니다.

```
>>> q1.answer()
[2, 3]
```

이와 같이 각 문제를 클래스의 객체로 만들면, 새로운 문제를 만들어도 과거에 만든 객체의 답을 계속 확인할 수 있습니다. 이러한 기능은 코딩 함수로는 구현이 어렵습니다.

02 built-in 집합 클래스 사용하기 - sets

파이썬에는 집합의 연산하는 자료형인 sets가 있습니다. 하지만 이 책의 목적은 파이썬을 통해 수학의 논리 전개 과정을 코딩으로 익히는 것이므로, 파이썬에서 제공하는 sets에 대한 소개는 하지 않습니다. 파이썬에서 제공하는 sets 명령어를 보려면 다음 링크를 참고하세요.

https://docs.python.org/2/library/sets.html

연습문제

1-02 숫자를 받으면 몇째 자릿수인지 돌려 주는 함수를 만드세요.

1-03 두 숫자를 받으면 두 숫자에 공통된 숫자를 출력하는 코딩 함수를 만드세요. 예를 들어 38472, 173을 넣으면 [3,7]이 출력되어야 합니다.

1-04 두 집합의 차집합으로 이루어진 함수 $(a-b)\cup(b-a)$를 교집합, 차집합으로부터 구하세요.

1-05 입력 값 0 혹은 1에 대해 다음과 같은 출력 값을 만드는 코딩 함수를 만드세요.

입력 값 1	입력 값 2	출력 값
0	0	0
0	1	1
1	0	1
1	1	1

1-06 세 집합이 있을 때 색이 채워진 부분을 나타내는 집합을 구하는 코딩 함수를 만드세요.

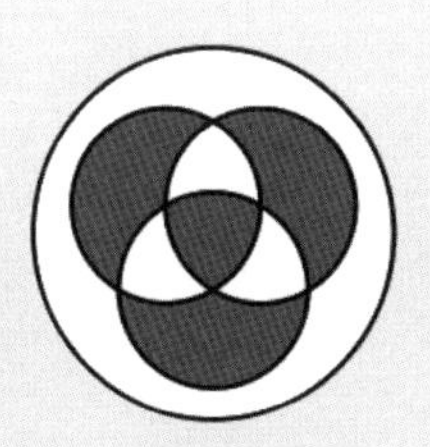

1-07 a가 b의 부분 집합 $a \subset b$인지 판별하는 코딩 함수를 만드세요.

1-08 50명의 학생 중 20명은 하키, 15명은 야구, 11명은 축구를 합니다.
7명은 하키와 야구를, 4명은 야구와 축구를, 5명은 하키와 축구를 합니다.
18명은 어떤 스포츠도 하지 않을 경우, 2개의 스포츠를 하는 학생은 몇 명인가요?
(이 문제는 코딩이 아닌 수학 문제입니다.)

1-09 리스트의 맨 마지막 원소를 처음으로 이동시키는 코딩 함수를 구하세요.
예를 들어 a = [1,2,3,4]를 집어 넣으면 [4,1,2,3]이 나와야 합니다.

1-10 위에서 만든 rotation 함수를 n번 실행하는 함수를 만드세요. 참고로 10번 실행하려면 'for i in range(10):'을 사용하면 됩니다.

1-11 20명 중에, 5명은 그룹 A에 속하고, 7명은 B, 9명은 C에 속합니다. 2명은 A, B, C 모두에 속하고, 세 명은 A, B, C 중 2개의 그룹에 속합니다.
아무 데도 속하지 않는 사람의 수를 구하세요.
(이 문제는 코딩이 아닌 수학 문제입니다.)

※ 정답은 py 파일(01\연습 문제 폴더) 또는 ipynb 파일에서 확인하세요.

생각해 보기

조금 어려웠나요? 하지만 아직 배울 수학은 많으며 코딩할 수학 문제도 많이 있습니다. 이 책을 다 볼 때쯤 익숙해져 있으리라 확신합니다.

이번 기회에 집합을 배우는 동시에 파이썬의 가장 중요한 자료형과 명령어인 **리스트, for, if**를 배웠습니다.

또한 코딩 함수를 여러 번 사용을 해 보았으며, 클래스에 대해서도 접해 볼 수 있었습니다.

PART 2

자연수, 정수, 유리수, 무리수

CODING

실수
- 유리수
  - 정수
    - 양의 정수(자연수) : 1, 2, 3, ……
    - 0
    - 음의 정수 : −1, −2, −3, ……
  - 정수가 아닌 유리수 : $\frac{1}{2}$, $-\frac{2}{3}$, 0.3, ……
- 무리수 $\sqrt{2}$, $\sqrt{3}$, π, ……(순환하지 않는 무한 소수)

자연수(1, 2, 3, ……)는 음이 아닌 정수이며, 수를 세거나 순서를 매길 때 사용합니다.

정수는 양의 정수인 자연수와, 음의 정수(−1, −2, −3, ……), 그리고 0으로 구성되어 있습니다.

유리수는 정수를 포함하고 분수로 표현될 수 있는 숫자로, 유한 소수 0.1, 0.2, …… 및 무한 소수 중 순환성이 있는, 즉 순환 소수(0.333……)로 구성됩니다.

무리수는 분수로 나타낼 수 없는, 순환하지 않는 무한 소수(0.1274926……)입니다.

실수는 유리수와 무리수의 합집합이며, **제곱하였을 때 양이 되는 모든 수**를 의미합니다.

자연수에서는 소수 찾기, 소인수분해, 최대공약수, 최소공배수, 십진법, 이진법을 배우겠으며, 그 후 중학교 2~3학년 과정인 유리수 및 분수 표현, 무리수를 배우겠습니다.

[코딩] 챕터에서는 이러한 집합을 구현하기 위해 다음과 같은 것들을 익힙니다.

① Bool 자료형과 조건문 if의 같다 다르다 표현
② 파이썬으로 정수형 및 소수형 자료형 연산
③ range와 enumerate를 for 문에서의 활용
④ 반복문인 while
⑤ max, min 함수로 최대값, 최소값 구하기
⑥ 파이썬에서 여러 수학 기능을 담당하는 numpy

특히 numpy는 여러 가지 수학 기능을 제공하고, 과학, 수학, 경제 등 응용 분야에서 많이 사용하고 있습니다. 그 중 numpy의 자료형인 array, arange를 먼저 배우겠으며 난수 발생 기능을 배우겠습니다.

Chapter

01 bool 자료형과 같다(==)/다르다(!=) 표현 익히기

코딩

bool 자료형은 True(참)와 False(거짓)로 구성되어 있습니다. 말 그대로, 참일 경우 True가 되고 거짓일 경우 False가 됩니다.

a는 5인데 10보다 크다고 하면 거짓이겠죠? 따라서 False가 됩니다.

※ 소스 : 02\2_1.py

```
>>> a = 5
>>> a > 10
False
```

a는 10보다 작으니 True가 나왔습니다.

```
>>> a < 10
True
```

위와 같이 참이면 True가 나오고, 거짓이면 False가 나옵니다. 이러한 부등식 자체가 Bool형 자료형이 됩니다. Part 1에서 사용한 조건문에도 사실 bool 자료가 쓰였습니다.

```
>>> type(a < 10)
<class 'bool'>
```

다시 한번 예제를 살펴보겠습니다.

※ 소스 : 02\2_2.py

```
>>> a = [3,1,6,4,9]
>>> 1 in a
True
```

'1'이 리스트 a에 있으므로 1 in a는 True가 됩니다.

```
>>> type(1 in a)
<class 'bool'>
```

원소 in **리스트**는 원소가 있으면 True, 없으면 False를 돌려 주는 bool 자료형입니다.

※ 소스 : 02\2_3.py

```
>>> a = 'apple'
>>> b = ['tomato', 'orange', 'strawberry', 'apple']
>>> a in b
True

>>> 'watermelon' in b
False
```

※ 소스 : 02\2_4.py

```
>>> for i in [1,2,3,4,5]:     # [1,2,3,4,5] 중에
        if i > 3:             # 3보다 큰 원소를
            print(i)          # 출력해라.
4
5
```

위로부터 알 수 있는 사실은 if 다음에 bool 자료형이 온다는 것입니다. i 〉 3은 1, 2, 3에겐 False를, 4, 5에겐 True를 돌려 주므로 bool 자료입니다. 따라서 if 조건문을 다시 쓰면 다음과 같습니다.

문법

```
if bool:
  참일 경우 수행할 문장
else:
  거짓일 경우 수행할 문장
```

다시 한번 보시죠.

※ 소스 : 02\2_5.py

```
>>> if True:
        print('1')
1
```

※ 소스 : 02\2_6.py

```
>>> if False:
        print('1')
```

자, if 다음에 True가 오니 1이 출력되고, False가 오니 출력이 안 되었죠? 따라서 if 다음에 오는 조건문은 결국 bool 자료형을 만들어 True인지 판별하는 것입니다.

01 if 문의 같다(==)/다르다(!=) 익히기

'=='는 좌변은 우변과 같다는 의미임을 배웠습니다. 반면 '!='은 좌변과 우변은 다르다는 의미입니다. '==' 혹은 '!='로 같다/아니다를 판별하는 것도 True 아니면 False를 돌려 주는 bool 자료형입니다. 다음 예제를 통해 알아보겠습니다.
a를 3으로 정의했는데, 3과 같다를 판별하면 참이 됩니다.

※ 소스 : 02\2_7.py

```
>>> a = 3
>>> a == 3
True
```

하지만 4와 같다고 하면 거짓이 됩니다.

```
>>> a == 4
False
```

반면 4와 다르다고 하면 참이 됩니다.

```
>>> a != 4
True
```

다음은 '=='와 '!='를 이용해서 홀수인지 짝수인지 판별하는 코딩 함수를 살펴보겠습니다.

※ 소스 : 02\2_8.py

```
>>> def odd_or_even(n):
    if n % 2 == 0:     # 2로 나눈 나머지가 0이면
        print('{}는 짝수이다.'.format(n))
        k = 'even'
    elif n % 2 != 0:   # 2로 나눈 나머지가 0이 아니면(즉 1이면)
        print('{}는 홀수이다.'.format(n))
        k = 'odd'
    return n
>>> print(odd_or_even(9))
9는 홀수이다.
9
>>> print(odd_or_even(4))
4는 짝수이다.
4
```

Chapter

02 숫자형 자료형과 연산

코딩

Part 1에서 숫자형 자료형을 잠깐 맛보았습니다. 이번 파트에서는 더 자세히 알아보겠습니다.

- 정수(Integer) : 소수점이 없는 수(예 : a = 4)
- 소수(Floating Number) : 소수점이 있는 수(예 : a = 4.0)

소수점(.)이 없으면 정수형 자료형(int)이고 있으면 소수형 자료형(float)입니다.

※ 소스 : 02\2_9.py

```
>>> a = 4
>>> type(a)
<class 'int'>
>>> b = 4.0
>>> type(b)
<class 'float'>
```

01 정수(int)와 소수(float) 사칙 연산하기

더하기/빼기는 +/−를 사용하고 곱하기/나누기의 기호는 ×, ÷가 아닌 *, /를 쓴다는 것을 알아두면 됩니다.

정수형 자료형에서 덧셈, 뺄셈, 곱셈을 하면 정수형이 유지되지만, 나눗셈을 하면 소수형으로 바뀝니다.

※ 소스 : 02\2_10.py

```
>>> print (3 + 5)    # 더하기
8
>>> print (38 - 27) # 빼기
11
>>> print (3 * 5)    # 곱하기
15
>>> print (8 / 2)    # 나누기
4.0

>>> a = 4
>>> b = 2
>>> c = a / b
>>> type(a)
<class 'int'>

>>> type(c)
<class 'float'>
```

4쪽에서 문자형 자료형과 정수형 자료형의 연산은 오류가 난다는 것을 배웠지만, 정수형, 소수형 자료형은 연산 과정에서 오류가 발생하지 않습니다. 다만 정수형 자료형과 소수형 자료형을 섞어서 사칙 연산하면 그 결과 값은 소수형 자료형이 됩니다.

```
>>> a + c
6.0
```

정수형 자료형의 나눗셈의 몫을 구하려면 '//'를 사용하고, 나머지를 구하려면 '%'를 사용합니다.

```
>>> print (8 % 2)        # 나머지 구하기
0
>>> print (7 / 2)        # 나누기
3.5
>>> print (7 % 2)        # 나머지 구하기
1
>>> print (7 // 2)       # 몫 구하기
3
```

3쪽에서 파이썬에서 '='는 같다는 의미가 아니라 우변의 자료를 좌변의 변수에 집어 넣겠다는 의미라는 것을 배웠습니다.

따라서 a = a + 3은 기존 a에 3을 더한 값을 새로운 a로 하겠다는 의미입니다. 이 a = a + 3을 파이썬에서는 a += 3으로 표현할 수도 있습니다.

※ 소스 : 02\2_11.py

```
>>> a = 3
>>> print (a)
3
>>> a += 5
>>> print (a)
8
```

이와 같이 +, −, *, /, //, %도 같은 방법으로 사용할 수 있습니다.

```
>>> a = 8
>>> a += 2                  # 8+2
>>> print (a)
10
>>> a = 8
>>> a -= 2                  # 8-2
>>> print (a)
6
>>> a = 8
>>> a *= 2                  # 8×2
>>> print (a)
16
>>> a = 8
>>> a /= 2                  # 8/2
>>> print (a)
4.0
>>> a = 8
>>> a //= 3                 # 8//3
>>> print (a)
2
>>> a = 8
>>> a //= 5
>>> print (a)
1
>>> a = 8
>>> a %= 5                  # 8%5
>>> print (a)
3
```

02 거듭제곱 익히기

m^n은 숫자 m을 n번 곱한다는 뜻입니다. 즉 $2^3 = 2 \times 2 \times 2 = 8$입니다. 이를 파이썬에서는 m**n으로 구할 수 있습니다.

※ 소스 : 02\2_12.py

```
>>> print (2**3)
8                           # 2×2×2
>>> print (3**2)
9                           # 3×3=9
>>> print (100**2)
10000                       # 100×100=10,000
>>> a = 3
>>> a **= 2                 # a = a**2
>>> a
9
```

음수의 제곱은 양수가 됩니다.

```
>>> (-2) ** 2               # (-2)×(-2)
4
```

이때 −2**2 이렇게 쓰면 2**2를 계산하고 −를 취하므로 −4가 됩니다.

```
>>> -2 **2                  # -(2×2)
-4
```

따라서 음수를 표현할 때는 괄호( )를 쓰는 게 혼동을 피할 수 있습니다.

03 거듭제곱근 익히기

4는 2를 두 번 곱한 값이죠($2^2 = 4$). 이때 4의 제곱근을 2라고 합니다. 마찬가지로 100의 제곱근은 10이 됩니다.

파이썬에서는 제곱근을 구하기 위해 numpy라는 패키지를 자주 사용합니다. 수학적 계산을 필요로 하는 코드를 짤 때는 대부분 이 numpy를 이용하므로 앞으로 코딩할 때 numpy를 제일 처음에 불러 주는 것이 좋습니다.

다음은 numpy를 불러서 사용할 때는 np라는 약자로 사용한다는 의미입니다.

※ 소스 : 02\2_13.py

```
>>> import numpy as np
```

제곱근은 numpy 함수 중 sqrt([숫자])를 써서 구할 수 있습니다. 44쪽에서 numpy를 np로 사용하기로 했으니, np.sqrt([숫자])로 사용하면 됩니다.
음수에 적용할 경우, 곱해서 음수가 되는 실수는 없으니 nan(없다)이라는 결과가 나옵니다.

```
>>> print (np.sqrt(100))
10.0
>>> print (np.sqrt(16))
4.0
>>> print (np.sqrt(7))
2.6457513110645907          # 소수로 구해짐
>>> print (np.sqrt(-4))
nan
```

자연수 제곱수인 100, 16은 10과 4로 바로 구해지고, 제곱수가 아닌 7의 제곱근도 소수로 구해짐을 알 수 있습니다.

04 반올림하기

round(숫자)를 쓰면, 소수형 변수를 반올림해서 정수형 자료형으로 바꿔 줍니다.

※ 소스 : 02\2_14.py

```
>>> a = 3.7
>>> type(a)
<class 'float'>
>>> b = round(a)
>>> print(b)
4
>>> type(b)
<class 'int'>
```

또한 int( ) 명령어를 써서, 강제적으로 소수형을 정수형으로 바꿀 수 있지만, 이 경우 반올림이 아니라 내림을 하게 됩니다.

```
>>> a = 3.7
>>> b = int(a)
>>> print (b)
3
```

이렇게 바뀐 정수형을 float( ) 명령어로 소수형으로 바꿀 수 있지만, 원래 값으로 되돌아오진 않습니다.

```
>>> float(b)
3.0
```

Chapter

03 range와 emumerate를 활용한 for 문에서 활용하기

코딩

01 range 사용하기

range는 범위라는 뜻입니다. 파이썬에서 range는 숫자 범위를 정해 주고 그 범위 안에 들어 있는 숫자들의 집합을 만드는 내장 함수이며 자료형의 한 종류입니다.
range는 숫자들의 집합을 만들어 그 원소에 대해 반복 연산할 때 즉, **for 구문과 결합할 때 자주 사용됩니다.** range(5)와 range(0,5)는 같습니다.

※ 소스 : 02\2_15.py

```
>>> a  = range(5)
>>> a
range(0, 5)
>>> type(a)
<class 'range'>
```

```
>>> b = range(0,5)
>>> b
range(0, 5)
```

0은 처음 시작할 정수이며 5는 마지막 끝낼 수보다 1 큰 수가 됩니다. range와 for가 결합되면 어떤 쓰임새가 있는지 보겠습니다.

```
>>> for i in range(5):
        print (i)
0
1
2
3
4
```

앞의 예처럼 range(5)는 0에서 4까지의 숫자를 생성합니다.

또한 range([처음 수], [마지막 수 보다 1 큰 수], [건너뛸 수]) 이렇게 표현할 수도 있습니다. 예로 range(0, 9, 2) 이렇게 하면 0부터 8까지 2씩 건너뛰는 수를 만들어서 0, 2, 4, 6, 8 이렇게 돌려 줍니다.

```
>>> for i in range(0, 9, 2):
        print (i)
0
2
4
6
8
```

0부터 8까지 숫자를 −2씩 건너뛸 수는 없으니 range(0, 9, −2)는 아무 숫자도 돌려 주지 못합니다.

```
>>> for i in range(0, 9, -2):
        print (i)
```

하지만 range(0, −9, −2)는 다음과 같습니다.

```
>>> for i in range(0,-9,-2):
         print (i)
0
-2
-4
-6
-8
```

0부터 100까지 숫자를 더한 수를 계산할 때 리스트로 'a = [0, 1, 2, 3, ……, 100]' 이렇게 작성하기엔 힘이 듭니다. 이때 range(0,101)를 쓰면 간단해집니다.

```
>>> a = 0
>>> for i in range(0,101):    # 0부터 100까지 숫자 중 홀수를 더하라.
        a += i
>>> print ('0부터 100까지 더한 값 : {}'.format(a))
0부터 100까지 더한 값 : 5050
>>> a = 0
>>> for i in range(0,101):    # 0부터 100까지 중
        if i % 2 == 1:        # 2로 나누어서 1이면(나머지가 1이면)
            a += i            # a에 더하라.
>>> print ('0부터 100까지 홀수를 더한 값 : {}'.format(a))
0부터 100까지 홀수를 더한 값 : 2500
```

02 enumerate 사용하기

enumerate는 리스트 원소의 순서와 값, 2개를 동시에 돌려 주는 기능입니다. 주로 for 문과 함께 사용합니다.

※ 소스 : 02\2_16.py

```
>>> fruit = ['strawberry', 'grape', 'apple', 'mango', 'orange']
>>> a = list(enumerate(fruit))
>>> a
[(0, 'strawberry'), (1, 'grape'), (2, 'apple'), (3, 'mango'), (4, 'orange')]
```

위 예제에서 fruit의 원소에 대해 enumerate를 통해 순서와 원소 값에 대한 쌍을 만들고 리스트로 이 쌍을 만드는 것을 보았습니다.

다음은 enumerate를 for 문과 결합하여 이용해 보겠습니다.

```
>>> a = [0, 1, 2, 3, 4]
>>> for idx, val in enumerate(fruit):  # fruit에 대해
        print (idx, val)  # 매번 순서(idx)와 원소(val)를 출력해라.
0 strawberry
1 grape
2 apple
3 mango
4 orange

>>> a = [10, 9, 8, 7, 6, 5, 4, 3, 2, 1, 0]
>>> for idx, val in enumerate(a):
        print (idx, val)  # idx는 순서를, val은 값을 나타낸다.
0 10
1 9
2 8
......
8 2
9 1
10 0
```

Chapter

04 while 반복문

코딩

for 반복문은 반복하기 위한 원소들의 리스트가 있어야 하지만, while은 원소 개수만큼 반복하는 게 아니라 while 뒤에 나오는 조건에 따라 반복을 할지 말지가 정해집니다.

즉, 조건이 참(True)이면 계속 반복이 되고, 조건이 거짓(False)이 되면 반복이 끝납니다. 따라서 무한히 반복하지 않으려면 도중에 조건이 False가 되게끔 코딩을 해주어야 합니다. 앞에서 배웠듯이 이 조건은 bool 자료형입니다.

문법

```
while 조건문 (bool):
  명령문
```

while을 이용해 0부터 10까지 더해 보겠습니다. a는 10에서 시작해 'a −= 1'로 1씩 줄어들고 c에 10부터 1까지 더하고 나면, a는 0이 됩니다. 그러면 while 다음 조건문 'a 〉 0'이 거짓이 되면 반복을 마치게 됩니다.

※ 소스 : 02\2_17.py

```
>>> a = 10
>>> c = 0

>>> while a > 0:    # a가 0보다 클 때까지
        c += a      # c에는 a를 더하고
        a -= 1      # a는 a-1의 숫자로 재정의한다(조건에 변화를 주는 문장).
>>> print (c)
55
```

0부터 20까지 출력하고 a가 20이 되면 반복을 끝내는 예입니다.

```
>>> a = 0
>>> while a < 20:     # a가 20보다 작을 때까지
        a += 1        # a에 1씩 더하고
        print (a)     # a를 출력해라.
1
2
3
......
18
19
20
```

1부터 10까지 출력하고, 10이 되면 a가 False가 되어 while 문을 그만두는 예입니다.

※ 소스 : 02\2_18.py

```
>>> a = True
>>> n = 0
>>> while a:
        n += 1
        print (n)
        if n == 10:
            a = False
1
2
3
......
8
9
10
```

Chapter

05 numpy의 array와 난수 발생(random) 코딩

numpy를 배우기 전에 리스트에서 최소, 최대값을 찾는 min, max 함수를 공부하겠습니다.

※ 소스 : 02\2_19.py

```
>>> a = [1, 2, 3, 4, 5]
>>> print ('가장 작은 수는 : {}'.format(min(a)))
>>> print ('가장 큰 수는 : {}'.format(max(a)))
가장 작은 수는 : 1
가장 큰 수는 : 5
```

01 numpy 알아보기

많이 사용하는 여러 가지 기능을 누군가가 이미 다 코딩을 해 놓으면 얼마나 편할까요? 파이썬에는 이렇게 자주 사용되는 기능을 이미 작성해 놓은 경우가 많습니다. 따라서 이것을 불러서 사용할 수 있는데, 대표적인 것이 수학 기능을 담당하는 모듈인 numpy입니다.
numpy는 앞에서 배운 제곱근 외의 삼각함수, 다차원 배열, 난수 생성 등을 제공하며 빠르게 계산할 수 있어 과학, 수학 계산에 반드시 필요합니다.
이번 시간엔 numpy가 제공하는 다차원 배열과 난수 생성(난수 : 임의의 수) 기능을 알아보겠습니다.

02 numpy에서 제공하는 array 자료형 사용하기

array는 배열이라는 뜻이며 숫자로 이루어진 리스트와 유사하지만 연산이 가능한 집합입니다. 리스트는 문자열 및 아무 자료형이나 올 수 있지만, array는 숫자형 자료형만 올 수 있습니다.
np.array를 쓰면 리스트 자료 형태가 numpy의 ndarray(다차원 배열) 자료형으로 바뀐 것을 볼 수 있습니다.

※ 소스 : 02\2_20.py

```
>>> a = [1, 2, 3, 4, 5]    # 리스트 a를 만들어서
>>> b = np.array(a)        # array 자료형으로 바꾸자.

>>> print(b)
[1 2 3 4 5]
>>> type(b)
<class 'numpy.ndarray'>
```

numpy array의 index는 리스트와 같습니다.

```
>>> print (b[0], b[-5])
>>> print (b[1], b[-4])
>>> print (b[2], b[-3])
>>> print (b[3], b[-2])
>>> print (b[4], b[-1])
1 1
2 2
3 3
4 4
5 5
```

slice 사용법도 문자열이나 리스트와 같습니다.

```
>>> print (b[1:3])
[2 3]
>>> print (b[::2])
[1 3 5]
```

[::2]는 처음부터 한 칸씩 건너뛰라는 의미입니다. 숫자로 구성된 리스트에서는 더하기를 한다고 각 원소에 숫자 5가 더해지지 않습니다.

```
>>> a + 5
Traceback (most recent call last):
  File "<pyshell#93>", line 1, in <module>
    a+5
TypeError: can only concatenate list (not "int") to list
```

하지만 np.array는 가능합니다.

```
>>> c = b + 5
>>> print(b)
[1 2 3 4 5]
>>> print(c)
[6  7  8  9  10]
```

리스트 a를 곱하면 리스트 a가 중복되어 나타나는 데 반해, array b는 각 원소들에 두 배씩 곱해져서 나타납니다.

```
>>> print (a*2)
[1, 2, 3, 4, 5, 1, 2, 3, 4, 5]
>>> print (b*2)
[2  4  6  8  10]
```

다음과 같이 나눗셈, 거듭제곱도 할 수 있습니다.

```
>>> c = b/4
>>> c
array([0.25,  0.5 ,  0.75,  1.  ,  1.25])

>>> c = b**2
>>> c
array([1,  4,  9, 16, 25], dtype=int32)
```

또한 np.sqrt(array)를 하면 array의 모든 원소들의 제곱근을 가지는 array를 만들 수 있습니다.

```
>>> d = np.sqrt(c)
>>> print(b)
[1 2 3 4 5]
>>> print(c)
[1  4  9 16 25]
>>> print(d)
[1.  2.  3.  4.  5.]
```

03 np.multiply로 두 array 원소끼리 곱하기

[1,2,3], [4,5,6]의 원소끼리 곱해 새로운 array가 [4,10,18]이 되게 하는 명령어입니다. 따라서 numpy array는 계산을 위한 리스트라고 할 수 있습니다.

※ 소스 : 02\2_21.py

```
>>> a = np.array([1, 2, 3])
>>> b = np.array([4, 5, 6])
>>> np.multiply(a, b)
[4, 10, 18]
```

04 np.max, np.min : array의 최대값과 최소값 구하기

min, max와 같이 array에서의 최소값(min)과 최대값(max)을 찾는 명령어입니다.

```
>>> print (np.max(a))
3
>>> print (np.min(b))
4
```

05 np.argmax, np.argmin으로 array의 최대값과 최소값의 index 구하기

```
>>> print (np.argmax(a))
2
>>> print (np.argmin(b))
0
```

06 random으로 numpy 난수 만들기

numpy의 random.randint를 이용하여 난수를 만들 수 있습니다. 예를 들어 np.random.randint(9)는 위는 0부터 9까지 숫자 중 아무 숫자나 하나 만드는 기능입니다.

※ 소스 : 02\2_22.py

```
>>> np.random.randint(9)
1
```

위 셀을 실행할 때마다, 다른 숫자가 만들어지는 것을 확인할 수 있습니다. random.randint 문법은 다음과 같습니다.

```
np.random.randint([숫자 1], [숫자 2], size = [난수 개수])
```

위에서 [숫자 1]은 난수를 만들 가장 작은 수, [숫자 2]는 가장 큰 수−1이며, size만큼 난수를 만듭니다. 다음과 같이 사용하면 0부터 숫자 1까지 자연수를 난수 개수만큼 만듭니다.

```
np.random.randint(숫자 1, size = 난수 개수)
```

다음처럼 사용하면 0부터 숫자 1까지 자연수를 1개 만듭니다.

```
np.random.randint(숫자 1)
```

다음과 같이 하면 100부터 129까지 중 숫자 2개를 만들어서 array형 자료형으로 돌려 주라는 의미입니다.

```
>>> np.random.randint(100, 130, size = 2)
[116 120]
```

np에서 사용되는 자료형은 array인 형태가 많습니다. 배운 것을 토대로 연습 문제를 풀어 보겠습니다.

연습문제

2-01 로또 번호 자동 생성 기능을 코딩 함수로 만드세요. 로또 생성기는 1부터 45까지 자연수 중 중복되지 않은 여섯 숫자를 돌려 줍니다.

2-02 1부터 100까지 난수를 계속 만드는 코딩 함수를 만드세요. 단, 난수가 95가 넘으면 멈추고 이때까지 만든 난수를 출력하세요.

2-03 1부터 30까지의 서로 다른 난수 10개를 이용해 집합 A, B를 만들고 이들의 교집합을 찾는 코딩 함수를 만드세요.

힌트 Part 1에서 배운 교집합 코딩 함수를 불러오세요.

※ 정답은 py 파일(02\연습 문제 폴더) 또는 ipynb 파일에서 확인하세요.

Chapter

06 자연수

수학

자연수에서는 소수(Prime Number), 소인수분해, 최대공약수, 최소공배수, 십진법, 이진법 등을 공부합니다.

01 소수 알아보기

자기 자신과 1로밖에 안 나누어지는 숫자를 소수라고 합니다. 2, 3, 5, 7은 1과 자기 자신밖에 안 나누어지죠? 이러한 수들이 소수이며 컴퓨터 암호학 분야에서 중요하게 다뤄집니다.
17이 소수인지 판별하기 위한 가장 쉬운 방법은 2부터 16까지로 나누어지는지 확인하는 것입니다. 즉 나머지가 0인지 여부를 판별하면 됩니다.
이를 코딩으로 구현해 볼까요? 소수이면 'a는 소수이다', 아니면 'a는 소수가 아니다'를 출력해 보겠습니다.

※ 소스 : 02\2_23.py

```
>>> a = 17
>>> a_prime = True                  # True는 '참'이라는 의미이며 초기값을 참으로 정의
>>> for i in range(2,a):            # 2부터 자기 자신 -1까지의 수에 대해
        if a % i == 0:              # a를 i로 나눈 나머지가 0이면,
            a_prime = False         # a_prime을 '거짓'의 의미인 False로 바꾸어라.

>>> if a_prime == True:
        print ('{}는 소수이다.'.format(a))  # 소수라고 출력하라.
>>> else:
        print ('{}는 소수가 아니다.'.format(a))
17는 소수이다.
```

이를 코딩 함수로 만들어 보겠습니다. 소수이면 'a는 소수이다', 아니면 'a는 소수가 아니다'를 출력하고 코딩 함수의 결과 값으로 소수이면 'True', 거짓이면 'False'를 돌려 주게 하겠습니다.

```
>>> def is_prime(a):
        b = range(2, a)   # 2부터 a-1까지의 리스트
        c = 0
        for i in b:
            if a % i == 0:
                c += 1
        if c > 0:
            print ('{}는 소수가 아니다.'.format(a))
            d = False
        else:
            print ('{}는 소수이다.'.format(a))
            d = True
        return d

>>> is_prime(31)
31는 소수이다.
True
>>> is_prime(18)
18는 소수가 아니다.
False
>>> is_prime(597)
597는 소수가 아니다.
False
>>> is_prime(449)
449는 소수이다.
True
```

연습문제

2-04 1~100에서 소수를 찾아보세요.

2-05 1부터 1000까지 소수 중 소수와 그다음 소수까지 차이가 가장 큰 구간을 구하세요.

※ 정답은 py 파일(02\연습 문제 폴더) 또는 ipynb 파일에서 확인하세요.

02 소인수 찾기

24를 더 이상 나누어지지 않는 수로 계속 나누다 보면 어떻게 될까요?

24 = 2×2×2×3으로 나누어질 것입니다. 이렇게 소수의 곱으로 나타내는 것을 소인수분해라고 합니다. 소인수분해하여 소인수들의 집합을 만들어 보겠습니다.

소인수를 구할 때 어떻게 할까요? 우선 24를 먼저 2로 나누고(12), 12를 또 2로 나누고(6), 6을 또 2로 나누어 봅니다(3).

3을 2로 나누어 보고, 마지막으로 3으로 나누어 봅니다. 따라서 소인수는 2와 3입니다.

이러한 논리 전개 과정을 코딩으로 표현해 볼까요?

※ 소스 : 02\2_24.py

```
>>> a = 17
>>> b = range(2, a)                # 2부터 16까지의 수열을 만들고
>>> primes = []                    # 소인수들로 이루어진 리스트를 만들 텐데 우선 공집합으로 시작
>>> for i in b:                    # 2부터 16까지 자연수에 대해 i로 놓고
        while a % i == 0:          # a를 i로 나누어서 나머지가 0이면
            primes.append(i)       # i를 추가하고
            a /= i                 # a를 i로 나눈 다음
                                   # 이 과정을 반복해라.

>>> if primes == []:               # 만약 아무것도 나누어지지 않으면
        primes.append(a)           # 소인수는 그 수 자체이므로 자신을 포함시킴

>>> primes
[17]
```

위 연산을 코딩 함수로 만들겠습니다.

```
>>> def prime_factorization(a):
        b = range(2,a)
        primes = []
        for i in b:                    # b 요소인 i에 대해
            while a % i == 0:          # a를 i로 나누어서 나머지가 0이면
                primes.append(i)       # c에 i를 추가하고
                a /= i                 # a를 i로 나눈다.
        if primes == []:
            primes.append(a)
        return primes
```

```
>>> print (prime_factorization(128))
[2, 2, 2, 2, 2, 2, 2]
>>> print (prime_factorization(497))
[7, 71]
>>> print (prime_factorization(10135867))
[7, 1447981]
>>> print (prime_factorization(17))
[17]
```

03 약수 구하기

소인수분해를 코딩하였습니다. 이로부터 약수(factor)를 구해 볼까요? 24의 약수를 구하려면 1부터 23까지 나누어서 나누어지는 수 모두가 약수가 되겠죠?

※ 소스 : 02\2_25.py

```
>>> a = 24
>>> b = range(1, 24)                # 1부터 23까지 자연수의 집합
>>> factors = []                    # 약수 리스트를 공집합으로 만들고
>>> for i in b:                     # b의 원소 i에 대해
        if a % i == 0:              # 24가 i로 나눈 나머지가 0이면
            factors.append(i)       # 약수 집합에 i를 추가해라.
>>> factors.append(a)               # 자기 자신인 24를 추가해라.
>>> print (factors)
[1, 2, 3, 4, 6, 8, 12, 24]
```

다시 이것을 함수로 만들겠습니다.

```
>>> def factorization(a):
        b = range(1, a)
        factors = []
        for i in b:
            if a % i == 0:
                factors.append(i)
        factors.append(a)
        return factors

>>> print (factorization(36))
[1, 2, 3, 4, 6, 9, 12, 18, 36]
```

```
>>> print (factorization(148))
[1, 2, 4, 37, 74, 148]
```

04 최대공약수, 최소공배수 구하기

두 수 a, b가 있을 때 a의 약수와 b의 공통된 약수 중 가장 큰 값을 최대공약수라고 하고 a의 배수와 b의 배수 중 가장 작은 수를 최소공배수라고 합니다. 이를 자동으로 찾는 코딩 함수를 만들겠습니다.

- **최대공약수를 구하기 위한 과정**

① 두 수의 약수 구하기
② 두 약수의 교집합 구하기
③ 교집합 중 가장 큰 숫자 찾기

만들어 놓은 교집합 함수를 먼저 불러오겠습니다.

※ 소스 : 02\2_26.py

```
>>> def intersection(a,b):    # 교집합을 구하는 함수
        c = []
        for i in a:
            if i  in b:
                c.append(i)
        return c

>>> def greatest_common_factor(a, b, show = False):
        c = factorization(a)          # a의 약수를 구해 c라는 리스트에 저장한다.
        d = factorization(b)          # b의 약수를 구해 d라는 리스트에 저장한다.
        if show:                      # show가 true이면
           print (c)                  # a의 약수인 c를 출력하고
            print (d)                 # b의 약수인 d를 출력하고
        e = intersection(c,d)         # c와 d의 교집합을 구한다.
        return max(e)                 # 최대값을 return한다.

>>> a = 36
>>> b = 96
>>> greatest_common_factor(a,b)
12

>>> greatest_common_factor(a,b, show = True) # 약수들을 보여주려면 show = True
```

```
[1, 2, 3, 4, 6, 9, 12, 18, 36]
[1, 2, 3, 4, 6, 8, 12, 16, 24, 32, 48, 96]
12
```

greatest_common_factor 코딩 함수를 불러올 때 show = True를 안 쓰면 최대공약수만 나옵니다. 그 이유는 greatest_common_factor를 정의할 때, 입력 값에서 show = False로 미리 정해 뒀기 때문입니다. 하지만 greatest_common_factor(a,b, show = True)라고 하면, show에 True가 입력되므로 if 문에 의해 약수들도 표시됩니다. 이와 같이 코딩 함수를 정의할 때 '입력 값 = 초기값'을 미리 정의할 수도 있습니다. 다음 예를 보겠습니다.

```
>>> def sum_abc(a,b,c = 100):
        return a + b + c

>>> sum_abc(1, 2, 3)
6
>>> sum_abc(1, 2)
103
```

위 코딩 함수에서 c = 100으로 초기값이 정의가 되어 있지만, 실제 사용할 때 c는 3을 넣었습니다. 그랬더니 답은 6이 되었고 코딩 함수를 부를 때 2개의 입력 값 1,2만 넣었더니 합이 103이 되었습니다.

- **최소공배수를 구하기 위한 과정**

① 두 수의 소인수분해하기
② 두 수의 소인수를 다 곱하지만 공통된 약수는 한 번만 곱하기

예를 들어 12, 18의 최소공배수는 두 수의 소인수분해를 하면 다음과 같습니다.

- 12의 소인수 : [2, 2, 3]
- 18의 소인수 : [2, 3, 3]

2, 3은 공통된 소인수이므로 최소공배수는 $2 \times 2 \times 3 \times 3 = 36$입니다.

```
>>> print (prime_factorization(36))
[2, 2, 3, 3]
>>> print (prime_factorization(96))
[2, 2, 2, 2, 2, 3]
```

위에서 공통된 소인수는 [2, 2, 3]이며 공통되지 않은 36의 약수는 [3]이며, 공통되지 않는 96의 약수는 [2, 2, 2] 입니다.
따라서, [2, 2, 3], [3], [2, 2, 2]를 다 더한 리스트가 최소공배수의 소인수분해가 되며 이를 다 곱하면 최소공배수가 됩니다.

※ 소스 : 02\2_27.py

```
>>> def least_common_multiple(a, b):
        c = prime_factorization(a)    # a의 소인수를 구해 c라는 리스트에 저장한다.
        d = prime_factorization(b)    # b의 소인수를 구해 d라는 리스트에 저장한다.
        for i in c:
            if i in d:                # c와 d의 공통 원소이면
                d.remove(i)           # 1개만 취한다.
        e = c + d                     # a, b의 소인수분해의 합집합을 구한다.
        f = 1
        for i in e:                   # e의 모든 원소에 대해
            f *= i                    # f에 계속 곱해라.
        return f

>>> print (least_common_multiple(36, 96))
288
>>> print (least_common_multiple(4, 7))
28
```

05 십진수 나타내기

십진법으로는 325를 다음과 같이 나타냅니다.

- **325 = 3 × 100 + 2 × 10 + 5**

325/10 = 몫 32, 나머지 5
32/10 = 몫 3, 나머지 2
3/10 = 몫 0, 나머지 3

이러한 식을 십진법 전개식이라고 하죠. 십진법 전개식을 코딩으로 나타내 보겠습니다.

※ 소스 : 02\2_28.py

```
>>> a  = 325
>>> digit_10 = []
>>> while a // 10 != 0:          # a를 10으로 나눠서 몫이 0이 아닐 때까지
        e = a % 10               # e는 325를 10으로 나눈 나머지인 5
        digit_10.append(e)       # 5를 e에 추가한다.
        a //= 10                 # 325를 10으로 나눈 몫 32를 새로운 a로 정의
                                 # 위 과정을 32에 대해서 하고, 또 3에 대해서 한다.
>>> digit_10.append(a)           # 3을 10으로 나눈 나머지인 3을 최종 추가한다.
>>> print (digit_10)
[5, 2, 3]
>>> digit_10.reverse()           # 순서를 거꾸로 하기
>>> print (digit_10)
[3, 2, 5]
```

이를 코딩 함수로 만들겠습니다.

```
>>> def digit_expand(a, n):    # n은 진수를 의미한다. 10진수면 n에 10을 넣으면 된다.
        digit_10 = []
        while a // n != 0:
            e = a % n
            digit_10.append(e)
            a //= n

        digit_10.append(a)
        digit_10.reverse()

        return digit_10
```

digit_expand 입력 값에 앞은 나타내려는 숫자이며, 뒤는 진법을 나타냅니다. 10진법이면 10, 2진법이면 2를 쓰면 됩니다.

```
>>> a = digit_expand(1732, 10)
>>> a
[1, 7, 3, 2]
```

06 이진법 나타내기

11을 이진법으로 나타내면 다음과 같이 나타냅니다.

- 11/2 = 몫 5, 나머지 1
- 5/2 = 2, 나머지 1
- 2/2 = 1, 나머지 0
- 1/2 = 0, 나머지 1

따라서 11을 이진법으로 나타내면 1011입니다. 위의 십진법 함수에서 이미 이진법을 쓸 수 있습니다.

```
>>> a = digit_expand(11, 2)
>>> a
[1, 0, 1, 1]
>>> print (digit_expand(1732,2))
[1, 1, 0, 1, 1, 0, 0, 0, 1, 0, 0]
```

또한 위 함수는 1~10진법 중 어떤 진법으로도 나타낼 수 있습니다.

```
>>> print (digit_expand(1732,7))
[5, 0, 2, 3]
>>> print (digit_expand(1732,9))
[2, 3, 3, 4]
```

07 진법 변형하여 나타내기

위는 10진법을 2진법으로 나타내는 방법입니다. 임의의 n진법을 m진법으로 나타내는 방법은 무엇일까요?

325가 6진법의 수일 때 이를 10진법으로 나타내면 다음과 같습니다.

$$3 \times 6^2 + 2 \times 6^1 + 5 = 125$$

그 다음 다시 위에서 코딩한 코딩 함수로 m진법으로 바꾸면 됩니다.
이를 코딩해볼까요?

※ 소스 : 02\2_29.py

```
>>> def Number_system_change(number, n, m):
>>> ##################################
>>> # number : 변형하려는 숫자
>>> # n : 현재의 진법
>>> # m : 미래의 진법
>>> # number의 각 숫자가 n보다 크거나 같으면 오류
>>> ##################################
        num_str = str(number)   # 325
        len_num = len(num_str) # 3

        # 우선 10진법으로 바꾸기
        number_10 = 0
        for i, num in enumerate(num_str):   # (0,'3'), (1,'2'), (2,'5') 형태의 
(i,num)이 됨
            num_int = int(num)                   # 문자형 '3'을 정수형 3으로 번형
           if num_int >= n:
# 2진법에 2보다 큰 숫자가 오면 안 되므로 이 조건문을 써야 함
                print ('{}는 {}보다 크거나 같으니 {}진법의 수가 아니다.'.format(num_int, 
n, n))
                break                            # 2진법에 2보다 큰 숫자가 오면 오류가 발생
하므로 break로 if와 for 반복을 끝냄
            else:
                number_10 += num_int*n**(len_num-i-1)  #(3 × 6**2) + (2 × 6) + (5 
× 1) 하는 과정임

        # 10진법을 m진법으로 바꾸기
        number_m = digit_expand(number_10, m)
        return number_m

>>> Number_system_change(325,10,7)  # 10진수인 325를 7진수로 표기하여라.
[6, 4, 3]
>>> Number_system_change(5023,7,9)
[2, 3, 3, 4]
```

08 클래스로 임의의 자연수 문제 만들기

소수 판별, 최대공약수, 최소공배수, 2진법, 10진법으로 바꾸는 문제 생성기입니다. 이 문제는 코딩 익히기보다는 여러 수학 문제를 연습한다는 생각으로 풀면 됩니다.

※ 소스 : 02\2_30.py

```
>>> import numpy as np
>>> class Natural_number:
        def question(self):  # 문제를 만드는 메소드
            self.select = np.random.randint(5)  # 0~4에 따라 다른 문제 생성
            self.n1 = np.random.randint(100)
            self.n2 = np.random.randint(100)
            self.n3 = np.random.randint(low = 2, high = 10)
            self.n4 = np.random.randint(low = 2, high = 30)

            if self.select == 0:  # select가 0이면 소수 판별 문제
                    print ('{}가 소수인지 판별하고, 소수가 아니면, 약수를 구해
라.'.format(self.n1))
            elif self.select ==1:   # 1이면 최대공약수 문제
                print ('{}와 {}의 최대공약수를 구하여라.'.format(self.n1, self.n2))
            elif self.select ==2:   # 2이면 최소공배수 문제
                print ('{}와 {}의 최소공배수를 구하여라.'.format(self.n3, self.n4))
            elif self.select == 3:  # 3이면 2진법 문제
                print ('{}를 2진법으로 나타내어라.'.format(self.n1))
            elif self.select == 4:  # 4이면 진법 변환 문제
                self.n4_2 = digit_expand(self.n4, 2)
>>> #           print '2진수 %i를 10진법으로 나타내어라.' %self.n4
                print ('2진수 [{}]를 10진법으로 나타내어라.'.format(', '.join(map(str,
self.n4_2))))

        def answer(self):   # 답을 만드는 메소드
            if self.select == 0:
                if is_prime2(self.n1):
                    print ('{}는 소수이다.'.format(self.n1))
                else:
                    print (factorization(self.n1))
            elif self.select == 1:
                print (greatest_common_factor(self.n1,self.n2, show = True))
            elif self.select == 2:
                print (least_common_multiple(self.n3, self.n4))
            elif self.select == 3:
              print (digit_expand(self.n1, 2))
            elif self.select == 4:
                print (digit_expand(self.n4, 10))
```

문제를 풀겠습니다.

```
>>> q1 = Natural_number()
>>> q1.question()
9와 10의 최소공배수를 구하여라.
```

이 문제를 푼 다음 답을 확인하겠습니다.

```
>>> q1.answer()
90
```

위 두 셀을 반복적으로 실행하거나 q2로 새로운 문제를 만들어 계속 풀 수 있습니다.

```
>>> q2 = Natural_number()
>>> q2.question()
72와 40의 최대공약수를 구하여라.
```

```
>>> q2.answer()
[1, 2, 3, 4, 6, 8, 9, 12, 18, 24, 36, 72]
[1, 2, 4, 5, 8, 10, 20, 40]
8
```

연습문제

2-06 [1, 2, 3, 4]가 숫자 1234를 나타낸다고 합시다. 이를 1234로 바꿀 수 있는 코딩 함수를 만드세요.

2-07 1, 2부터 시작하여 마지막 두 수를 더한 수를 그다음에 놓는 수열을 피보나치 수열이라고 합니다. 피보나치 수열은 1, 2, 3, 5, 8 이렇게 증가합니다.
n번째 피보나치 수열을 만드는 코딩 함수를 만드세요.

2-08 1부터 9까지의 난수 5개를 만들어서 보여주고 그 곱을 구하세요.

2-09 10부터 99까지의 난수 2개를 만들어서 최소공배수를 구하세요.

2-10 자연수 A와 42의 최대공약수가 6이고 최소공배수가 210일 때 자연수 A를 구하세요.

힌트 우선 210의 약수를 구하세요.

2-11 두 자리 자연수 A, B의 최대공약수가 6이고 최소공배수가 60일 때, A+B의 값을 구하세요.

2-12 차가 8인 두 자연수가 있습니다. 이 두 수의 최대공약수가 4이고 최소공배수가 60일 때 두 자연수를 구하세요.

2-13 어떤 자연수를 6으로 나누면 3이 남고, 8로 나누면 5가 남고, 9로 나누면 6이 남습니다. 이러한 자연수 중 가장 작은 자연수를 구하세요.

2-14 48에 가장 작은 자연수를 곱하여 어떤 자연수의 제곱이 되도록 할 때, 다음 중 곱할 수 있는 가장 작은 자연수를 구하세요.

2-15 세 모서리 길이가 각각 48, 60, 72cm인 직육면체 모양의 나무토막을 잘라서 될 수 있는 한 큰 정육면체 모양의 나무토막으로 나누려고 합니다. 이때 정육면체 모양의 나무토막은 모두 몇 개가 생기는지 구하세요.

힌트 세 수의 최소공배수를 구하면 됩니다.

2-16 가로의 길이 12cm, 세로의 길이가 9cm이고 높이가 6cm인 직육면체 모양의 벽돌을 같은 방향으로 빈틈없이 쌓아서 가능한 한 작은 정육면체를 만들려고 합니다. 이때 필요한 벽돌의 개수를 구하세요.

2-17 1보다 큰 자연수 중 4, 5, 6으로 나누어도 1이 남는 가장 작은 자연수를 구하세요.

2-18 7진법의 수 621과 4진법의 수 3213 사이 자연수 개수를 구하세요.

연습 문제 2-6에서 만든 리스트를 숫자로 만드는 코딩 함수를 이용하세요.

※ 정답은 py 파일(02\연습 문제 폴더) 또는 ipynb 파일에서 확인하세요.

자연수를 마치며

조금 어려웠나요? 약수, 소인수 구하기, 소수 판별하기, 10진법 → 2진법 계산 등은 많은 연습이 필요합니다. Natural_number( ) 문제를 최소한 100번은 풀어 보기 바랍니다.

이번 파트를 공부하면서 파이썬의 다른 연속 명령을 수행하는 while을 배웠으며 for 구문의 enumerate도 배웠습니다.

무엇보다 코딩 함수 속에 다른 코딩 함수를 불러오는 법을 많이 연습했습니다. 코딩 함수 및 class는 앞으로 계속 반복해서 공부할 예정이니, 익숙해진다는 생각으로 접근하면 좋습니다.

Chapter

07 정수

수학

정수는 양의 정수인 1, 2, 3, ……과 0, 그리고 음의 정수인 −1, −2, −3, ……으로 구성됩니다. 정수를 다루는 사칙 연산은 앞에서 배운 자연수와 똑같습니다. 다만 수학 연습을 많이 해 보는 것이 중요합니다.

음수를 더하는 것은 빼는 것과 똑같고, 음수를 빼는 것은 더하는 것과 같습니다.

$3 + (-4) = -1$ $3 - (-4) = 7$

음수를 곱하면 곱한 다음 앞 부호를 바꾸어야 하며, 음수끼리의 곱은 양수가 됩니다.

$3\times(-4)=-12$ $-3\times(-4)=12$

일단 정수 문제 생성기를 통해서 백 번은 연습해 보겠습니다.

※ 소스 : 02\2_31.py

```
>>> class Integer:
        def question(self):
            self.constant = np.random.randint(low = -10, high = 10, size = 2)
            self.pm = np.random.randint(5)
            self.exponent = np.random.randint(low = 2, high = 4)
            if self.pm == 0:
                print ('{} + {} = ?' .format(self.constant[0],  self.constant[1]))
            elif self.pm == 1:
                print ('{} - {} = ?' .format(self.constant[0],  self.constant[1]))
            elif self.pm == 2:
                print ('{} x {} = ?' .format(self.constant[0],  self.constant[1]))
            elif self.pm == 3:
                print ('{} / {} = ?' .format(self.constant[0],  self.constant[1]))
            else:
```

```
            print ('{}^{} = ?' .format(self.constant[0],  self.exponent))

    def answer(self):
        if self.pm == 0:
            return self.constant[0] + self.constant[1]
        elif self.pm == 1:
            return self.constant[0] - self.constant[1]
        elif self.pm == 2:
            return self.constant[0] * self.constant[1]
        elif self.pm == 3:
            return self.constant[0] / self.constant[1]
        else:
            return self.constant[0] ** self.exponent
```

문제를 풀어 볼까요?

```
>>> q1 = Integer()
>>> q1.question()
>>> 2^2 = ?
```

답은 다음과 같습니다.

```
>>> q1.answer()
4
```

01 절대값 구하기

절대값은 크기를 의미하며 음의 정수에 절대값을 취하면 양의 정수가 됩니다. numpy의 abs(숫자) 함수를 이용합시다.

※ 소스 : 02\2_32.py

```
>>> a = -5
>>> np.abs(a)
5
```

02 덧셈 뺄셈 교환 법칙 및 결합 법칙 알아보기

파이썬에서도 교환 및 결합 법칙이 성립합니다.

```
>>> print ((-2) + 7)
>>> print (7+ (-2))
5
5
>>> print (((-2)+(-3)) + +4)
>>> print ((-2)+ ((-3)+ +4))
-1
-1
```

03 계산하기

① 거듭제곱부터 계산
② 대괄호, 중괄호, 소괄호 순서로 계산

하지만 파이썬에서는 대괄호, 중괄호, 소괄호 모두 ( )로 표현합니다. 보통 소괄호는 중괄호 안에, 중괄호는 대괄호 안에 있으니, 파이썬에서는 가장 가운데 있는 괄호부터 계산합니다.

① 곱하기, 나누기부터 계산
② 더하기, 빼기 계산

```
>>> 5 + (-3) * (-2)**2
-7
>>> (3 + 2 * (5 - 7)) * 4 - 10
-14
>>> (8 - (-5) * 2) * 2 -1
35
>>> 2 - (2 * ((-1)**2 + 4 / 2) -1)
>>> -3.0
```

Chapter

08 유리수와 무리수

수학

유리수는 다음 세 가지 중 하나입니다.

① 정수
② 유한 소수
③ 무한 소수 중 순환성이 있어서 분수로 나타낼 수 있는 수

파이썬에서 분수는 Fraction을 통해 나타낼 수 있으며 분수의 사칙 연산 또한 가능합니다.
분수를 표현하려면 다음 문구를 실행해야 합니다.

※ 소스 : 02\2_33.py

```
>>> from fractions import Fraction  # fraction이라는 모듈의 Fraction
>>> print (Fraction(5/2))
>>> print (Fraction(2.5))
>>> print (Fraction(5,2))
5/2
5/2
5/2
```

위 3개 표현 모두 같은 5 / 2를 나타냅니다. 분자는 Fraction(분수).numerator으로 접근할 수 있고, 분모는 Fraction(분수).denominator로 접근 가능합니다. 분자는 numerator이고 분모는 denominator입니다.

```
>>> Fraction(7, 9).numerator
7
>>> Fraction(7, 9).denominator
9
```

Fraction(2,4)는 Fraction(1,2)를 돌려 줍니다. 즉, 기약 분수(더이상 약분이 되지 않는 분수)를 돌려 줍니다.

$$\frac{2}{4}=\frac{1}{2}$$

```
>>> Fraction(2, 4)
Fraction(1, 2)
```

또한 사칙 연산 역시 Fraction에 이상 없이 적용됩니다.

※ 소스 : 02\2_34.py

```
>>> Fraction(1, 4) + Fraction(4,7)
23/28
>>> Fraction(1, 4) - Fraction(4,7)
-9/28
>>> Fraction(1, 4) * Fraction(4,7)
1/7
>>> Fraction(1, 4) /  Fraction(4, 7)
7/16
```

- **분수 덧셈과 뺄셈**

덧셈과 뺄셈은 분모를 같은 수로 만들어서 계산합니다.

$$\frac{1}{4}+\frac{4}{7}=\frac{7}{28}+\frac{16}{28}=\frac{23}{28}$$

$$\frac{1}{4}-\frac{4}{7}=\frac{7}{28}-\frac{16}{28}=\frac{-9}{28}$$

- **분수 곱셈**

분자와 분모끼리 각각 곱셈합니다.

$$\frac{1}{4}\times\frac{4}{7}=\frac{4}{28}=\frac{1}{7}$$

- **분수 나눗셈**

분수와 분수의 나눗셈은, 나누는 수의 분모와 분자를 바꾸어 곱셈을 계산합니다.

$$\frac{1}{4}\div\frac{4}{7}=\frac{1}{4}\times\frac{7}{4}=\frac{7}{16}$$

제곱도 할 수 있습니다.

```
>>> Fraction(1,4)**2
1/16
```

$$\frac{1}{4} \times \frac{1}{4} = \frac{1}{16}$$

하지만 유리수 제곱근은 유리수가 아닐 경우가 많으므로 Fraction 제곱근은 계산할 수가 없습니다. 다만 분수를 소수로 바꾸고 계산은 가능합니다.
9/16의 제곱근을 구해 보겠습니다.

```
>>> a = Fraction(9, 16)
>>> a = float(a)
>>> np.sqrt(a)
0.75
```

01 임의의 유리수 문제 만들기

class를 이용해서 임의의 유리수 문제를 연습하겠습니다.

※ 소스 : 02\2_35.py

```
>>> class Rational_number:
        def question(self):
            self.constant = np.random.randint(low = -10, high = 10, size = 4) # 난
수 4개를 만든다.
            self.pm = np.random.randint(4)
            if self.pm == 0:    # 앞의 4개의 난수로 분수의 더하기 문제를 만든다.
                print ('({}/{}) + ({}/{}) = ?' .format(self.constant[0],self.
constant[1],self.constant[2],self.constant[3]))
            elif self.pm == 1: # 앞의 4개의 난수로 분수의 빼기 문제를 만든다.
                print ('({}/{}) - ({}/{}) = ?' .format(self.constant[0],self.
constant[1],self.constant[2],self.constant[3]))
            elif self.pm == 2: # 앞의 4개의 난수로 분수의 곱하기 문제를 만든다.
                print ('({}/{}) * ({}/{}) = ?' .format(self.constant[0],self.
constant[1],self.constant[2],self.constant[3]))
            else:              # 앞의 4개의 난수로 분수의 나누기 문제를 만든다.
```

```
                print ('({}/{}) / ({}/{}) = ?' .format(self.constant[0],self.
constant[1],self.constant[2],self.constant[3]))

        def answer(self):
            if self.pm == 0:
                return Fraction(self.constant[0],self.constant[1]) +
Fraction(self.constant[2],self.constant[3])
            elif self.pm == 1:
                return Fraction(self.constant[0],self.constant[1]) -
Fraction(self.constant[2],self.constant[3])
            elif self.pm == 2:
                return Fraction(self.constant[0],self.constant[1]) *
Fraction(self.constant[2],self.constant[3])
            else:
                return Fraction(self.constant[0],self.constant[1]) /
Fraction(self.constant[2],self.constant[3])
```

- **문제 생성**

```
>>> q1 = Rational_number()
>>> q1.question()
(1/8) - (-5/3) = ?
```

- **해답 찾기**

```
>>> q1.answer()
Fraction(43, 24)
```

분수를 소수로 표현하려면 float(Fraction(분수))를 이용하면 됩니다.

※ 소스 : 02\2_36.py

```
>>> float(Fraction(1, 7))
0.14285714285714285
```

앞의 예를 통해 1/7은 순환 소수임을 알 수 있습니다. 위 소수를 반올림하기 위해서는 round(반올림하려는 수, 반올림하려는 소수 몇째 자리)를 사용하면 됩니다.

```
>>> round(float(Fraction(1, 7)))
0
>>> round(float(Fraction(1, 7)), 1)
0.1
>>> round(float(Fraction(1, 7)), 6)
0.142857
```

02 분수를 유한 소수로 나타내기

분수의 분모가 2나 5로만 이루어져 있으면 유한 소수가 됩니다. 유한 소수 판별기를 만들어 볼까요? 우선 소인수분해 코딩 함수를 불러와야 합니다.

※ 소스 : 02\2_37.py

```
>>> def prime_factorization(a):
        b = range(2, a)
        primes = []
        for i in b:                     # b의 요소인 i에 대해
            while a % i == 0:           # a를 i로 나누어서 나머지가 0이면
                primes.append(i)        # c에 i를 추가하고
                a /= i                  # a를 i로 나눈다.
        if primes == []:
            primes.append(a)
        return primes
```

1/4이 유한 소수인지 알려면 소인수분해된 수가 2, 5로 이루어져 있나 확인하면 됩니다.

1/4은 2로만 이루어져 있으니 유한 소수입니다. 이를 코딩으로 확인해 보겠습니다.

```
>>> print (float(Fraction(1, 4)))
0.25
>>> a = Fraction(1,4)
>>> prime_factorization(a.denominator)
[2, 2]
```

다른 예제를 볼까요?

7/9는 분모가 3으로만 나누어지므로 무한 소수입니다.

```
>>> a = Fraction(7,9)
>>> print (prime_factorization(a.denominator))
>>> print (float(a))
[3, 3]
0.7777777777777778
```

몇 가지 코딩 수학 문제를 더 풀어 보겠습니다.

연습문제

2-19 두 수가 주어져 처음을 분자, 두 번째 수를 분모로 할 때 유한 소수인지 무한 소수인지 판별하는 코딩 함수를 만드세요.

2-20 $80 \leq x \leq 90$이고, $\frac{x}{450}$은 유한 소수이고, 기약 분수로 나타내면 $\frac{9}{y}$와 같을 때, x−y의 값을 구하세요.

2-21 분자가 1이고, 분모가 1부터 100까지의 수일 때 유한 소수는 몇 개인지 구하세요.

2-22 분수 $\frac{a}{90}$은 유한 소수로 나타낼 수 있고 기약 분수로 나타내면 $\frac{1}{b}$입니다. a가 한 자리의 자연수일 때 a+b를 구하세요.

※ 정답은 py 파일(02\연습 문제 폴더) 또는 ipynb 파일에서 확인하세요.

03 무리수 익히기

무리수는 순환하지 않는 무한 소수이며 실수 중에 유리수의 여집합입니다.
예를 들어 $\sqrt{3}$, π는 무리수입니다. 파이썬에서는 제곱근 형태 무리수는 위와 같이 np.sqrt( )로 표현하며 π는 np.pi로 나타낼 수 있습니다.

```
>>> np.sqrt(3)
1.7320508075688772
>>> np.pi
3.141592653589793
```

파이썬에서는 위와 같은 무리수의 사칙 연산도 문제없이 할 수 있습니다.

```
>>> np.pi * np.sqrt(3)
5.4413980927026531
```

연습문제

2-23 $\sqrt{40 \times n}$이 자연수가 되게 하는 가장 작은 자연수 n의 값을 구하세요.

힌트 이를 풀기 위해선 40을 소인수분해 해야 합니다.

2-24 $\sqrt{n}$ 안에 자연수 n이 주어졌을 때 유리수가 되는 가장 작은 자연수를 구하는 코딩 함수를 만드세요. $\sqrt{40}$을 예로 들면 40의 소인수분해는 [2, 2, 2, 5]이므로 다음을 우선 코딩해야 합니다.

① 각기 다른 자연수 찾기(2, 5)

② 각기 다른 자연수가 몇 개 있는지 파악하기(2는 3개, 5는 1개)

※ 정답은 py 파일(02\연습 문제 폴더) 또는 ipynb 파일에서 확인하세요.

메모하세요

PART 3

일차방정식, 연립방정식, 부등식

CODING

이제까지 우리는 이미 코딩을 통해 문자에 숫자를 대입하여 계산해 보았고 이에 익숙해져 있습니다.

```
>>> a = 3
>>> b = 5
>>> a + b
8
```

a에 3을 대입하고 b에 5를 대입하여 a + b를 하면 3 + 5를 한 것과 같은 결과가 나옵니다. 이때 a, b를 변수라고 합니다. 변수는 이처럼 어떠한 수도 집어 넣을 수 있으며 미지의 수를 표현하기 위해서 많이 사용합니다.

고능 수학으로 갈수록 숫자를 이용하지 않고, 점점 더 변수를 많이 사용하게 됩니다. 이처럼 변수를 사용하여 다양한 식을 표현할 수 있고, 식에 의미를 담을 수도 있습니다. 이때 변수가 특정 값일 때만 만족하는 식을 방정식이라고 합니다.

일차방정식은 $ax + b = c$ 형태로 표현되고, a를 변수 x의 계수라 하며 b, c는 상수라고 합니다. 이차방정식은 $ax^2 + bx + c = 0$ 형태로 표현되며 이는 차후에 배우겠습니다.

또한 변수가 2개이며, 2개의 식으로 표현되는 형태를 연립방정식이라고 합니다.

$a_1x + b_1y = c_1$

$a_2x + b_2y = c_2$

또한 등호(=)가 아닌 부등호 $<, \leq, \geq, >$로 표현되는 일차부등식도 이번 파트에서 공부할 것입니다.

이를 공부하기 위해서 다음과 같은 코딩을 배워 보겠습니다.

① 간단한 코딩 함수를 만들 때 사용하는 lambda
② filter로 리스트나 array 중 참 값을 거르는 기능
③ for와 if를 사용하여 리스트 만들기
④ 여러 조건문을 비교하는 if의 and, or 표현
⑤ numpy의 0으로 이루어진 배열 zeros와 1로 이루어진 배열 ones
⑥ numpy의 다차원 배열
⑦ numpy array의 최대값, 최소값을 구하는 np.max
⑧ 원소의 합 구하기 비교(sum vs numpy의 sum)
⑨ range와 비슷한 numpy의 arange

Chapter

01 lambda, filter

코딩

01 lambda로 간단한 코딩 함수 만들기

이제껏 def를 이용하여 코딩 함수를 만들었으나, 내용이 한 줄 가량으로 간략할 때는 lambda를 많이 사용합니다.

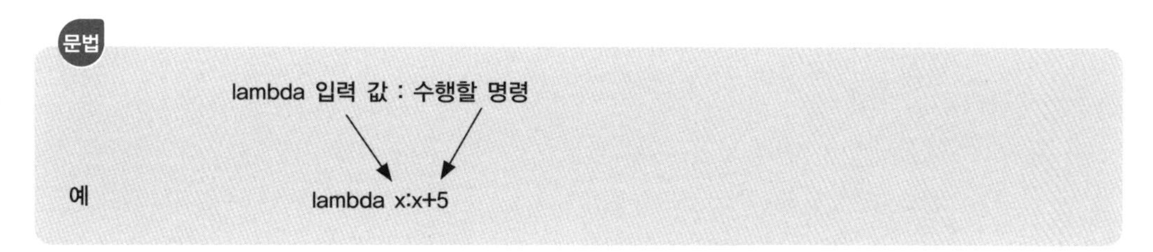

코딩 함수 이름 = lambda 입력 값 : 명령문

변수에 5를 더해 돌려 주는 lambda를 만들겠습니다.

※ 소스 : 03\3_1.py

```
>>> plus_5 = lambda x: x+5
>>> plus_5(7)
12
```

numpy의 array도 입력 값으로 넣을 수 있습니다.

```
>>> plus_5(np.array([1,2,3,4,5]))
[6,  7,  8,  9, 10]
```

다음은 입력 값 2개를 받은 다음 더하는 lambda 함수입니다.

```
>>> a = lambda x, y: x+y      # 입력 값은 x, y이며 수행할 명령은 x+y
>>> a(2,6)
8
```

lambda를 이용한 연습 문제를 더 풀어 보겠습니다.

연습문제

3-01 짝수이면 True를 돌려 주는 lambda 함수를 만들고, 1부터 10까지 적용하세요.

3-02 몸무게를 키의 제곱(m 단위)으로 나눈 값을 BMI(체질량) 지수라고 합니다.
BMI 지수를 계산하는 lambda를 만든 다음, 다음과 같이 체중을 판별하는 코딩 함수를 def와 위에서 만든 BMI lambda와 합쳐서 만드세요.

- 고도 비만 : 35~
- 중등도 비만(2단계 비만) : 30~35
- 경도 비만(1단계 비만) : 25~30
- 과체중 : 23~24.9
- 정상 : 18.5~22.9
- 저체중 : 18.5 미만

※ 정답은 py 파일(03\연습 문제 폴더) 또는 ipynb 파일에서 확인하세요.

02 filter로 참 값 걸러 내기

filter란 무엇인가를 걸러 낸다는 뜻입니다. filter는 두 가지 입력 값을 받는데, 하나는 True나 False를 돌려 주는 코딩 함수이고, 두 번째 입력 값은 리스트나 array입니다.
코딩 함수 def, lambda와 다르게 filter는 코딩 함수(def, lambda) 자체를 입력 값으로 받는 게 특별합니다. 그리고 이 def, lambda에 들어갈 입력 값을 filter의 두 번째 입력 값에 넣어 주면 됩니다.
리스트나 array의 첫 번째 원소부터 코딩 함수 A에 입력 값으로 집어 넣어 True나 False를 판별하고 True인 원소만 filter에 의해 걸러집니다.

마지막엔 filter된 원소들을 리스트로 만들어 줘야 합니다. 따라서 filter를 쓰면 for 문을 안 써도 한 문장으로 반복문을 실행할 수 있습니다.

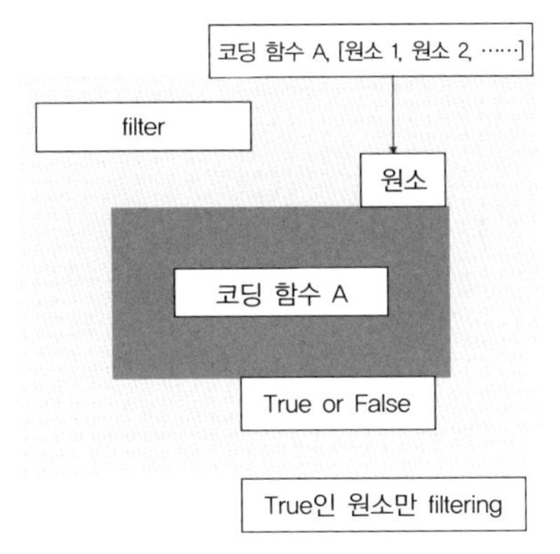

연습 문제 3-01에서는 True와 False만 돌려 줬지만 filter를 이용하여 짝수만 걸러 보겠습니다. 아래 even 함수는 연습 문제 3-01에서 만든 lambda 함수를 이용합니다.

※ 소스 : 03\3_2.py

```
>>> list(filter(even, range(1,11))) # 1~11에서 짝수만 필터링하여 목록화
[2, 4, 6, 8, 10]
```

lambda 함수를 filter 안에 바로 정의할 수도 있습니다. 이처럼 filter와 lambda를 쓰면 여러 문으로 짜인 코드를 한두 문장으로 쓸 수 있으며 반복된 연산을 할 수 있습니다.

```
>>> list(filter(lambda x: x % 2 == 0, [3, 1, 4, 2, 9])) # 2로 나누었을 때 나머지가 0(
짝수)인 수 찾기
[4, 2]
```

다만 코딩 함수가 너무 복잡해질 경우 filter와 lambda 대신 for, def를 쓰는 것이 좋습니다. 앞에서 살펴본 코드를 for 문과 def를 이용해 만들어 보겠습니다.

```
>>> a = [3,1,4,2,9]
>>> def even(n):
        if n % 2 == 0:
            return True
        else:
            return False

>>> even_numbers = []
>>> for i in a:
        if even(i):
            even_numbers.append(i)
>>> print(even_numbers)
[4, 2]
```

Chapter

02 for와 if로 리스트 만들기

코딩

01 for 문을 이용한 리스트 만들기

리스트의 원소를 일일이 적을 때 불편할 수 있습니다. 다행히 for 문을 이용해서 리스트를 만들 수 있습니다.

```
a = [원소에 대해 수행할 명령어 for 원소 리스트]
```

다음 예를 보겠습니다.

※ 소스 : 03\3_3.py

```
>>> a = [2*x for x in [3,5,6,8,9]] # x × 2
>>> a
[6, 10, 12, 16, 18]
```

다음은 10~19의 숫자를 7로 나눈 나머지를 원소로 갖는 리스트입니다.

```
>>> b = [x%7 for x in range(10,20)]
>>> b
[3, 4, 5, 6, 0, 1, 2, 3, 4, 5]
```

연습문제

3-03 30부터 90까지 3의 배수 중 48과의 최대공약수를 원소로 갖는 리스트를 만드세요.

힌트 Part 1에서 만든 intersection(교집합), factorization(약수 찾기), greatest_common_factor(최대공약수 찾기) 코딩 함수를 이용하세요.

02 for와 if 둘 다 사용한 리스트 만들기

for 문과 if 문을 함께 사용해서 특정 조건을 만족하는 원소에 대해서만 리스트를 만들 수 있습니다. 다음은 3, 5, 6, 8, 9 중에 짝수만 걸러서 두 배 곱한 값을 원소로 갖는 리스트입니다. 6, 8만 짝수이며, 이를 두 배 곱하면 12, 16이 됩니다.

※ 소스 : 03\3_4.py

```
>>> a = [2*x for x in [3,5,6,8,9] if x % 2 == 0]  # 3,5,6,8,9가 2로 나눠지면 그 수의 2배를 하여 돌려 주어라.
>>> a
[12, 16]
```

연습문제

3-04 1부터 100까지 소수 중에 소수들의 음수를 원소로 갖는 리스트를 for, if 문으로만 만드세요.
is_prime2(소수 판별 함수)를 사용하세요.

3-05 $\frac{1}{1}, \frac{1}{2}, \cdots\cdots, \frac{1}{100}$ 중에 유한 소수로만 이루어진 리스트를 for, 리스트를 만드세요.

힌트 finite_OX(유한 소수 판별), prime_factorization(소인수분해) 코딩 함수를 이용하세요.

※ 정답은 py 파일(03\연습 문제 폴더) 또는 ipynb 파일에서 확인하세요.

Chapter

03 if의 and와 or

수학

지난 파트 연습 문제 2-17, 2-19에서 처음으로 if 문 안에 and를 사용하였습니다. and와 or를 사용하면 여러 가지 조건을 한 조건문으로 만들 수 있습니다. 우선 and를 사용하여 다음과 같이 표현하면 조건문 1도 만족하고, 조건문 2도 만족해야 참이 됩니다.

```
if (조건문 1) and (조건문 2):
```

다음과 같이 두 조건문 사이 and로 이어져도 bool type이 되고 if 문에 쓰입니다.

※ 소스 : 03\3_5.py

```
>>> a = 3
>>> b = 10
>>> (a > 0) and (b > 5)
True
>>> type((a > 0) and (b > 5))
<class 'bool'>
```

두 조건 중 하나만 거짓이어도 False로 돌려 줍니다.

```
>>> (a > 5) and (b > 5)
False
```

if (조건문1) or (조건문2)은 조건문1이나 조건문2 중 하나만 만족해도 참이 됩니다.

```
>>> (a > 5) or (b > 5)
True
```

연습 문제 2-17을 다시 살펴보겠습니다. 2부터 100 중에 4, 5, 6으로 나눠서 나머지가 1인 수를 구하는 코드입니다.

```
>>> for i in range(2,100):
        if (i%4 == 1) and (i % 5 == 1) and (i % 6) == 1:  # 4, 5, 6으로 나눠서 나머
지가 모두 1이면
            print (i)   # 그 수를 출력해라.
61
```

1부터 30까지 중 2나 3의 배수를 구해 보겠습니다.

```
>>> for i in range(1, 31):
        if (i % 2 == 0) or (i % 3 == 0):  # 2나 3으로 나눈 나머지가 0이면 출력
            print (i)
2
3
4
......
27
28
30
```

Chapter

04 numpy

수학

Part 2에서 numpy의 array와 난수 발생(random) 기능을 공부했습니다. numpy의 array를 type으로 알아보면 ndarray라고 나옵니다.

ndarray는 n-dimensional array의 줄임말이며 한글로 번역하면 n차원 배열이란 뜻입니다.

Chapter 2에서 일차원 배열만 공부하였지만, array는 사실 2차원, 3차원 혹은 더 높은 차원의 배열도 만들 수 있습니다.

이번 챕터에서는 numpy의 다음 4개를 공부하겠습니다.

① 다차원 배열

② 원소가 0으로만 이루어진 array(zeros)와 1로만 이루어진 array(ones)

③ where, max, min

④ arange

01 다차원 배열 만들기

지난 파트에서 배운 일차원 배열을 복습해 보겠습니다.

※ 소스 : 03\3_6.py

```
>>> a = [1,2,3,4,5]     # 리스트 a를 만들어서
>>> b = np.array(a)     # array 자료형으로 바꾸자.
>>> print(b)
>>> type(b)
[1 2 3 4 5]
<class 'numpy.ndarray'>
```

array a	1	2	3	4	5
index	0	1	2	3	4

1부터 25까지의 수로 2차원 배열을 만들겠습니다. 다음은 1부터 25까지의 숫자를 가로세로 2차원 배열로 만들었고 각각 원소에 해당하는 index를 나타냈습니다.

array c

1	2	3	4	5
6	7	8	9	10
11	12	13	14	15
16	17	18	19	20
21	22	23	24	25

index

0, 0	0, 1	0, 2	0, 3	0, 4
1, 0	1, 1	1, 2	1, 3	1, 4
2, 0	2, 1	2, 2	2, 3	2, 4
3, 0	3, 1	3, 2	3, 3	3, 4
4, 0	4, 1	4, 2	4, 3	4, 4

이와 같이 만들기 위해서는 대괄호 [ ] 안에 각각의 가로줄에 해당하는 배열을 다시 [ ]로 만들면 됩니다. 이때 가로줄을 행, 세로줄을 열이라고 하며, 고등학교 때 행렬에 대해서 배우게 됩니다.

array c

1	2	3	4	5	0번째 행
6	7	8	9	10	1번째 행
11	12	13	14	15	
16	17	18	19	20	
21	22	23	24	25	

0번째 열 1번째 열

c[4, 2] : 4번째 행의 2번째 열

그림과 같은 2차원 배열 c를 만들기 위해서는 가장 기초적으로 다음과 같이 만들면 됩니다.
[ ] 안에 다시 [ ], [ ]를 써서 만들었습니다.

※ 소스 : 03\3_7.py

```
>>> c = np.array([[1,2,3,4,5],[6,7,8,9,10],[11,12,13,14,15],[16,17,18,19,20],
[21,22,23,24,25]])
>>> c
array([[ 1,  2,  3,  4,  5],
       [ 6,  7,  8,  9, 10],
       [11, 12, 13, 14, 15],
       [16, 17, 18, 19, 20],
       [21, 22, 23, 24, 25]])
```

shape로 numpy의 ndarray 크기 구하기

앞이 행(가로줄 개수)이고 뒤가 열(세로줄 개수)입니다.

```
>>> c.shape
(5, 5)
```

2차원 배열의 index 사용하기

```
>>> print (c[0,0], c[0,1], c[1,0], c[3,2], c[-1,0], c[0,-1], c[-1,-1])
1 2 6 18 21 5 25
```

c[0,0]은 0번째 행, 0번째 열의 원소를 나타내며,

c[0,1]은 0번째 행, 1번째 열의 원소를 나타내며,

c[1,0]은 1번째 행, 0번째 열의 원소를 나타내며,

c[3,2]은 3번째 행, 2번째 열의 원소를 나타내며,

c[−1,0]은 마지막 행, 0번째 열의 원소를 나타내며,

c[0, −1]은 0번째 행, 마지막 열의 원소를 나타내며,

c[−1, −1]은 마지막 행, 마지막 열의 원소를 나타냅니다.

다음은 연속된 원소를 불러내는 slice를 사용해 보겠습니다.

```
>>> print (c[:,0])
>>> print (c[:,4])
>>> print (c[0,:])
>>> print (c[2,:])
[ 1  6 11 16 21]
[ 5 10 15 20 25]
[1 2 3 4 5]
[11 12 13 14 15]
```

c[:,0]은 0번째 열의 모든 행의 원소를 나타내며,

c[:,4]은 4번째 열의 모든 행의 원소를 나타내며,

c[0,:]은 0번째 행의 모든 열의 원소를 나타내며,

c[2,:]은 2번째 행의 모든 열의 원소를 나타내며,

모두를 나타내려면 [:]를 쓰면 됩니다.

```
>>> print (c[:])
[[ 1  2  3  4  5]
 [ 6  7  8  9 10]
 [11 12 13 14 15]
 [16 17 18 19 20]
 [21 22 23 24 25]]
>>> c[1:3, 2:4]
[[ 8  9]
 [13, 14]]
```

다음은 c를 좀 더 쉽게 만들겠습니다. 1차원 array가 만들어졌습니다.

```
>>> c = range(1, 26)      # range로 1부터 25까지를 만들고
>>> c = np.array(c)       # numpy의 array 자료형으로 바꾼다.
>>> print (c.shape)       # 25 크기의 1차원 배열이 만들어진다.
(25,)
>>> print (c)
[ 1  2  3  4  5  6  7  8  9 10 11 12 13 14 15 16 17 18 19 20 21 22 23 24 25]
```

reshape으로 array 크기 변경하기

reshape으로 원하는 모양의 2차원 array로 변경할 수 있습니다.

```
>>> c.reshape(5,5)       # 이를 5, 5 형태로 바꾸면
[[ 1,  2,  3,  4,  5],
 [ 6,  7,  8,  9, 10],
 [11, 12, 13, 14, 15],
 [16, 17, 18, 19, 20],
 [21, 22, 23, 24, 25]])
```

위와 같이 2차원 배열이 만들어집니다. 다음 예로 reshape 문제를 풀어 봅시다.

연습문제

3-06 3, 6, 9, ……, 120까지의 수로 이루어진 배열을 (8, 5) 크기의 2차원 배열로 만드세요. 이를 다시 (4, 10) 크기의 2차원 배열로 만드세요.

※ 정답은 py 파일(03\연습 문제 폴더) 또는 ipynb 파일에서 확인하세요.

02 zeros, ones 사용하기

numpy의 zeros는 0으로 이루어진 배열을 만들고, ones는 1로만 이루어진 배열을 만듭니다.
이 둘은 array 자료형이며 다차원 배열로 원소를 바꾸기 전 변수를 미리 선언하는 데 자주 사용합니다.

※ 소스 : 03\3_8.py

```
>>> print (np.zeros(5))
[ 0.  0.  0.  0.  0.]
>>> print (np.ones(5))
[ 1.  1.  1.  1.  1.]
>>> type(np.zeros(5))
numpy.ndarray
```

자료형은 numpy의 array입니다. zeros, ones도 2차원으로 만들 수 있습니다.

2차원의 np.zeros와 np.ones 사용하기

numpy의 zeros와 ones도 array 자료형입니다. 이를 2차원 배열로 만들 수 있습니다.
1차원 배열일 때는 np.zeros(크기) 괄호가 한 번만 쓰인 반면, 다차원 배열일 때는 np.zeros((행 개수, 열 개수))처럼 괄호를 두 번 써야 합니다.

※ 소스 : 03\3_9.py

```
>>> np.zeros((2, 4))
[[ 0.,  0.,  0.,  0.],
 [ 0.,  0.,  0.,  0.]]
>>> np.ones((7, 3))
[[ 1.,  1.,  1.],
 [ 1.,  1.,  1.],
```

```
[ 1.,  1.,  1.],
[ 1.,  1.,  1.],
[ 1.,  1.,  1.],
[ 1.,  1.,  1.],
[ 1.,  1.,  1.]]
```

zeros와 ones는 2차원 array에 for 문으로 데이터를 입력할 때 주로 사용됩니다.

행에는 0, 5, 10, 15, 20을 더하고, 열에는 1, 3, 5, 7, 9를 더해서 2차원 배열을 만들겠습니다. 우선 (5×5) array를 np.zeros로 만들겠습니다.

```
>>> a = np.zeros((5,5))             # (5x5) 크기를 가지는 a라는 변수를 우선 선언
>>> for idx1, val1 in enumerate(range(0, 25, 5)):
        for idx2, val2 in enumerate(range(1, 10, 2)):
            a[idx1,idx2] = val1 + val2
>>> a
[[  1.,   3.,   5.,   7.,   9.],
 [  6.,   8.,  10.,  12.,  14.],
 [ 11.,  13.,  15.,  17.,  19.],
 [ 16.,  18.,  20.,  22.,  24.],
 [ 21.,  23.,  25.,  27.,  29.]]
```

연습문제

3-07 1부터 24까지 정수로 이루어진 (6,4) 크기의 array를 만들어서, 각 원소에 행의 index를 곱하고 열의 index로 더한 숫자를 원소로 하는 2차원 배열을 만드세요.

※ 정답은 py 파일(03\연습 문제 폴더) 또는 ipynb 파일에서 확인하세요.

03 유용한 numpy 기타 함수 사용하기 - where, min, max, sum

array에서 where를 사용하여 구하려는 원소의 index 찾기

리스트에서는 index를 사용하여 찾으려는 원소의 index를 구할 수 있었습니다.

※ 소스 : 03\3_10.py

```
>>> b = [3,4,5,6,7]
>>> b.index(6)
3
```

하지만 array에서는 index를 쓸 수 없습니다.

```
>>> c = np.array(b)
>>> c.index(6)
---------------------------------------------------------------------------
AttributeError                            Traceback (most recent call last)
<ipython-input-22-53ffd76bde3e> in <module>()
      1 c = np.array(b)
----> 2 c.index(6)

AttributeError: 'numpy.ndarray' object has no attribute 'index'
```

array에서 원하는 원소의 index를 찾으려면 np.where를 사용해야 합니다.

문법

```
np.where('찾으려는 원소' == array이름)
```

```
>>> np.where(6 == c)
(array([3], dtype=int64),)
```

세 번째 있는 것을 확인하였으며 이때 찾은 값이 2개의 괄호 안에 있습니다. 따라서 [0][0]으로 접근해야 합니다.

```
>>> np.where(6 == c)[0]
[3]
>>> np.where(6 == c)[0][0]
3
>>> a = np.array([3,4,5,7,3,1,3])
>>> np.where(3 == a)
(array([0, 4, 6], dtype=int64),)          # 3이 0, 4, 6 위치에 있다.
```

np.max, np.min로 numpy array의 최대값 최소값 찾기

리스트에서 max, min으로 최대, 최소값을 찾을 수 있습니다. 이러한 max, min으로 numpy array의 최대, 최소값 역시 찾을 수 있습니다.

※ 소스 : 03\3_11.py

```
>>> a = np.array([-3,4,7,2,5])
>>> print (max(a))
>>> print (min(a))
7
-3
```

하지만 numpy array는 np.max, np.min을 사용하는 게 더 빨리 계산할 수 있으므로 앞으로 numpy array에서는 np.max, np.min을 사용하겠습니다.
그럼 np.max와 np.where를 이용해 예제의 c array의 최대값을 찾아보겠습니다.

```
>>> c = np.array([[1,2,3,4,5],[6,7,8,9,10],[11,12,13,14,15],[16,17,18,19,20],
[21,22,23,24,25]])
>>> cmax = np.max(c)
>>> print ('최대값은 : {}'.format(cmax))
>>> cmax_index = np.where(cmax == c)
>>> print ('최대값 {}의 index는 {}'.format(cmax, cmax_index))
최대값은 : 25
최대값 25의 index는 (array([4], dtype=int64), array([4], dtype=int64))
```

sum과 numpy의 sum으로 원소의 합 구하고 비교하기

sum, np.sum 모두 리스트이므로 numpy의 array에 있는 모든 원소들의 합을 구할 때 사용할 수 있습니다. 하지만 numpy array의 모든 원소를 더하고 싶을 때는 numpy의 sum을 이용하는 게 속도에서 유리합니다.

※ 소스 : 03\3_12.py

```
>>> sum([3, 2, 4])
9
>>> sum(np.array([3, 2, 4]))
9
>>> np.sum([3, 2, 4])
9
>>> np.sum(np.array([3, 2, 4]))
9
```

하지만 sum, np.sum 모두 괄호가 없는, 즉 리스트나 array가 아닌 숫자들을 더할 수는 없습니다.

```
>>> np.sum(3, 2, 4)
---------------------------------------------------------------------------
TypeError                                 Traceback (most recent call last)
<ipython-input-17-edd567f77157> in <module>()
----> 1 np.sum(3,2,4)
......
```

04 arange로 연속된 숫자 만들기

numpy의 arange 사용하기

numpy의 arange는 range와 동일하게 연속된 숫자들을 만듭니다. 다만 numpy arange는 array 자료형이라 계산하는 데 편리합니다.

※ 소스 : 03\3_13.py

```
>>> np.arange(10)
[0 1 2 3 4 5 6 7 8 9]
```

다음은 자료형을 알아보겠습니다.

```
>>> type(np.arange(10))
<class 'numpy.ndarray'>
```

array 형태입니다. array니까 사칙 연산이 되겠죠?

```
>>> np.arange(10) + 7
[ 7  8  9 10 11 12 13 14 15 16]
```

Chapter

05 문자의 사용과 식의 계산

숫자를 문자에 대입하여 계산하는 것은 지금껏 코딩을 공부한 독자라면 이미 익숙한 개념입니다. 이미 익숙한 예지만 다시 한번 공부해 보겠습니다.

※ 소스 : 03\3_14.py

```
>>> a = 10
>>> c = 0

>>> while a > 0:    # a가 0보다 클 때까지
        c += a      # c에는 a를 더하고
        a -= 1      # a는 a-1의 숫자로 재정의한다.
>>> print (c)
55
```

위 예제에서 a와 c라는 문자를 사용했습니다. c는 처음에 0이었다가 1, 2, 3, ……, 10까지 계속 더하게 됩니다. a도 처음엔 10이었다가 while 문 속에서 9, 8, 7, …… 1로 계속 작아지게 됩니다. 이처럼 숫자가 아니라, 숫자를 문자에 대입하여 식을 풀 수 있습니다.

01 변수 표현 유의할 점 알아보기

$4 \times x$는 $4x$입니다. 하지만 파이썬에서는 $4x$를 하면 오류가 납니다.

```
>>> x = 4
>>> 4x
  File "<ipython-input-46-043c757d7829>", line 2
    4x
     ^
SyntaxError: invalid syntax
```

파이썬에서는 숫자가 먼저 나오는 변수를 허락하지 않습니다. 또한 x4라고 해도 $4 \times x$를 일컫지 않습니다.

따라서 파이썬에서는 x*4라고 그대로 쓰거나, x4 = $x \times 4$로 새롭게 변수를 지정해 주는 게 좋습니다.

여러 예제를 통해 익숙해져 보겠습니다.

연습문제

3-08 높이가 h, 밑변이 a인 삼각형 넓이를 구하는 코딩 함수의 예를 들어 보겠습니다.

```
>>> def triangle_area(a,h):
        return 1/2*a*h
>>> a = 3
>>> h = 5
>>> triangle_area(a,h)
7.5
```

높이와 밑변이 1부터 10까지 변할 때, 삼각형 넓이를 2차원 array로 만드세요.

3-09 문제 3-08을 lambda로 만드세요.

3-10 $x = 1$, $y = -2$일 때, $xy + y^2$을 구하세요.

3-11 a = -5, b = 3일 때, 다음 식의 값을 구하세요.

① $3a + b$

② $-2a + 5b$

③ $(-a)^2 + b$

3-12 a = 2, b = 3, h(높이) = 5일 때, s(넓이)를 구하세요.

3-13 ① 정가가 10,000원인 수학 문제집을 a% 할인하여 x권 샀을 때, 지불해야 할 금액을 문자를 사용한 식으로 나타내면?

② 이때 할인율 a가 5, 10, 15, 20, 25, 30%이고 5, 6, 7, 8, 9, 10일 때 각 조합에서 계산 값은?

③ 가장 비싸게 지불할 경우 몇 권의 책을 얼마의 할인율로 사게 되는가?

3-14 ① $x = -3, y = -\frac{1}{2}$이고, $A = x^2 + 3y, B = -x - 4y^2$ 일 때, A+B의 값은?

② x, y는 = -5부터 5까지의 정수일 때 A+B의 합을 2차 배열로 나타내시오.

③ 위 2차원 배열 중 가장 큰 값과 작은 값을 고르세요.

④ 가장 큰 값과 작은 값의 index를 구하세요.

힌트 앞에서 배웠던 np.where로 찾을 수 있습니다.

⑤ 최소값의 index를 알아봅니다.

3-15 세로는 1부터 20이고, 가로도 1부터 20일 때 가로세로 곱을 원소로 갖는 2차원 배열을 만드세요.

3-16 해발 100m 올라갈 때마다 기온이 1도씩 떨어진다고 합니다. 부산 해운대 기온이 37도일 때, 해발 5000m의 기온을 구하세요.

※ 정답은 py 파일(03\연습 문제 폴더) 또는 ipynb 파일에서 확인하세요.

Chapter

06 일차방정식

수학

미지수(값을 모르는 수)가 하나이며, 그 미지수가 특정 숫자일 때만 만족하는 식을 일차방정식이라고 합니다. 즉, 유일한 해를 가져야 합니다.

일차방정식의 해가 $ax + b = c$일 때, $x = \frac{c-b}{a}$입니다.

다음 예를 통해 알아볼까요?

동석이는 과일 가게에서 사과 몇 개와 사과를 담을 수 있는 바구니 1개를 샀다. 사과 1개는 500원이고 바구니 가격은 1000원이며 가게에 지급한 금액이 5000원일 때 구입한 사과는 몇 개인가?

- **구입한 사과의 개수를 x라고 하면,**

500x + 1000 = 5000

500x + 1000 - 1000 = 5000 - 1000

500x = 4000

500x / 500 = 4000/ 500

x = 8

추가 예를 통해 연습해 보겠습니다.

- $2x - 3 = 5$

※ 소스 : 03\3_15.py

```
>>> x = (5+3)/2
>>> x
4.0
```

- $3x = -7x - 10$

```
>>> x = -10/(3 + 7)    # x를 좌변으로 이동하면, 10x = -10
>>> x
-1.0
```

일차함수 $ax+b=c$의 a, b, c를 입력 값으로 받고, 그 해를 리턴하는 코딩 함수를 만들어 보겠습니다.

```
>>> def linear_eq(a,b,c):
        x = Fraction((c-b),a)             # x = (c-b)/a
        return x

>>>  linear_eq(2, -3, 5)
Fraction(4, 1)
```

이와 같이 분수로 나타내었습니다. 하지만 분모가 약수 2나 5로만 이루어져 있으면, 정수로 표현하는 게 좋겠죠? 이 기능을 포함하여 다시 만들어 보겠습니다.

```
>>> def linear_eq(a,b,c):
        x = Fraction((c-b),a)
        if x.denominator == 1:            # 분모가 1이면
            x = int(Fraction(x))          # 답을 정수형으로
        return x

>>> linear_eq(2, -3, 5)
4
```

그러나 일차함수에는 두 가지 예외가 있습니다.

일차함수의 계수 a가 0이고 $b=c$일 때 해는 무수히 많으며, 일차함수 계수 a가 0이고 $b \neq c$일 때 해는 없습니다. 이를 반영하기 위해 조건문을 추가해 보겠습니다.

※ 소스 : 03\3_16.py

```
>>> def linear_eq(a, b, c):
        if a == 0:   # 계수가 0일 경우
            if b == c:
                print ('해는 무수히 많다.')
                return
            else:
                print ('해는 없다.')
                return
```

```
        else:         # 계수가 0이 아니면 일반적인 일차방정식의 해
            x = Fraction((c-b),a)
            if x.denominator == 1:
                x = int(Fraction(x))
            return x

>>> linear_eq(2, -3, 5)
4
>>> linear_eq(0, 3, 4)
해는 없다.
>>> linear_eq(0, 3, 3)
해는 무수히 많다.
```

01 임의의 일차방정식 문제 생성기 만들기

일차방정식을 많이 풀어 보는 것이 일차방정식을 익히는 데 가장 큰 도움이 됩니다. 다음 문제 생성기 문제를 반복적으로 100번 이상 풀어 봅시다.

```
>>> from fractions import Fraction
>>> class Linear_equation:
        def question(self):
            self.coefficient = np.random.randint(-10, 10)  # 계수
            self.constant1 = np.random.randint(-20, 20)    # ax+b=c의 b
            self.constant2 = np.random.randint(-20, 20)    # ax+b=c의 c
            self.pm = np.random.randint(2)
            if self.pm == 0:
                print ('{}x + {} = {}' .format(self.coefficient,  self.constant1,
self.constant2))
            elif self.pm == 1:
                print ('{}x - {} = {}' .format(self.coefficient,  self.constant1,
self.constant2))

        def answer(self):
            if self.pm == 1:
                self.constant1 *= -1
            x = linear_eq(self.coefficient, self.constant1, self.constant2)
            return x
```

```
>>> q1 = Linear_equation()
>>> q1.question()
2x + 4 = 10
```

```
>>> q1.answer()
-3
```

연습을 충분히 많이 하였으면 추가 예제를 더 풀어 보겠습니다.

연습문제

3-17 차가 100인 두 자연수가 있습니다. 큰 수를 작은 수로 나누면 몫이 10이고 나머지가 1일 때, 이 두 수의 합을 구하세요.

3-18 연속된 세 홀수의 합이 87일 때, 세 홀수 중 가장 큰 수를 구하세요.

3-19 일의 자리 숫자가 4인 두 자리의 자연수가 있습니다. 이 자연수의 십의 자리 숫자와 일의 자리 숫자를 바꾸었더니 처음 수보다 9만큼 작다고 합니다. 이때, 처음 수를 구하세요.

※ 정답은 py 파일(03\연습 문제 폴더) 또는 ipynb 파일에서 확인하세요.

Chapter

07 연립방정식

수학

미지수가 여러 개인 방정식을 연립방정식이라고 합니다. 계산 방법은 다음과 같은 연립방정식이 있을 때 우선 미지수 1개를 소거하면 됩니다.

- $a_1x + b_1y = c_1$
- $a_2x + b_2y = c_2$

다음 예를 통해 공부해 보겠습니다.

- **예제**

① $x + 5y = 20$ ② $x/2 + y/3 = 4$

②번 식을 두 배 한 다음 ①번 식에서 빼면 y만 남겠죠?

②×2 : $x + \frac{2y}{3} = 8$

①-(②×2) = $5y - \frac{2y}{3} = \frac{13y}{3} = 12$

$y = \frac{36}{13}$

위 과정을 코딩으로 해 볼까요? 간략하게 하기 위해서 ①, ②의 계수 상수를 받는 리스트를 만들겠습니다.

※ 소스 : 03\3_17.py

```
>>> a = [1, 5, 20]
>>> b = [Fraction(1, 2), Fraction(1, 3), 4]
>>> c = b*2
>>> c
[Fraction(1, 2), Fraction(1, 3), 4, Fraction(1, 2), Fraction(1, 3), 4]
```

다음은 y/3은 순환 소수가 될테니 이를 분수로 바꾸고 시작하겠습니다. 그 다음 문제는 리스트를 곱하면 숫자가 곱해지는 게 아니라 리스트 길이가 곱해진다는 게 문제입니다.

이렇게 리스트의 숫자의 연산을 위해서는 리스트를 array로 바꿔 줘야 합니다.

```
>>> a = np.array(a)
>>> b = np.array(b)
>>> c = b*2
>>> c
array([Fraction(1, 1), Fraction(2, 3), 8], dtype=object)
```

이렇게 np.array는 리스트를 사칙 연산이 가능한 array형 자료형으로 바꿔 주게 됩니다. 계산할 때는 리스트를 항상 array로 바꿔서 사용하겠습니다. 여기서 b에 2를 곱하게 되는데, 이는 a[0]/b[0]을 한 결과입니다.

```
>>> d = a-c
>>> y = Fraction(d[2], d[1])
>>> x = Fraction((a[2]-a[1]*y), a[0])
>>> print (x, y)
80/13 36/13
```

앞에서 살펴본 코딩을 일반화하는 코딩 함수로 바꿔 보겠습니다.

```
>>> def simultaneous_eq(a, b):
        a = np.array(a)
        b = np.array(b)
        c = b* Fraction(a[0] ,b[0])
        d = a - c
        y = Fraction(d[2],d[1])
        x = Fraction(a[2]-a[1]*y, a[0])
        return x, y
```

다음 연립방정식을 풀어 보겠습니다.

- $5x + 2y = 14$
- $2x + y = 4$

```
>>> a = [5, 2, 14]
>>> b = [2, 1, 4]
>>> x, y = simultaneous_eq(a,b)
>>> print (x, y)
6 -8
```

다음 예제도 풀어 봅시다.

- $2x + 3y = 4$
- $3x + -4y = -4$

```
>>> a = [2, 3, 4]
>>> b = [3, -4, -4]
>>> x, y = simultaneous_eq(a,b)
>>> print (x, y)
4/17 20/17
```

하지만 연립방정식에서 x나 y의 계수가 0이 될 때가 있습니다. 이때 잘못하면 0으로 나누게 되고 그렇게 되면 코드는 오류를 발생시킵니다.
가령 연립방정식이 $2x + 3y = 4$(①), $3x + 0y = 9$(②)일 때, 이를 계산하는 방법은 ②에서 x를 먼저 구하고(x = 3), 이를 ①에 내입하여 1차 방정식을 계산하면 됩니다.
이를 바탕으로 코딩 함수를 다시 만들어 보겠습니다.

```
>>> def simultaneous_eq(a,b):
        if a[0] == 0:
            y = Fraction(a[2], a[1])
            x = Fraction(b[2] - b[1]*y, b[0])
        elif a[1] == 0:
            x = Fraction(a[2], a[0])
            y = Fraction(b[2] - b[0]*x, b[1])
        elif b[0] == 0:
            y = Fraction(b[2], b[1])
            x = Fraction(a[2] - a[1]*y, a[0])
        elif b[1] == 0:
            x = Fraction(b[2], b[0])
            y = Fraction(a[2] - a[0]*x, a[1])
        else:
            a = np.array(a)
            b = np.array(b)
            c = b* Fraction(a[0],b[0])
            d = a - c
            y = Fraction(d[2],d[1])
            x = Fraction(a[2]-a[1]*y,a[0])
        return x, y
```

```
>>> a = [1, 3, 4]
>>> b = [5, 0, -10]
>>> simultaneous_eq(a,b)
(Fraction(-2, 1), Fraction(2, 1))
```

또한 근이 하나도 없거나, 무수히 많을 경우가 있습니다. **근이 하나도 없을 경우**는 다음과 같은 경우입니다.

① $x + 2y = 4$ ② $2x + 4y = 7$

①을 두 배 곱해서 소거법을 적용하면,

$2x + 4y = 8$(①×2) $2x + 4y = 7$(②)

$0 = 1$의 결과가 나옵니다. 이때 만족하는 근은 하나도 없습니다. 이를 판별하려면 연립방정식이 $a_1x + b_1y = c_1$, $a_2x + b_2y = c_2$와 같을 때, $\frac{a_1}{a_2} = \frac{b_1}{b_2} \neq \frac{c_1}{c_2}$인지 판별하면 됩니다.

근이 무수히 많을 때는 다음과 같은 경우입니다.

① $x + 2y = 4$ ② $2x + 4y = 8$

①을 두 배 곱해서 소거법을 적용하면,

$2x + 4y = 8$(①×2) $2x + 4y = 8$(②)

$0 = 0$의 결과가 나옵니다. 이때 만족하는 근은 무수히 많습니다. 이를 판별하려면 연립방정식이 $a_1x + b_1y = c_1$, $a_2x + b_2y = c_2$일 때 $\frac{a_1}{a_2} = \frac{b_1}{b_2} = \frac{c_1}{c_2}$인지 판별하면 됩니다.

따라서 이 조건문을 위 코딩 함수에 넣어 다시 만들어 보겠습니다.

```
>>> def simultaneous_eq(a,b):
        if (a[0]/b[0]) == (a[1]/b[1]) != (a[2]/b[2]):    # 해가 없는 경우
            print ('해는 없다')
            return None, None
        elif (a[0]/b[0]) == (a[1]/b[1]) == (a[2]/b[2]): # 해가 무수히 많을 경우
            print ('해는 무수히 많다')
            return None, None
        else:
            if a[0] == 0:
```

```
            y = Fraction(a[2], a[1])
            x = Fraction(b[2] - b[1]*y, b[0])
        elif a[1] == 0:
            x = Fraction(a[2], a[0])
            y = Fraction(b[2] - b[0]*x, b[1])
        elif b[0] == 0:
            y = Fraction(b[2], b[1])
            x = Fraction(a[2] - a[1]*y, a[0])
        elif b[1] == 0:
            x = Fraction(b[2], b[0])
            y = Fraction(a[2] - a[0]*x, a[1])
        else:
            a = np.array(a)
            b = np.array(b)
            c = b* Fraction(a[0],b[0])
            d = a - c
            y = Fraction(d[2],d[1])
            x = Fraction(a[2]-a[1]*y,a[0])
        return x, y
```

해가 없거나 무수히 많을 때 None으로 되돌려 주었습니다.

01 임의의 연립방정식 문제 만들기

연립방정식을 최소 100번 풀어 봅시다.

```
>>> class Linear_equation:
        def question(self):
            self.number = np.random.randint(-10,10, size = 6)
            print ('다음 연립방정식을 푸시오.')
            print ('{}x + {}y = {}' .format(self.number[0],  self.number[1], self.
number[2]))
            print ('{}x + {}y = {}' .format(self.number[3],  self.number[4], self.
number[5]))

        def answer(self):
            a = [self.number[0], self.number[1], self.number[2]]
            b = [self.number[3], self.number[4], self.number[5]]
            x, y = simultaneous_eq(a,b)
            return x, y
```

```
>>> q1 = Linear_equation()
>>> q1.question()
다음 연립방정식을 푸시오.
1x + 9y = 8
2x + -1y = 3
```

풀었으면 답을 확인하겠습니다.

```
>>> q1.answer()
(Fraction(35, 19), Fraction(13, 19))
```

사실 파이썬에는 이러한 연립방정식을 구현한 함수가 있습니다. 미지수의 개수가 2인 1차 연립방정식이 아니라 미지수가 더 많은 경우가 있습니다. 이에 대한 수학을 선형대수법이라고 하는데, 이 선형대수를 계산하는 모듈이 numpy에서 구현되어 있습니다.
linalg.solve이며, 맛보기로 몇 가지만 살펴보겠습니다.

① $5x + 2y = 14$ ② $2x + y = 4$

기존에는 리스트를 써서 ①, ②의 상수 계수를 넣었습니다.

※ 소스 : 03\3_18.py

```
>>> a = [5, 2, 14]
>>> b = [2, 1, 4]
```

하지만 선형대수 np.linalg.solve는 다음과 같이 2차원 배열을 이용해서 넣어야 합니다.

```
>>> c = [[5, 2], [2, 1]]
>>> d = [14, 4]
>>> result = np.linalg.solve(c,d)
>>> result
[6. -8.]
```

이를 이용하면 3개의 연립방정식뿐만 아니라 10차 이상 고차원의 연립방정식도 순식간에 풀 수 있습니다. 실제로 대학에서 배울 미분방정식 등 어려운 방정식도 다 이 선형대수로 풀 수 있습니다.
다음을 풀어 보겠습니다.

- $5x + 2y + z = 14$
- $2x + (-3y) - 4z = 4$
- $x + 5y + (-2z) = 21$

```
>>> c = [[5, 2, 1], [2, -3, -4], [1, 5, -2]]
>>> d = [14, 4, 21]
>>> result = np.linalg.solve(c,d)
>>> result
[2.06293706  2.92307692 -2.16083916]
```

연습문제

3-20 x, y가 자연수일 때, 일차방정식 $x + 2y = 8$의 해의 개수를 구하세요.

3-21 현재 아버지와 아들의 나이 합이 60세이고, 12년 후 아버지 나이는 아들 나이의 두 배가 됩니다. 현재 아버지 나이를 구하세요.

3-22 호준이와 지원이가 가위바위보를 하여 이긴 사람은 두 계단씩 올라가고 진 사람은 한 계단씩 내려가기로 하였습니다. 가위바위보 게임을 하여 처음보다 호준이는 일곱 계단을 올라가 있었고 지원이는 두 계단 내려와 있었을 때 호준이가 이긴 횟수를 구하세요(단, 비기는 경우는 생각하지 않습니다).

3-23 5%의 소금물과 8%의 소금물을 섞어서 7%의 소금물 600g을 만들려고 합니다. 이때 5%의 소금물은 몇 섞어야 하는지 구하세요.

※ 정답은 py 파일(03\연습 문제 폴더) 또는 ipynb 파일에서 확인하세요.

Chapter

08 부등식

수학

수량 사이의 대소 관계를 부등호(<, ≤, ≥, >)를 사용하여 나타낸 식을 부등식이라고 합니다. 다음 예를 통해 예제를 공부해 보겠습니다.
60L의 물이 들어 있는 600L들이 욕조에 물을 더 받으려 합니다. 매분 30L씩 물을 받는다고 할 때, 다음을 알아보겠습니다.

① x분 동안 물을 더 받는다고 할 때, 욕조에 있는 물의 양을 식으로 나타내 봅니다.
② 욕조에 물이 넘치지 않게 하려면 ①에서 구한 물의 양이 600L 이하여야 합니다. 이것을 부등호를 사용한 식으로 나타내 봅니다.

①의 답은 60+30x입니다.
②의 답은 60+3x 〈 600입니다.

x가 집합 [2, 3, 5, 7]의 원소일 때 다음 부등식 해를 구해 보세요.

- $3x + 2 \leq 11$

※ 소스 : 03\3_19.py

```
>>> x = [2,3,5,7]
>>> a = []
>>> for i in x:
        if 3*i + 2 <= 11:     # x의 원소인 i에 대해 3*i+2 <=11인지 판별하라.
            a.append(True)    # 맞으면 list a에 True를 추가하여라.
        else:
            a.append(False)   # 틀리면 list a에 False를 추가하여라.
>>> a
[True, True, False, False]
```

앞에서 살펴본 코드를 for를 이용한 리스트로 만들어 보겠습니다.

```
>>> x = [2,3,5,7]
>>> a = [3*i + 2 <= 11 for i in x]
>>> a
[True, True, False, False]
```

다음은 for if를 통해 부등식을 만족하는 원소만 뽑아 보겠습니다.

```
>>> x = [2,3,5,7]
>>> a = [i for i in x if 3*i + 2 <= 11]    # x의 원소인 i에 대해 3*i+2 <=11인지 판별하라.
>>> a
[2, 3]
```

다음 부등식도 x = 2, 3, 5, 7에 대해 풀어 보겠습니다.

- $4x - 5 > 13$

```
>>> x = [2,3,5,7]
>>> a = [i for i in x if 4*i -5 > 13]
>>> a
[5, 7]
```

- $2x + 1 < 15$

```
>>> a = [i for i in x if 2*i + 1 < 15]
>>> a
[2, 3, 5]
```

이제 filter와 lambda로 부등식을 풀어 보겠습니다. 우선 $x + 5 \geq 4$를 lambda로 만들어 보겠습니다. x를 −10부터 10까지 중에 True, False인지 판별하겠습니다.

```
>>> x = np.arange(-10, 11)
>>> b = lambda a: a + 5 >= 4
>>> b(x)
[False False False False False False False False False  True  True  True
  True  True  True  True  True  True  True  True  True]
```

이를 filter로 True인 원소만 리스트해 보겠습니다.

※ 소스 : 03\3_20.py

```
>>> b = list(filter(lambda a: a + 5 >= 4, x))    #filter의 입력 값은 함수 lambda와 x
>>> b
[-1, 0, 1, 2, 3, 4, 5, 6, 7, 8, 9, 10]
```

다른 예제를 볼까요?

- $x - 4 <= -3$

```
>>> y = list(filter(lambda a: a - -4 <= -3,  np.arange(-10, 11, 1)))
>>> y
[-10, -9, -8, -7]
```

- $\frac{2}{3}x >= -4$

```
>>> y = list(filter(lambda a: 2/3*a >= -4,  np.arange(-10, 11, 1)))
>>> y
[-6, -5, -4, -3, -2, -1, 0, 1, 2, 3, 4, 5, 6, 7, 8, 9, 10]
```

다음은 filter + lambda와 for + if가 아닌 일반적인 방법으로 계산하여 보겠습니다.

- $x + 5 \geq 4$

```
>>> a = []
>>> for i in x:                  # x의 원소에 대해
        if i + 5 >= 4:           # +5를 하여 4 이상이면
            a.append(i)          # list a에 해당 원소 (i)를 추가하여라.
>>> print (a)
[-1, 0, 1, 2, 3, 4, 5, 6, 7, 8, 9, 10]
```

따라서 부등식을 풀기 위해 다음 세 가지 방법을 배웠습니다.

① [i for i in x의 범위 if i에 대한 조건문]

② list(filter(lambda i: i에 대한 조건문, x의 범위))

③ for, if를 통한 반복문

다음 연습 문제를 더 풀어 보겠습니다.

연습문제

3-24 −10부터 10까지 정수 중 $3x - 7 \leq 3$을 앞에서 배운 세 가지 방법으로 코딩하세요.

※ 정답은 py 파일(03\연습 문제 폴더) 또는 ipynb 파일에서 확인하세요.

01 임의의 일차부등식 문제 생성기 만들기

다음 문제 생성기를 이용한 연립부등식을 100번 이상 풀어 봅시다.

※ 소스 : 03\3_21.py

```
>>> class Inequality:
        def __init__(self):
            print ('x는 -10부터 10까지의 정수이다. 다음 부등식을 만족하는 x를 구하시오.')

        def question(self):
            self.coefficient = 0                # ax + b에서 a를 난수로 생성
            self.constant = np.random.randint(low = -10, high = 10, size = 2) # 2개
의 난수를 발생하여 b, c에 할당
            while self.coefficient == 0:     # a는 0이 안 될 때까지 난수를 새로 발생
                self.coefficient = np.random.randint(low = -10, high = 10)
            self.a = np.random.randint(4, size = 1)  # 부등호를 난수로 발생

            if np.random.randint(2) == 0:    # 덧셈 혹은 뺄셈을 난수로 발생
                self.symbol1 = '+'
            else:
                self.symbol1 = '-'

            if self.a % 4 == 0:
                self.symbol2 = '>'
            elif self.a % 4 == 1:
                self.symbol2 = '>='
```

```
        elif self.a % 4 == 2:
            self.symbol2 = '<='
        elif self.a % 4 == 3:
            self.symbol2 = '<'

        print ('{}x {} {} {} {} '.format(self.coefficient, self.symbol1, self.
constant[0], self.symbol2, self.constant[1]))

    def answer(self):
        if self.symbol1 == '-':
            self.constant[0] *= -1

        if self.a % 4 == 0:
            y = list(filter(lambda a: self.coefficient*a + self.constant[0] >
self.constant[1],  np.arange(-10, 11, 1)))
        elif self.a % 4 == 1:
            y = list(filter(lambda a: self.coefficient*a + self.constant[0] >=
self.constant[1],  np.arange(-10, 11, 1)))
        elif self.a % 4 == 2:
            y = list(filter(lambda a: self.coefficient*a + self.constant[0] <=
self.constant[1],  np.arange(-10, 11, 1)))
        elif self.a % 4 == 3:
            y = list(filter(lambda a: self.coefficient*a + self.constant[0] <
self.constant[1],  np.arange(-10, 11, 1)))
        print (y)

#        return y
```

- **문제 생성**

```
>>> q1 = Inequality()
>>> q1.question()
x는 -10부터 10까지의 정수이다. 다음 부등식을 만족하는 x를 구하시오.
3x + -4 > -4
```

- **해답 확인**

```
>>> q1.answer()
[1, 2, 3, 4, 5, 6, 7, 8, 9, 10]
```

02 연립부등식 구하기

연립부등식은 2개의 부등식을 만족하는 해의 교집합을 구하면 됩니다. 다음 예를 보겠습니다.

- $2x < 3x + 4$
- $5x + 1 \leq 4x + 3$

※ 소스 : 03\3_22.py

```
>>> x1 = list(filter(lambda a: -4 < a,  np.arange(-10, 11, 1)))
>>> x2 = list(filter(lambda a: 5*a + 1 <= 4*a + 3,  np.arange(-10, 11, 1)))

>>> print (x1)
[-3, -2, -1, 0, 1, 2, 3, 4, 5, 6, 7, 8, 9, 10]
>>> print (x2)
[-10, -9, -8, -7, -6, -5, -4, -3, -2, -1, 0, 1, 2]
```

위 둘의 공통 원소 찾기는 y1, y2의 교집합을 구하면 됩니다.

```
>>> def intersection(a,b):
>>>     c = []
        for i in a:
            if i  in b:
                c.append(i)
        return c
>>> intersection(x1, x2)
[-3, -2, -1, 0, 1, 2]
```

03 임의의 연립부등식 문제 생성기 만들기

일차부등식 문제 생성기를 바탕으로 연립부등식 문제 생성기를 만들겠습니다.

※ 소스 : 03\3_23.py

```
>>> class Simul_Inequality:
        def __init__(self):
            print ('x는 -10부터 10까지의 정수이다. 다음 연립부등식을 만족하는 x를 구하시오.')
        def question(self):
            self.coefficient = 0 , 0
            self.constant = np.random.randint(low = -10, high = 10, size = 4)  #4
개의 난수를 발생시킨다.
```

```
        while self.coefficient[0] == 0 or self.coefficient[1] == 0:  # 2개의 부등식에서 ax의 a는 0이 되면 안 되므로, 0이 아닐 때까지 계속 while을 실행한다.
            self.coefficient = np.random.randint(low = -10, high = 10, size = 2)    # ax의 a는 0이 되면 안 되므로, 0이 아닐 때까지 난수를 발생시킨다.

        self.a = np.random.randint(4, size = 2)  # 식이 2개이므로 2개 난수 발생(>, <, >=, <=를 결정함)
        self.symbol = []
        for i in self.a:
            if i % 4 == 0:
                self.symbol.append('>')
            elif i % 4 == 1:
                self.symbol.append('>=')
            elif i % 4 == 2:
                self.symbol.append('<=')
            elif i % 4 == 3:
                self.symbol.append('<')

        print ('{}x + {} {} {} '.format(self.coefficient[0], self.constant[0], self.symbol[0], self.constant[1]))
        print ('{}x + {} {} {} '.format(self.coefficient[1], self.constant[2], self.symbol[1], self.constant[3]))

    def answer(self):
        x = []
        for i, val in enumerate(self.a):
            if val % 4 == 0:   # 부등호가 '>'일 경우 해답
                x.append(list(filter(lambda a: self.coefficient[i]*a + self.constant[2*i] > self.constant[2*i+1],  np.arange(-10,11,1))))
            elif val % 4 == 1:  # 부등호가 '>='일 경우 해답
                x.append(list(filter(lambda a: self.coefficient[i]*a + self.constant[2*i] >= self.constant[2*i+1],  np.arange(-10,11,1))))
            elif val % 4 == 2:  # 부등호가 '<='일 경우 해답
                x.append(list(filter(lambda a: self.coefficient[i]*a + self.constant[2*i] <= self.constant[2*i+1],  np.arange(-10,11,1))))
            elif val % 4 == 3:  # 부등호가 '<'일 경우 해답
                x.append(list(filter(lambda a: self.coefficient[i]*a + self.constant[2*i] < self.constant[2*i+1],  np.arange(-10,11,1))))

        x_common = intersection(x[0], x[1])
        print (x_common)
#        return y
```

- **문제 생성**

```
>>> q1 = Simul_Inequality()
>>> q1.question()
x는 -10부터 10까지의 정수이다. 다음 연립부등식을 만족하는 x를 구하시오.
6x + -8 < -6
-5x + -5 < 6
```

- **해답 확인**

```
>>> q1.answer()
[-2, -1, 0]
```

연습문제

3-25 입장료가 6000원인 어느 극장에서 30명 이상의 단체 관람객에게는 입장료를 30% 할인해 준다고 합니다. 30명 미만의 단체 관람객이 이 극장에 입장하려면 몇 명 이상일 때 단체 입장권을 구매하는 것이 유리한지 구하세요.

3-26 연속하는 세 자연수의 합이 39보다 크고 45보다 작을 때, 세 자연수 중 가장 큰 수는?

3-27 어떤 정수의 두 배에서 3을 빼면 11보다 작고 이 정수의 세 배에서 6을 빼면 9보다 크다. 이때 어떤 정수는?

※ 정답은 py 파일(03\연습 문제 폴더) 또는 ipynb 파일에서 확인하세요.

04 두 미지수가 포함된 연립부등식 구하기

x, y가 −5부터 5까지 정수일 때 다음을 만족하는 두 부등식을 풀어 보겠습니다.

- $-3x - 2y < 4$
- $x + 5y > -11$

※ 소스 : 03\3_24.py

```
>>> x = np.arange(-5, 6)
>>> y = np.arange(-5, 6)

>>> for i in range(len(x)):        # x의 index, 즉 0부터 len(x)-1까지 배열을 발생
        for j in range(len(y)):    # y의 index, 즉 0부터 len(y)-1까지 배열을 발생
            if (-3*x[i] - 2*y[j] < 4) and (x[i] + 5*y[j] > -11):
                print (x[i], y[j])
-4 5
-3 3
-3 4
......
5 3
5 4
5 5
```

PART 4

일차함수

CODING

수학에서 함수는 한 입력 값에 대해 단 하나의 출력 값을 대응시키는 대응 관계입니다. 즉, y = 2x에서 x가 1이면 y는 2입니다. 다른 숫자가 나오지 않습니다. 이처럼 함수는 한 숫자를 집어 넣으면 하나의 숫자만 계산되어 나옵니다.

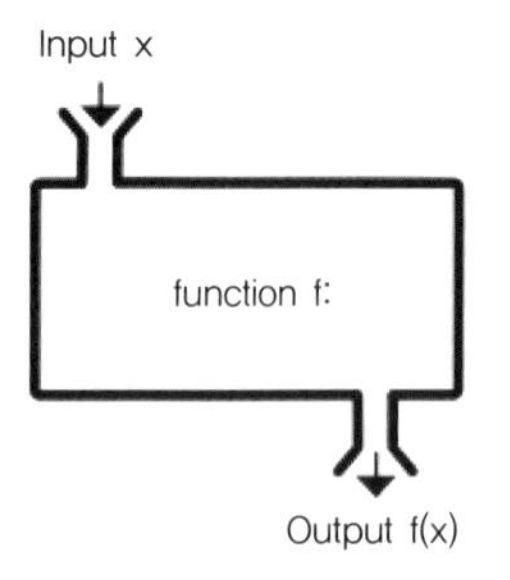

함수는 범위의 입력 숫자 x에 대해 출력 숫자 y의 그래프를 그리는 연습을 많이 해야 하며, 문제를 많이 풀어야 합니다.

이를 위해서 [코딩] 챕터에서는 다음의 코딩을 배웁니다.

① tuple 자료형
② zip으로 두 리스트를 한 군데 묶기
③ 코딩 함수 심화
④ 그래프를 그리는 matplotlib.pyplot

matplotlib는 numpy와 마찬가지로 항상 처음에 시작해 두면 좋습니다. 또한 주피터 노트북에서 셀 안에 그래프를 그리려면 %matplotlib inline이라는 명령어를 먼저 써 주어야 합니다. IDLE인 스파이더나 명령 프롬프트를 이용할 경우 %matplotlib inline을 쓰지 말아야 합니다.

Chapter

01 tuple 자료형

코딩

튜플(tuple)은 리스트와 거의 비슷하지만 원소를 변경할 수 없다는 점이 다릅니다. 리스트는 대괄호[ ]로 묶이지만 튜플은 일반 괄호( )로 묶입니다.
13쪽에서 리스트로 만들었던 원소들을 tuple로 만들어 봤습니다.

※ 소스 : 04\4_1.py

```
>>> a = ()
>>> b = (1, 2, 3)
>>> c = ('Coding', 'is', 'not', 'difficult')
>>> d = (1, 2, 'Math', 'Coding')
>>> e = (1, 2, ['Math', 'Coding'])
```

tuple은 변경될 수 없으니 지우거나 수정할 수 없습니다.

```
>>> del b[0]
---------------------------------------------------------------------------
TypeError                                 Traceback (most recent call last)
<ipython-input-9-71a24567d3a3> in <module>()
----> 1 del b[0]

TypeError: 'tuple' object doesn't support item deletion
```

```
>>> b[0] = 3
---------------------------------------------------------------------------
TypeError                                 Traceback (most recent call last)
<ipython-input-11-f824b88c4fa2> in <module>()
----> 1 b[0] = 3

TypeError: 'tuple' object does not support item assignment
```

01 tuple의 index 알아보기

tuple의 index는 리스트와 같습니다.

```
>>> print (b[0])       # 0은 b의 첫 원소를 가리킵니다.
>>> print (b[2])       # 2는 b의 세 번째 원소를 가리킵니다.
>>> print (b[-1])      # -1은 b의 마지막 원소를 가리킵니다.
>>> print (c[2])
>>> print (e[2])
>>> print (e[2][1])  #[2][1]은 3의 두 번째 원소인 ['Math', 'Coding'] 리스트의 두 번째 원소를 가리킵니다.
1
3
3
not
['Math', 'Coding']
Coding
```

02 tuple의 slicing 알아보기

slicing도 리스트와 마찬가지로 동작합니다. 슬라이스하려는 문자열을 a라고 할 때 다음과 같습니다.

① a[:]: 0번째부터 마지막까지 모두 출력합니다.
② a[start:end]: start 인덱스부터 end 인덱스 바로 전까지 출력합니다.
③ a[:end]: 0번째 인덱스부터 end 인덱스 바로 전까지 출력합니다.
④ a[start:]: start 인덱스부터 마지막 인덱스까지 출력합니다.
⑤ a[start:end:step)]: start 인덱스부터 end 인덱스 바로 전까지 step만큼 건너뛰며 출력합니다.

```
>>> a = (1,2,3,4,5,6,7,8,9)
>>> print (a[0:5])
>>> print (a[3:])
>>> print (a[:])
>>> print (e[2][:])
(1, 2, 3, 4, 5)
(4, 5, 6, 7, 8, 9)
(1, 2, 3, 4, 5, 6, 7, 8, 9)
['Math', 'Coding']
```

03 tuple의 더하기, 곱하기

더하기와 곱하기도 리스트와 마찬가지로 동작합니다. 즉, 원소들의 사칙 연산이 되는게 아니라 tuple 뒤에 다른 tuple이 추가되거나 반복이 됩니다.

※ 소스 : 04\4_2.py

```
>>> t1 = (1,2,3)
>>> t2 = (4,5,6)
>>> t1 + t2
(1, 2, 3, 4, 5, 6)
>>> t1 * 2 + t2 * 3
(1, 2, 3, 1, 2, 3, 4, 5, 6, 4, 5, 6, 4, 5, 6)
```

04 tuple의 특징

tuple은 코딩에서 절대 바꾸지 않고 싶은 자료를 저장할 때 사용합니다. 지난 시간에 array에서 원하는 원소를 np.where로 찾을 때, tuple형으로 돌려 준 것을 확인할 수 있습니다.
다시 한번 보겠습니다.

```
>>> a = np.array([1,2,3,4,5])
>>> b = np.where(a == 3)
>>> b
(array([2], dtype=int64),)
```

괄호 안에 array가 있습니다. 자료형을 확인해 볼까요?

```
>>> type(b)
<class 'tuple'>
```

아마 파이썬에서 이 결과가 바뀌지 않기를 바랬나 봅니다.

```
>>> b[0]
[2]
```

tuple의 index 0으로 접근하니 첫 번째 원소가 array로 나왔습니다.

```
>>> type(b[0])
<class 'numpy.ndarray'>
```

다시 array의 원소를 index로 접근해 보겠습니다.

```
>>> b[0][0]
2
```

이제 정수형 자료형이 나왔습니다. **또한 tuple로 자료를 만들면 리스트보다 더 빠르게 컴퓨터가 읽고 불러올 수 있습니다.**

Chapter

02 zip

코딩

zip은 동일한 원소 개수, 동일한 크기로 이루어진 자료형들을 묶어 짝을 만드는 함수입니다.

※ 소스 : 04\4_3.py

```
>>> a = [1,2,3]
>>> b = ['a', 'b','c']
>>> list(zip(a,b))
[(1, 'a'), (2, 'b'), (3, 'c')]
```

zip으로 쌍을 만들고 나면 tuple로 묶어집니다. 이 tuple이 리스트로 묶어졌으니 tuple을 원소로 하는 리스트가 만들어졌습니다.

```
>>> tuple(zip(a,b))
((1, 'a'), (2, 'b'), (3, 'c'))
```

이번엔 tuple이 tuple로 묶어졌습니다. 즉 tuple을 원소로 하는 tuple이 만들어졌습니다. 다음은 tuple a와 리스트 b를 묶어 보았습니다.

```
>>> a = (1,2,3)
>>> b = ['a', 'b','c']
>>> list(zip(a,b))
[(1, 'a'), (2, 'b'), (3, 'c')]
```

세 쌍의 리스트도 zip으로 만들어집니다.

```
>>> a = [1,2,3]
>>> b = ['a','b','c']
>>> c = ['딸기', '복숭아', '참외']
>>> d = list(zip(a,b,c))
>>> d
[(1, 'a', '딸기'), (2, 'b', '복숭아'), (3, 'c', '참외')]
```

Chapter

03 코딩 함수

코딩

코딩 함수 정의

```
def 코딩 함수 A(입력 값 1, 입력 값 2, ……):
    수행할 문장
    return 출력 값 1, 출력 값 2, ……
```

코딩 함수 사용

```
출력 값 1, 출력 값 2, …… = 코딩 함수 A(입력 값 1, 입력 값 2, ……)
```

코딩 함수를 정의할 때 입력 값의 개수와 출력 값의 개수는 함수를 사용할 때의 입력, 출력 값의 개수와 동일해야 합니다.

※ 소스 : 04\4_4.py

```
>>> def plus(a,b):
        return a+b
>>> plus(4, 9)
13
```

하지만 3개의 원소를 더할 때는 앞에서 사용한 함수를 사용할 수 없습니다.

```
>>> plus(4, 9, 1)
---------------------------------------------------------------------------
TypeError                                 Traceback (most recent call last)
<ipython-input-31-3c1ebbde5ec8> in <module>()
----> 1 plus(4, 9, 1)

TypeError: plus() takes 2 positional arguments but 3 were given
```

입력 값에 제한을 두고 싶지 않을 때 입력 값 앞에 *을 붙여야 합니다.

정의할 때는 *입력 값은 1개이지만 사용할 때는 여러 개의 입력 값을 넣을 수 있습니다.

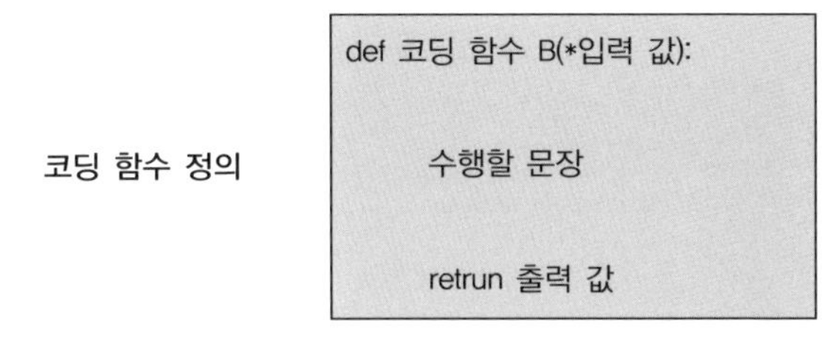
코딩 함수 정의
def 코딩 함수 B(*입력 값):
수행할 문장
retrun 출력 값

코딩 함수 사용 | 출력 값 = 코딩 함수 B(입력 값 1, 입력 값 2, ……)

다음은 원소 개수에 상관없이 모든 원소를 더하는 함수입니다.

```
>>> def plus(*args):
>>>     return np.sum(np.array(args))

>>> print (plus(3,6,9))
18
>>> print (plus(3,1,5,6,4,7))
26
```

그렇다면 입력 값, *입력 값이 동시에 있을 경우는 어떻게 될까요?

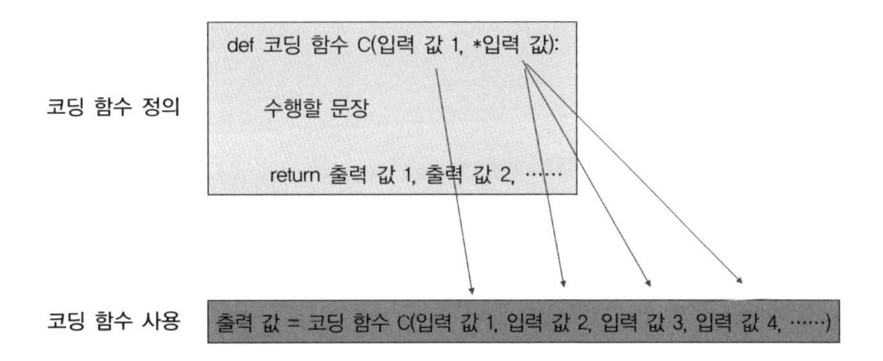
코딩 함수 정의
def 코딩 함수 C(입력 값 1, *입력 값):
수행할 문장
return 출력 값 1, 출력 값 2, ……
코딩 함수 사용
출력 값 = 코딩 함수 C(입력 값 1, 입력 값 2, 입력 값 3, 입력 값 4, ……)

우선 입력 값 1은, *입력 값보다 반드시 앞에 정의해야 합니다. 그러면 정의할 때 처음 입력 값은 사용할 때 입력 값 1에 대응되고, 나머지 입력 값들은 *입력 값에 대응됩니다.

다음은 *입력 값은 다 더하고, 거기에 처음 입력 값은 곱하는 코딩 함수를 만들어 보겠습니다.

```
>>> def plus_multiple(a,*b):
        return a*np.sum(np.array(b))

>>> print (plus_multiple(3,6,9))
45
>>> print (plus_multiple(3,1,5,6,4,7))
69
```

위 결과는 $3 \times (6+9)$, $3 \times (1+5+6+4+7)$입니다. 위는 1, 5, 6, 4, 7을 다 *b라는 입력 값으로 받았습니다.

코딩 함수 안에서 이 입력 값들을 구분해야 할 때가 있습니다. 코딩 함수는 *b로 받은 각각의 입력 값들을 index를 통해 구분합니다. 즉 b[0]은 1이 되고, b[4]은 7이 됩니다.

b[i]를 통해 모든 b 값을 출력해 보겠습니다.

```
>>> def plus_multiple(a,*b):
        n = len(b)          # 첫 입력 값은 a, 그다음은 모두 b로 받아서 b의 숫자를 n으로 할당
        for i in range(n):  # 0~n-1 범위로 만들어서
            print (b[i])    # b[i]를 출력
        return a*np.sum(np.array(b))
>>> plus_multiple(3,1,5,6,4,7)
1
5
6
4
7
69
```

때에 따라 출력 값을 정의해 주지 않는 경우도 있습니다.

```
>>> def plus(*args):
        print (np.sum(np.array(args)))
>>> plus(3,6,9)
18
```

위는 return을 하지 않고 결과만 print를 통해 보여 주었습니다. 다음은 초기값을 미리 선언하는 경우입니다.

다음 코딩 함수는 입력 값 1, 2와 미리 초기값이 있는 입력 값 3이 있을 때를 나타냅니다. 이러한 코딩 함수를 사용할 때는 다음처럼 입력 값 1, 2만 넣어 사용하거나
초기에 정한 입력 값 3이 마음에 들지 않으면, 입력 값 1, 2, 3을 넣어 사용하면 됩니다.

코딩 함수 정의

```
def 코딩 함수 D(입력 값 1, 입력 값 2, 입력 값 3 = 초기값):
    수행할 문장
    return 출력 값
```

코딩 함수 사용

```
출력 값 = 코딩 함수 D(입력 값 1, 입력 값 2, 입력 값 3)
```

```
출력 값 = 코딩 함수 D(입력 값 1, 입력 값 2)
```

다음 예를 보겠습니다. 입력 값 1, 2만 선언되었을 때는 1+2+5가 계산되어 8이 나왔으며, 입력 값 c = 5가 마음에 안 들어 c에 10을 집어 넣었더니 1+2+10 = 13의 결과가 나왔습니다.

※ 소스 : 04\4_5.py

```
>>> def plus_with_5 (a,b, c = 5):
        return a + b + c
>>> print (plus_with_5(1,2))       # 1 + 2 + 5를 계산
8
>>> print (plus_with_5(1,2,10))    # 1 + 2 + 10을 계산
13
```

초기값이 선언된 변수는 순서에 관계 없이 쓸 수 있습니다. 다음 코드는 calcul을 사용할 때 d, c, e 위치가 뒤바뀌어 넣어졌지만 1+2−10+3−0.1을 계산하였습니다.

```
>>> def calcul(a,b, c = 5, d = 10, e = 15):
        return a + b - c + d - e
>>> calcul (1, 2, d = 3, c = 10, e = 0.1)      # 1 + 2 - 10 + 3 - 0.1을 계산
-4.1
```

코딩 변수 밖에서 선언된 변수는 코딩 함수 안에서 사용할 수 있습니다.
일단 예를 보겠습니다.

```
>>> a = 100
>>> def plus_a(n):    # 함수 plus_a 바깥에서 a를 정의했으니
       return n+a    # 함수 안에서도 a가 불러짐
>>> plus_a(3)
103
```

다음은 코딩 함수 밖에서 정의한 변수 a(=100)과 입력 값 3을 더한 경우입니다. 즉 a는 코딩 함수 밖에서 정의하였는데도 코딩 함수 안에서 a를 인식할 수 있습니다.

반면 코딩 함수 안에서 정의된 변수는 밖에서 읽을 수 없습니다. 다음은 a를 재정의하기 위해 일단 del로 지웠습니다. 다음 코딩 함수는 a가 코딩 함수 안에 정의되어 있습니다. 따라서 결과 값은 100+3이니 동일합니다.

```
>>> del a              # a의 기억값을 지운다.
>>> def plus_a(n):
       a = 100         # a의 값을 100으로 새로 입력
       return a + n
>>> plus_a(3)          # 3 + 100을 계산함
103
```

a를 코딩 함수 밖에서 불러보면 오류가 표시됩니다.

```
>>> print (a)      # 바깥에서 정의한 a는 지워졌고, 안에서 정의를 새로 하였으니
                   # 바깥에서 a를 부를 경우 에러가 발생함
---------------------------------------------------------------------------
NameError                                 Traceback (most recent call last)
<ipython-input-56-aa75078140fb> in <module>()
----> 1 print (a)

NameError: name 'a' is not defined
```

연습문제

4-01 zip을 사용하지 말고 zip 기능을 하는 코딩 함수를 만드세요.

※ 정답은 py 파일(04\연습 문제 폴더) 또는 ipynb 파일에서 확인하세요.

Chapter

04 matplotlib 그래프

코딩

01 matplotlib.pyplot 배우기

import matplotlib.pyplot as plt로 matplotlib.pyplot을 불러온 다음 쓸 때는 plt로 줄여서 쓰기로 하였습니다. matplotlib.pyplot은 파이썬에서 제공하는 기초적이면서 힘있는 그래프를 그리는 코딩 함수들의 패키지입니다. 웬만한 그래프는 이 pyplot으로 그릴 수 있습니다.

plt.scatter로 점 찍기

x, y의 그래프에 점을 찍는 데 사용됩니다. 다음은 (1, 2)의 점을 찍는 그래프입니다.

※ 소스 : 04\4_6.py

```
>>> x = 1
>>> y = 2
>>> plt.scatter(x,y)
```

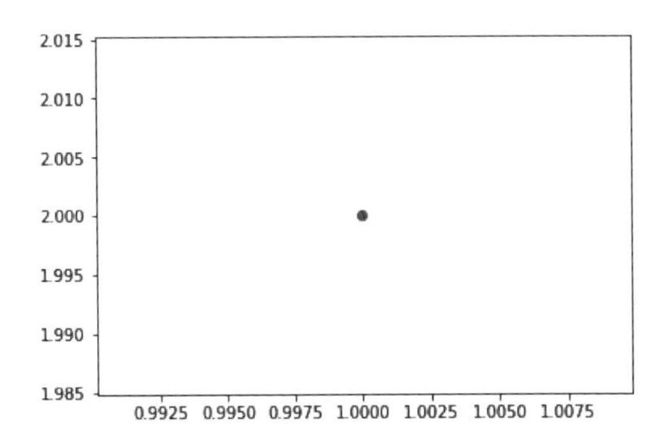

여러 점을 찍을 수 있습니다.

```
>>> x = [1,2,3,4,5]
>>> y = [2,4,6,8,10]
>>> plt.scatter(x,y)
```

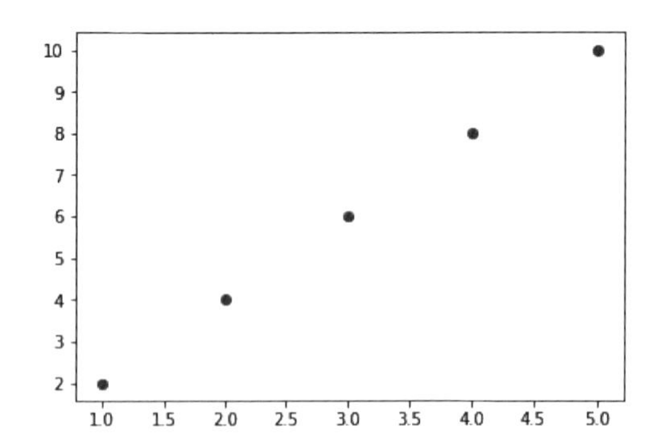

점 크기를 바꾸고 싶으면 입력 값에 s = 숫자를 입력하면 됩니다.

```
>>> plt.scatter(x, y, s = 150)
```

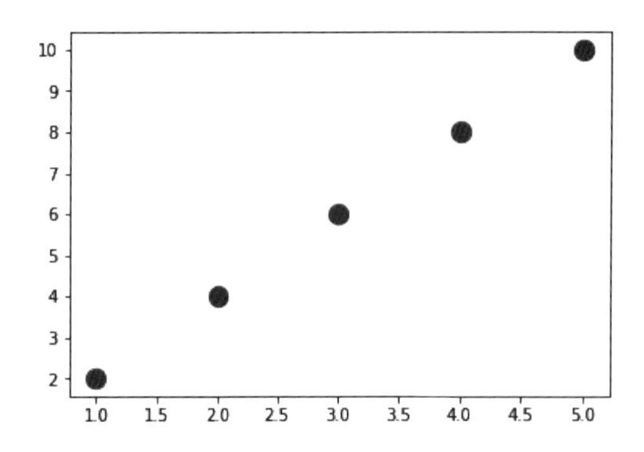

점 색을 바꾸고 싶으면 입력 값 c를 b, g, r, c, m, y, k, w 중 하나로 지정하면 됩니다.

c	색상
b	파란색
g	초록색
r	빨간색
c	하늘색
m	보라색

y	노란색
k	검은색
w	흰색

```
>>> plt.scatter(x,y, s = 100, c = 'g')
```

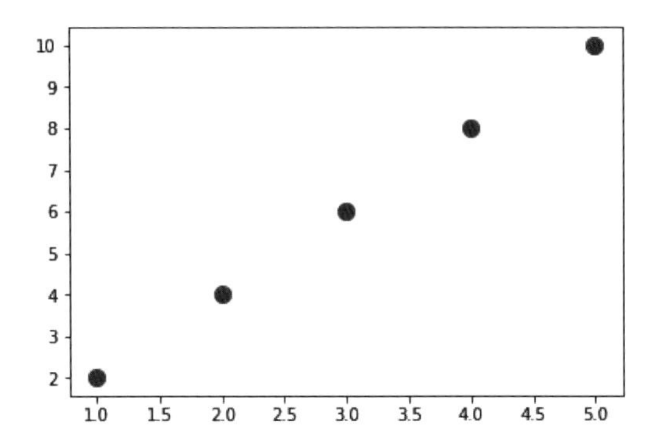

점들을 약간 투명하게 하려면 alpha로 조절하면 됩니다. alpha = 1은 완전 불투명이고, 0은 완전 투명입니다.

```
>>> plt.scatter(x,y, s = 100, c = 'g', alpha = 0.5)
```

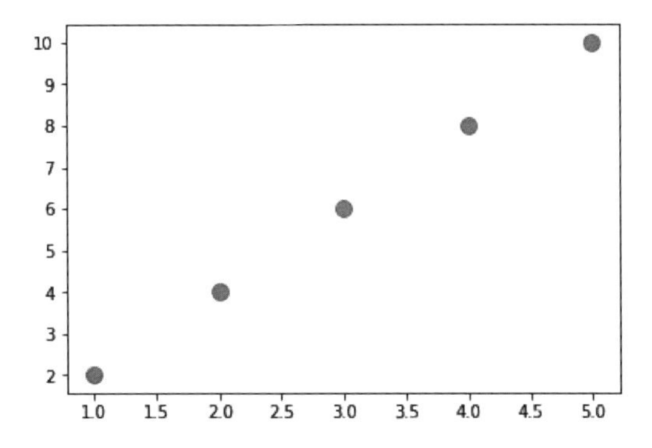

plt.plot으로 선 그래프 그리기

점과 점을 선으로 잇는 그래프를 그릴 수 있습니다.

※ 소스 : 04\4_7.py

```
>>> plt.plot(x,y)
```

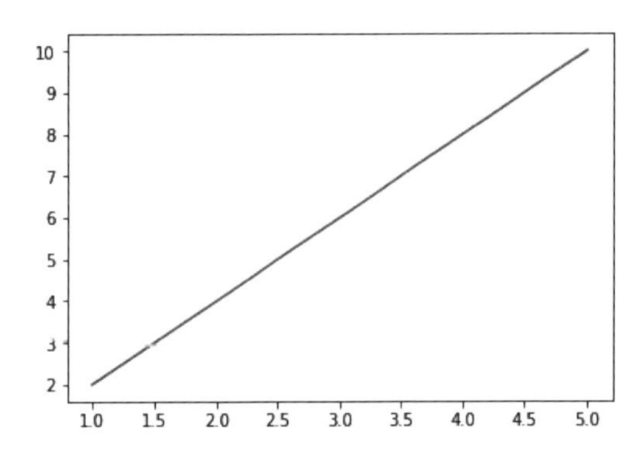

선 굵기를 바꾸려면 linewidth를 이용하면 됩니다.

```
>>> plt.plot(x,y, linewidth = 4)
```

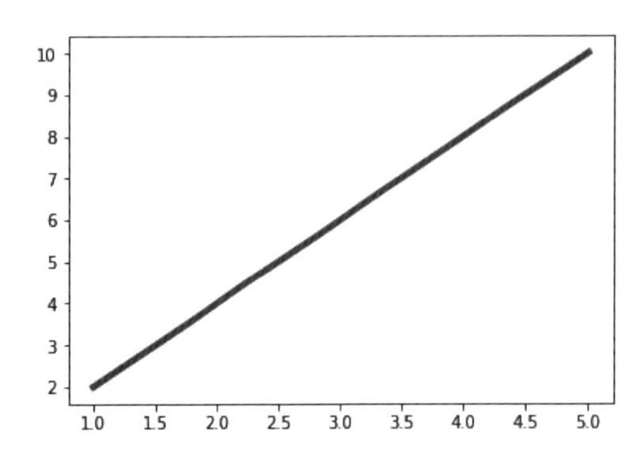

색깔을 바꾸려면 c를 b, g, r, c, m, y, k, w 중에 하나로 지정합니다.

책에서는 볼 수 없지만 기존 파란색이던 선 색이 빨간색으로 바뀌었습니다.

```
>>> plt.plot(x,y, c = 'r', linewidth = 4)
```

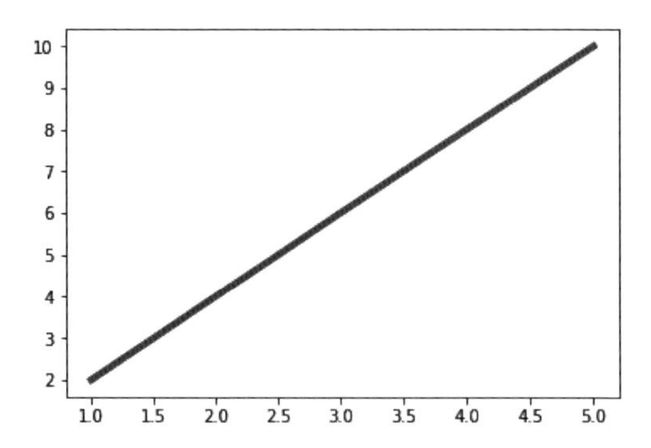

역시 alpha로 투명도를 조절할 수 있습니다.

```
>>> plt.plot(x,y, c = 'r', linewidth = 4, alpha = 0.5)
```

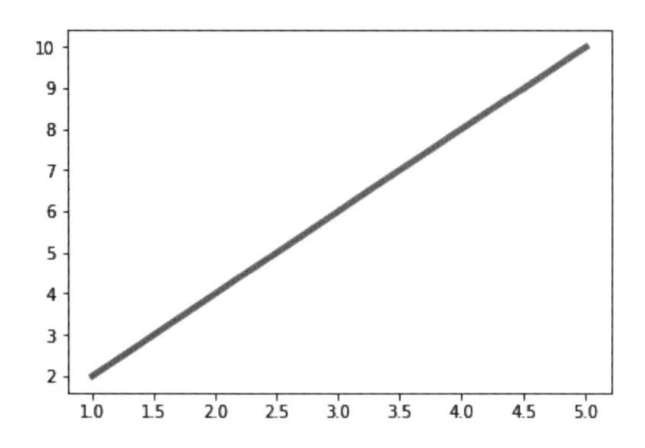

점도 표현하고 선도 표현하고 싶으면 두 코드를 함께 사용하면 됩니다.

```
>>> plt.scatter(x,y, c = 'g', s = 100)
>>> plt.plot(x,y, c = 'g', alpha = 0.5)
```

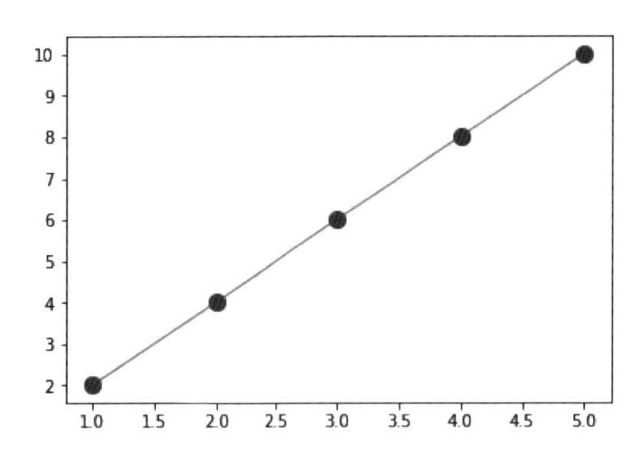

그래프에 점선을 그어 읽기 쉽게 하려면 plt.grid( )를 사용합니다.

```
>>> plt.scatter(x,y, c = 'g', s = 100)
>>> plt.plot(x,y, c = 'g', alpha = 0.5)
>>> plt.grid()
```

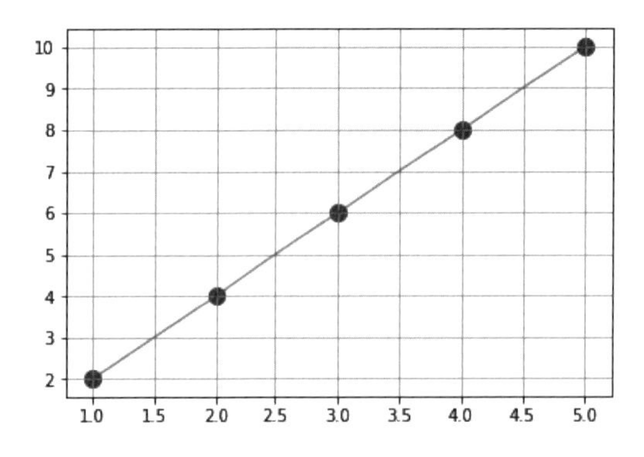

그래프 크기를 바꾸려면 plt.figure(figsize = (가로 크기 숫자, 세로 크기 숫자))를 지정해 주면 됩니다.

```
>>> plt.figure(figsize = (6,6))          # 그림 크기를 가로 6, 세로 6으로 설정
>>> plt.scatter(x,y, c = 'g', s = 100)
>>> plt.plot(x,y, c = 'g', alpha = 0.5)
>>> plt.grid()
```

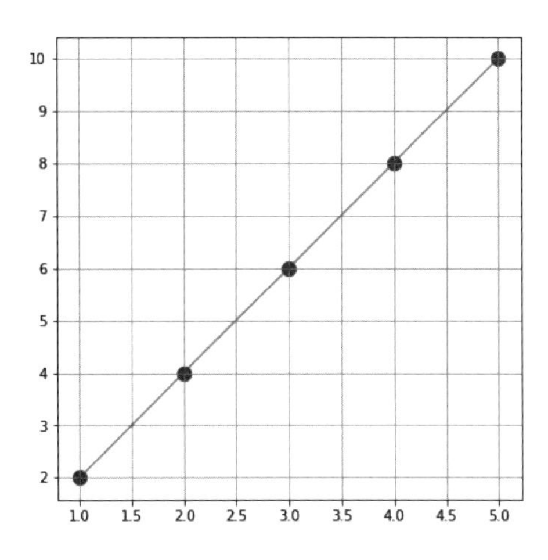

보여 주려는 x와 y의 범위를 바꾸려면, xlim, ylim을 사용하면 됩니다.

```
>>> plt.figure(figsize = (6,6))
>>> plt.scatter(x,y, c = 'g', s = 100)
>>> plt.plot(x,y, c = 'g', alpha = 0.5)
>>> plt.grid()
>>> plt.xlim([0,6])          # x 범위를 0부터 6까지
>>> plt.ylim([0,12])         # y 범위를 0부터 12까지
```

다음은 x의 범위를 0부터 6까지, y 범위를 0부터 12까지 나타낸 그래프입니다.

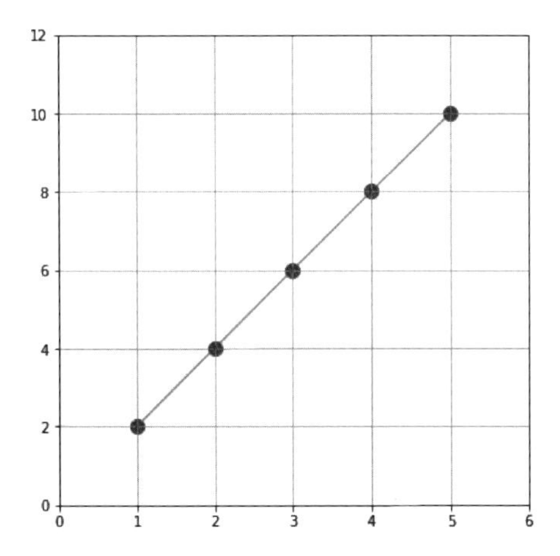

이 그래프가 무엇을 의미하는지 나타내려면 lable을 scatter와 plot 안에 사용해야 하고, plt.legend()를 선언해야 합니다.

```
>>> plt.figure(figsize = (6,6))
>>> plt.scatter(x,y, c = 'g', s = 100, label = 'dot graph') # 점을 'dot graph'로 명명
>>> plt.plot(x,y, c = 'g', alpha = 0.5, label = 'line graph') # 선을 'line graph'로 명명
>>> plt.grid()
>>> plt.legend()     # 명명된 'dot graph', 'line graph'를 화면에 출력
```

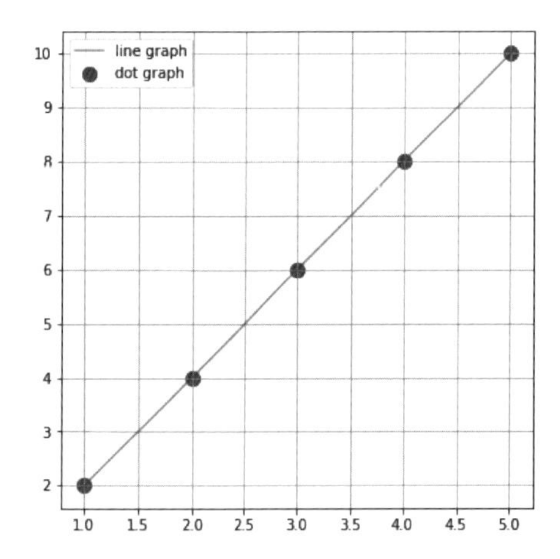

ticks는 각 눈금에 표시된 숫자들입니다. 이들의 크기 및 색깔을 바꿀 수 있습니다.

plt.x(y)ticks(fontsize = **글자 크기 숫자**, color = **색 코드)와 같이 사용하면 됩니다.** 눈금에 표시된 숫자가 바뀝니다.

```
>>> plt.figure(figsize = (6,6))
>>> plt.scatter(x, y, c = 'g', s = 100, label = 'dot graph')
>>> plt.plot(x,y, c = 'g', alpha = 0.5, label = 'line graph')
>>> plt.grid()
>>> plt.legend()
>>> plt.xticks(fontsize = 14, color = 'b') # x축 숫자들 크기를 14로, 색깔을 파란색으로
>>> plt.yticks(fontsize = 25, color = 'y') # y축 숫자들 크기를 25로, 색깔을 노란색으로
```

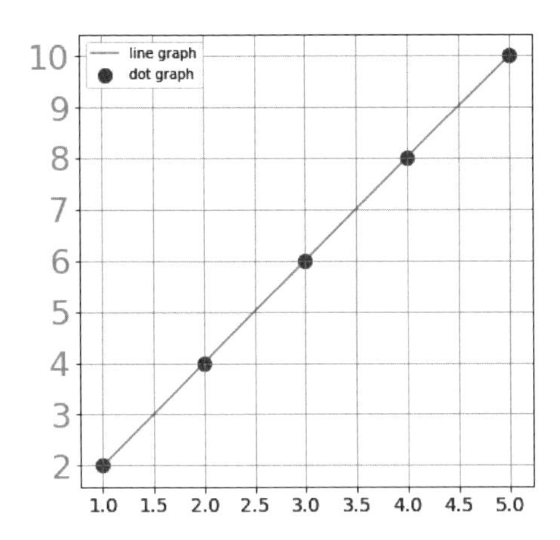

label의 글자 크기 및 위치도 plt.legend(fontsize = 글자 크기 숫자, loc = 1~8)로 다음과 같이 바꿀 수 있습니다.

```
>>> plt.figure(figsize = (6,6))
>>> plt.scatter(x,y, c = 'g', s = 100, label = 'dot graph')
>>> plt.plot(x,y, c = 'g', alpha = 0.5, label = 'line graph')
>>> plt.grid()
>>> plt.xticks(fontsize = 14, color = 'b')
>>> plt.yticks(fontsize = 25, color = 'y')
>>> plt.legend(fontsize = 20,  loc = 4)   # 명명된 그래프 이름 크기를 20으로 화면을 오른쪽
아랫부분에 배치
```

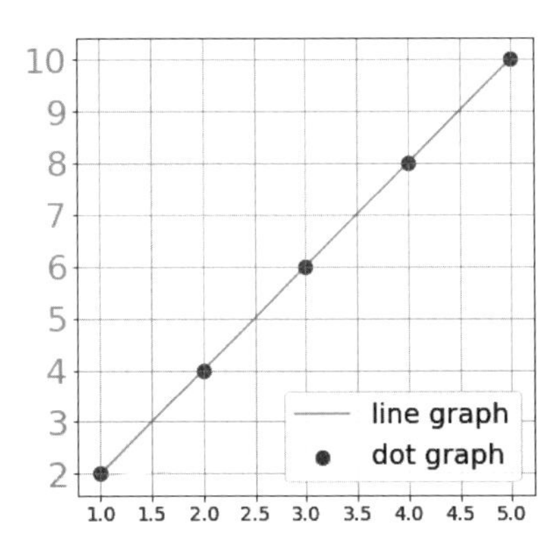

그래프의 제목은 plt.title('제목', fontsize = 글자 크기 숫자)로 만들 수 있습니다.

```
>>> plt.figure(figsize = (6,6))
>>> plt.scatter(x,y, c = 'g', s = 100, label = 'dot graph')
>>> plt.plot(x,y, c = 'g', alpha = 0.5, label = 'line graph')
>>> plt.grid()
>>> plt.xticks(fontsize = 14, color = 'b')
>>> plt.yticks(fontsize = 25, color = 'y')
>>> plt.legend(fontsize = 20,  loc = 4)
>>> plt.title('y = 2x', fontsize = 30)    # 그래프 윗부분에 제목을 나오게 하고, 크기를 30으
로 설정
```

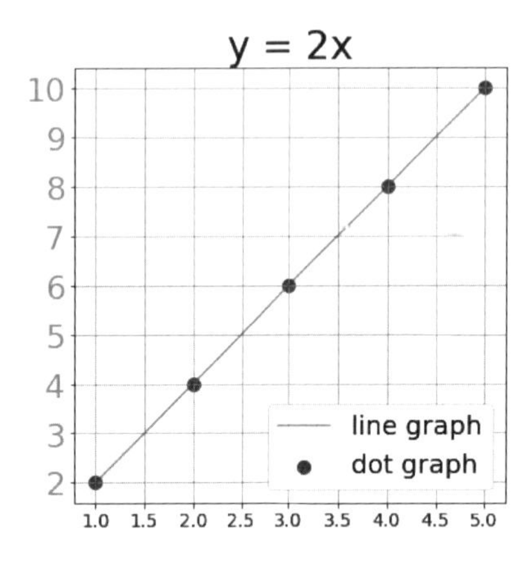

x축, y축이 무엇인지 설명(label)을 달 수 있습니다. 따옴표 안에 label을 적고, color로 색, fontsize로 글자 크기를 변경할 수 있습니다.

```
>>> plt.figure(figsize = (6,6))
>>> plt.scatter(x,y, c = 'g', s = 100, label = 'dot graph')
>>> plt.plot(x,y, c = 'g', alpha = 0.5, label = 'line graph')
>>> plt.grid()
>>> plt.xticks(fontsize = 14, color = 'b')
>>> plt.yticks(fontsize = 25, color = 'y')
>>> plt.legend(fontsize = 20,  loc = 4)
>>> plt.xlabel('Sun light', color = 'c', fontsize = 19)   # 'c'는 Cyan(청록색)
>>> plt.ylabel('Apple sweet', color = 'm', fontsize = 30) # 'm'은 Magenta(자주색)
>>> plt.title('y = 2x', fontsize = 30)
```

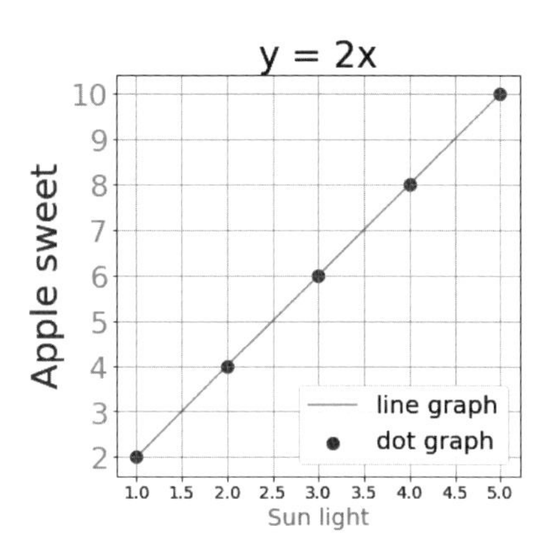

수직, 수평선을 그리려면 axvline, axhline을 사용합니다. 색깔을 c로, 선 굵기를 linewidth로 조절할 수 있습니다. 책에서는 색이 보이지 않지만 색이 있는 선을 그었습니다.

※ 소스 : 04\4_8.py

```
>>> plt.axvline(x = 5, c = 'r', linewidth = 10)  # x = 5에 굵기가 10인 빨간색 선 긋기
>>> plt.axhline(y = 2, c = 'b')  # y = 2에 파란색 수평선 긋기
>>> plt.xlim([0,10])
>>> plt.ylim([0,10])
>>> plt.grid()
```

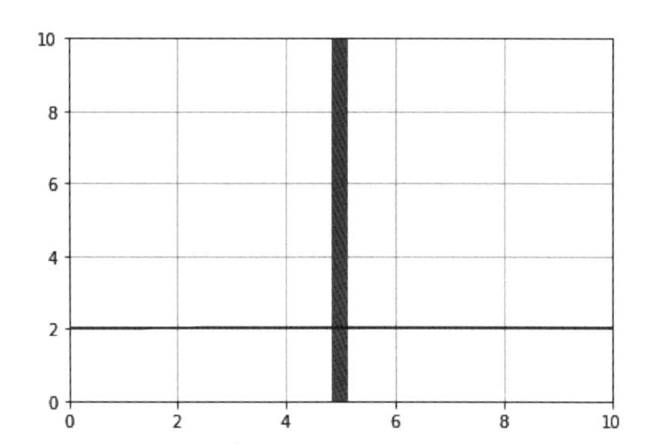

자 이제 plt로 어느 정도 그래프를 그리는 법을 공부하였습니다. 그러면 이제 함수를 공부해 보겠습니다.

Chapter

05 일차함수

수학

일차함수는 미지수를 x라고 할 때, x의 1차 승만 나오고, 2차, 3차 등의 차수는 나오지 않은 함수입니다.
즉 $y = ax + b$ 형태입니다.
b가 0이면 (x, y)는 (0, 0) 원점을 지납니다. 그리고 x가 1씩 변할 때 y는 a씩 변하므로 a는 직선의 기울기가 됩니다.
x = 0일 때 y는 b를 지나고, 이때 (0, b)를 y의 절편이라 합니다.
또한 y = 0일 때, x는 $\frac{-b}{a}$가 되고 이를 x의 절편이라 합니다.

1사분면의 점은 x, y가 모두 양이고, 2사분면의 점은 x는 음수, y는 양수입니다.
3사분면의 점은 x, y가 모두 음수입니다. 4사분면의 점은 x는 양수, y는 음수입니다.

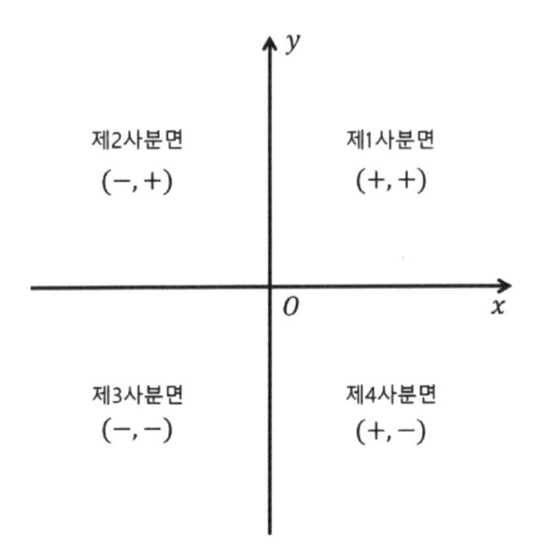

일차함수 기울기 익히기

a가 2일 때는 파란색 선이며, 왼쪽 아래에서 오른쪽 위로 그래프가 증가합니다.

a가 −2일 때는 주황색 선이며, 왼쪽 위에서 오른쪽 아래로 그래프가 감소합니다.

※ 소스 : 04\4_9.py

```
>>> x = np.arange(-10, 10, 1)
>>> for i in [2, -2]:  # 2, -2를 순서대로 i라 놓고
        plt.plot(x, i*x, label = 'y = {}x'.format(i))
>>> plt.grid()
>>> plt.legend(fontsize = 15, loc = 8)
```

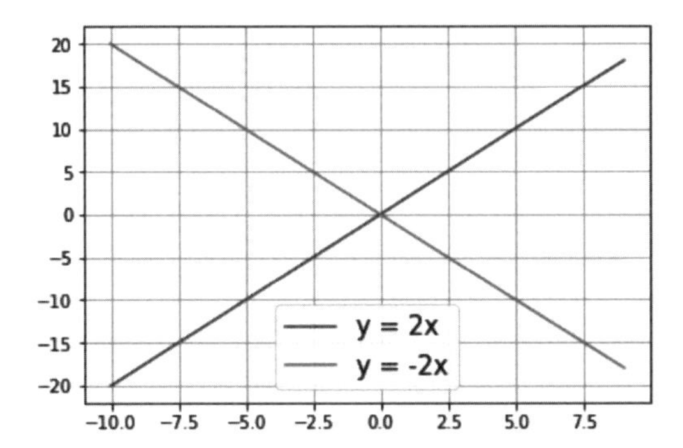

기울기 a가 커질수록, 그래프는 더 가팔라집니다.

```
>>> x = np.arange(-10, 10, 1)
>>> plt.figure(figsize = (5, 7))
>>> for i in [1/2,  0, 2,  8]:
        plt.plot(x, i*x, label = 'y = {}x'.format(i))
>>> plt.grid()
>>> plt.legend(fontsize = 14, loc = 4)
```

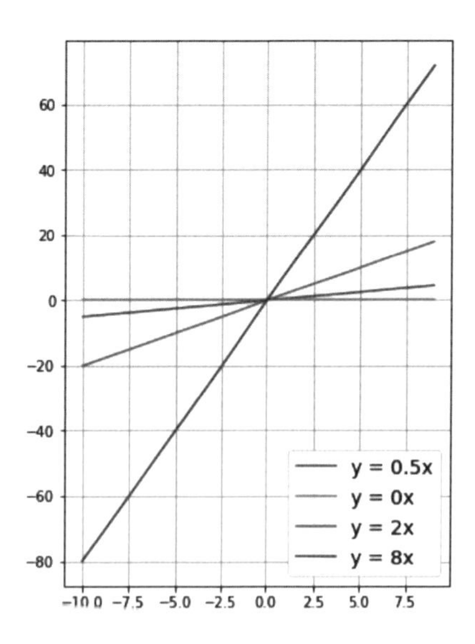

음수의 기울기도 a가 더 마이너스가 될수록 가팔라집니다.

```
>>> x = np.arange(-10,10,1)
>>> plt.figure(figsize = (5,7))
>>> for i in [-1/2,  0, -2,  -8]:
        plt.plot(x, i*x, label = 'y = {}x'.format(i))
>>> plt.grid()
>>> plt.legend(fontsize = 14, loc = 3)
```

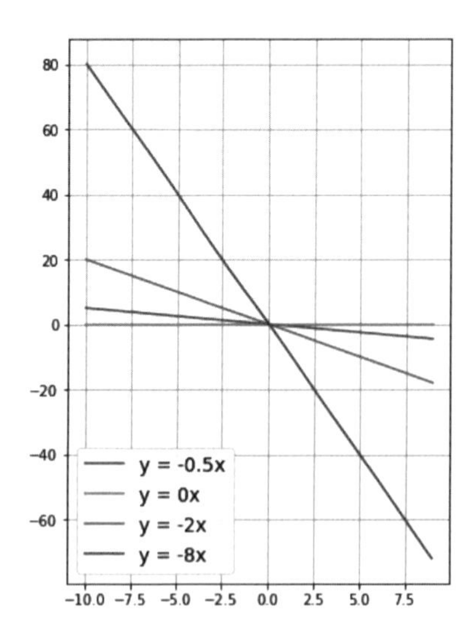

일차함수 상수항(b) 익히기

b 값이 커질수록 그래프는 위로 올라갑니다.

```
>>> x = np.arange(-10,10)
>>> b = np.arange(-5, 5, 2)
>>> for i in b:
        plt.plot(x, x + i, label = 'y = x + {}'.format(i))
>>> plt.grid()
>>> plt.legend(fontsize = 13)
```

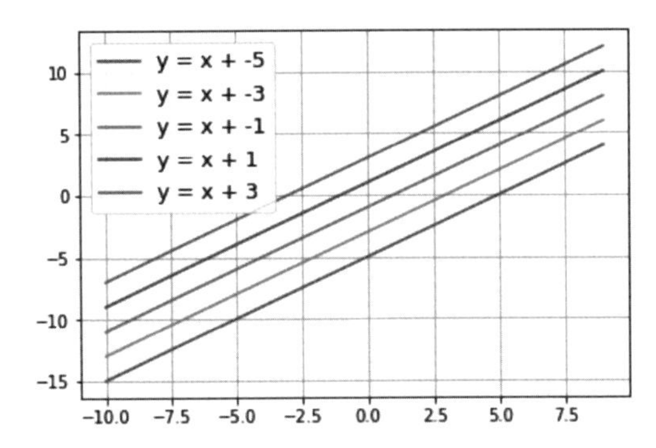

$y=\frac{a}{x}$의 그래프 익히기

$y=\frac{1}{x}$는 (1, 1), (−1, −1)을 지나며,

x 〉 0에서는 x가 커질 때 y가 작아지고,

x 〈 0에서는 x가 더 (−)가 될 때 y가 커집니다.

※ 소스 : 04\4_10.py

```
>>> a = 1
>>> x = np.arange(-10, 11, 1)
>>> plt.figure(figsize = (5, 8))
>>> plt.scatter(x, 1/x)
>>> plt.axvline(x = 0, c = 'k')
>>> plt.axhline(y = 0, c = 'k')
>>> plt.grid()
```

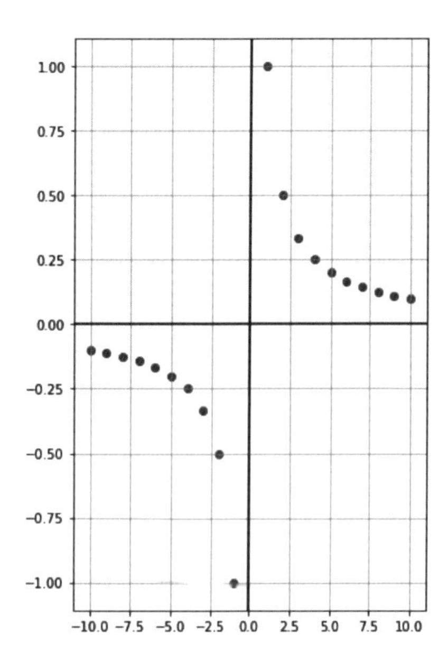

일차함수의 x축, y축으로의 이동 익히기

$y = ax + b$가 x축으로 t만큼 이동하려면 x 대신 (x−t)를 넣으면 되고 새로운 식은 $y = a(x - t) + b$가 됩니다.

$y = ax + b$가 y축으로 t만큼 이동하려면 y 대신 (y−t)를 넣으면 되고 새로운 식은 $y - t = ax + b$가 됩니다.

우선 x축으로 이동시킨 그래프를 그려 보겠습니다. −5만큼 이동시키면 왼쪽으로 이동하고, +5만큼 이동시키면 오른쪽으로 그래프가 이동합니다.

※ 소스 : 04\4_11.py

```
>>> a = 2
>>> x = np.arange(-10,10,1)
>>> t = np.arange(-5, 6, 2)
>>> plt.figure(figsize = (5,5))
>>> for i in t:
        plt.plot(x, a*(x-i), label = 'shift {}'.format(i))
>>> plt.grid()
>>> plt.legend()
```

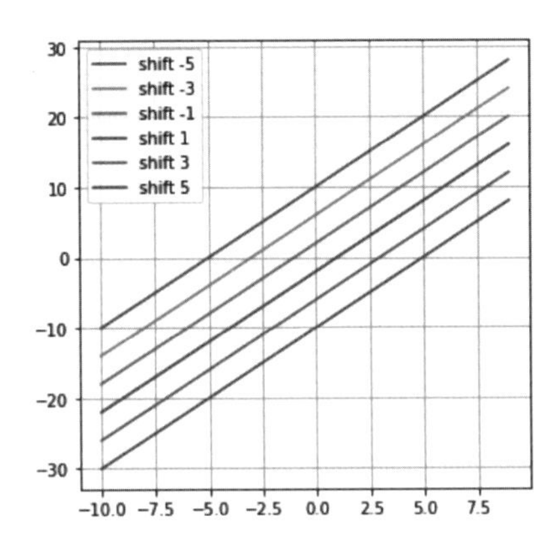

연습문제

4-02 $y = 3x + 2$ 그래프를 그리고 y 축으로 5만큼 이동시킨 그래프를 동시에 그리세요. 단, x는 −5부터 10까지입니다.

4-03 x는 −10부터 10까지에서 $y = |x|$의 그래프를 그리세요.

4-04 −10부터 10까지의 x에 대해 $y = x \quad \cdots x \geq 0,\ y = 0 \quad \cdots x < 0$의 그래프를 그리세요.

4-05 −10부터 10까지의 x에 대해 $y = 1 \quad \cdots x \geq 0,\ y = 0 \quad \cdots x < 0$의 그래프를 그리세요.

※ 정답은 py 파일(04\연습 문제 폴더) 또는 ipynb 파일에서 확인하세요.

01 두 직선의 교차점 구하기

다음 교차점 문제는 연립방정식의 해를 구하는 것과 같습니다.

- $ax + by + c = 0$
- $dx + ey + f = 0$

※ 소스 : 04\4_12.py

```
>>> def simultaneous_eq(a,b):
>>> # 위 식에서 a, b, c를 a[0], a[1], a[2]로, d, e, f를 b[0], b[1], b[2]로 정의
        if a[0] == 0:     # a[0]가 0이면, by + c = 0의 식이 됨
            y = Fraction(a[2], a[1])
            x = Fraction(b[2] - b[1]*y, b[0])
        elif a[1] == 0:  # a[1] = 0이면, ax + c = 0 식이 됨
            x = Fraction(a[2], a[0])
            y = Fraction(b[2] - b[0]*x, b[1])
        elif b[0] == 0:  # b[0] = 0이면, ey + f = 0 식이 됨
            y = Fraction(b[2], b[1])
            x = Fraction(a[2] - a[1]*y, a[0])
        elif b[1] == 0:  # b[1] = 0이면, dx + f = 0 식이 됨
            x = Fraction(b[2], b[0])
            y = Fraction(a[2] - a[0]*x, a[1])
        else:   # 위 경우가 아닐 경우 기존의 연립방정식을 푼다.
            a = np.array(a)
            b = np.array(b)
            c = b* Fraction(a[0],b[0])
            d = a - c
            y = Fraction(d[2],d[1])
            x = Fraction(a[2]-a[1]*y,a[0])
        return x, y
```

02 임의의 함수 문제 생성기 만들기

함수도 많이 풀어 볼수록 좋습니다. 다음 임의의 함수 문제를 최대한 100번 풀어 봅시다.

```
>>> class Linear_function:
        def question(self):
            self.select = np.random.randint(2)
            if self.select == 1:   # 기울기 및 절편을 구하는 문제
                self.coefficient = np.random.randint(low = -10, high = 10, size = 2)
# ax + by = c에서 a, b를 난수로 발생
                self.constant = np.random.randint(low = -10, high = 10)  # c를 난수
로 발생
                print ('{}x + {}y + {} = 0 의, 기울기, x 절편, y 절편을 구하시
오'.format(self.coefficient[0], self.coefficient[1], self.constant))
                print ('x는 -10부터 10까지일 때 위 함수를 그리세요.')
```

```
        else:          # 두 직선의 교차점을 찾고 그래프 그리는 문제
            self.coefficient = np.random.randint(low = -10, high = 10, size = 4)
# 2개의 식 ax + by = c에서 2개 쌍 a, b를 난수로 발생
            self.constant = np.random.randint(low = -10, high = 10, size = 2)
# 2개의 c를 난수로 발생
            print ('다음 두 직선의 교차점을 구하고, 두 그래프를 그리세요.')
            print ('{}x + {}y + {} = 0'.format(self.coefficient[0], self.
coefficient[1], self.constant[0]))
            print ('{}x + {}y + {} = 0'.format(self.coefficient[2], self.
coefficient[3], self.constant[1]))

    def answer(self):
        if self.select == 1:   # 기울기 및 절편을 구하는 문제일 경우 해답
            slope = Fraction(-self.coefficient[0], self.coefficient[1])
            y_cross = Fraction(-self.constant, self.coefficient[1])
            print ('기울기 : {}'.format(Fraction(-self.coefficient[0], self.
coefficient[1])))
            print ('x절편 : {}'.format(Fraction(-self.constant, self.
coefficient[0])))
            print ('y절편 : {}'.format(Fraction(-self.constant, self.
coefficient[1])))
            x = np.arange(-10,11)
            y = slope*x + y_cross
            plt.plot(x,y)
            plt.grid()
        else:  # 두 식의 교차점 및 그래프 그리는 문제의 해답
            a = self.coefficient[0], self.coefficient[1], -self.constant[0]
            b = self.coefficient[2], self.coefficient[3], -self.constant[1]
            x, y = simultaneous_eq(a,b)   # 연립방정식 함수로 교차점 풀이
            print (x,y)
            x = np.arange(-10,11)
            slope1 = Fraction(-self.coefficient[0], self.coefficient[1])
            y_cross1 = Fraction(-self.constant[0], self.coefficient[1])

            slope2 = Fraction(-self.coefficient[2], self.coefficient[3])
            y_cross2 = Fraction(-self.constant[1], self.coefficient[3])
            y1 = slope1*x + y_cross1
            y2 = slope2*x + y_cross2
            plt.plot(x,y1)
            plt.plot(x,y2)
            plt.grid()
```

문제를 풀어 봅시다.

```
>>> q1 = Linear_function()
>>> q1.question()
```

다음은 해답을 구해 봅시다.

```
>>> q1.answer()
```

연습문제

다음을 수학과 코딩 두 가지 방법으로 모두 풀어 봅시다.

4-06 x는 1부터 100까지 자연수이고 y는 x의 약수의 개수일 때 x, y의 일차함수의 그래프를 그리세요.

4-07 x는 −10부터 10까지이고, $y = 3x + 5$, $z = -2y - 10$일 때 z를 x로 나타냅니다. x, z의 그래프를 그리세요.

4-08 다음 세 방정식을 그리고, 방정식으로 둘러싸인 삼각형의 꼭짓점을 구하고, 삼각형의 넓이를 구하세요.

· $y = 0$ · $y = x + 5$ · $y = -2x + 7$

4-09 위 삼각형 안에 있는 정수(x, y)를 코딩으로 구하고 개수를 구하세요(선 위 점 포함).

삼각형의 꼭짓점 x는 대략 −7부터 5, y는 −1부터 8까지 검색해 보면 됩니다.

$y \leq x + 5$, $y \leq -2x + 7$, $y \geq 0$의 교집합에 있는 정수 쌍을 찾으면 되겠죠?

4-10 소수 첫째 자리의 쌍은 몇 개가 있는지 구하세요.

4-11 f(x)를 x를 7로 나눈 나머지라 할 때, f(13)+f(26)을 구하세요.

4-12 우리나라는 섭씨를 이용하는데 미국은 화씨를 이용합니다. 화씨(F)는 섭씨(C)에

$\frac{9}{5}$를 곱한 다음 32를 더해야 합니다. 온도 −20도부터 40도까지의 섭씨에 대응되는 화씨를 y축에 그리세요.

4-13 임의의 개수의 정수를 입력받아 다 더한 값이 0보다 크면 더한 값을 출력하고, 작으면 0을 출력하는 코딩 함수를 만드세요.

① 입력 값 3, 4, 5, 6, 7을 넣으세요.

② 입력 값 −9, 3, 5, 4, −6을 넣으세요.

4-14 x가 −10부터 10까지일 때, $y = 2^x$의 그래프를 그리세요. 단, 2 대신 2.0을 사용하세요.

4-15 x가 0부터 10까지일 때, $y = \sqrt{x}$ 그래프를 그리세요.

4-16 점 (1,−3)을 지나는 일차방정식 $ax - y + b$의 그래프가 제1사분면을 지나지 않도록 하는 정수 a의 개수를 구하세요(단, $a \neq 0$).

4-17 직선 $3x + 4y - 12 = 0$과 $2x + y + a = 0$의 교점이 제1사분면에 있기 위한 값의 범위를 구하세요.

4-18 두 점 (2, 10), (−3, −5)를 지나는 직선 위에 두 직선 $y - x - 1 = 0$, $y - ax - 2 = 0$의 교점이 있습니다. 이때 상수 a의 값을 구하세요.

4-19 (1,1), (2,2), (3,1.3), (4,3.75), (5,2.25)의 점이 있습니다. 또한 일차함수 $y = ax + b$ 위에 다섯 점 (1, a+b), (2, 2a+b), (3, 3a+b), (4, 4a+b), (5, 5a+b)이 있습니다. 이때 (1,1), (1, a+b) 사이의 y 차를 거듭제곱을 합니다. 이와 마찬가지로 (2,2), (2, 2a+b)의 y의 차를 거듭제곱을 합니다.

이 거듭제곱을 다 더했을 때 최소값이 되는 a, b를 구하고 아래 scatter plot에 $y = ax + b$의 plot을 더하세요.

단, a와 b는 0부터 5까지, 0.1씩 계산합니다.

4-20 오늘의 원달러 환율은 $1에 1110원입니다. 그리고 중국 위안의 달러 환율은 1위안에 $0.15입니다. 중국 1위엔은 한국 돈 얼마의 환율인지 구하세요.

4-21 네이버 만화는 평점과 평균 독자 수로 평가됩니다. 독자 수 10만 명은 0점이고 그 후 만 명 당 총 점수 0.5점이 늘어납니다.

또한 0부터 9.99의 평점에서 3점 이하는 −1, 3점부터 6점은 0, 6 이상 9 이하는 1, 9 이상은 2점을 추가합니다.

독자 수에 대한 점수를 plot으로 그리고, 평점에 대한 점수도 plot으로 그리세요.

독자 수 0명부터 30만 명까지 만 명 단위, 평점 0부터 10점까지 1점 단위가 있을 때 총점에 대한 2차원 배열을 만드세요.

4-22 x는 1, 2, 3, 4, 5로 증가하고 y는 1, 4, 9, 16, 25로 x의 거듭제곱으로 증가합니다. 10개의 쌍(x,y) tuple을 원소로 가지는 리스트를 for 문만으로 만드세요.

4-23 은행 예금 이율은 3%입니다. 즉 10,000을 넣고 1년 기다리면 $10,000 \times 1.03$이 되고, 2년 기다리면 $10,000 \times 1.03^2$이 되고, 3년 기다리면 $10,000 \times 1.03^3$이 되고, 4년 기다리면 $10,000 \times 1.03^4$이 되고, 5년 기다리면 $10,000 \times 1.03^5$이 됩니다.

처음에 넣은 돈을 money, 기다린 연수를 years, 이자율을 rate (3%면 1.03)라 하고 최종적으로 받을 돈을 계산하는 코딩 함수를 만드세요.

4-24 x는 0부터 20까지 숫자에서 $y = x$인데, 매 x마다 난수(−5부터 5까지)를 발생시켜 그래프를 그리세요(난수 발생 명령어 : numpy.random.randint(크기)).

4-25 한 신혼부부가 서울에 8억짜리 집을 사려고 합니다. 월급이 400만 원인데 식비 및 생활비로 100만 원, 자녀 학원비 100만 원을 쓰고 남은 돈으로 집을 사려고 할 때 몇 년 몇 개월이 걸리는지 계산하세요(여러분, 부모님들이 이렇게 열심히 돈을 버십니다).

4-26 건달은 20세부터 1년에 1000만 원을 벌고, 회사원은 27세부터 1년에 3000만 원을 벌고, 의사는 36세부터 1억 5천만 원을 번다고 했을 때 0세부터 60세까지 이 셋에 나이별 수입에 대한 함수를 그리세요.

※ 정답은 py 파일(04\연습 문제 폴더) 또는 ipynb 파일에서 확인하세요.

메모하세요

PART 5

확률과 통계

CODING

여러 가지 데이터로부터 의미 있는 값을 추출하는 학문이 통계입니다. 예를 들어 야구선수의 통계는 타율, 장타율, 도루 성공률 등이 해당되고 이는 해당 선수의 과거 데이터 누적으로부터 계산합니다. 이러한 통계로부터 새로운 타석의 안타 및 홈런을 칠 확률을 알 수 있습니다. 이러한 확률과 통계는 수학, 공학뿐만 아니라 금융, 인문 사회 영역에서도 필수적인 학문입니다. 최근에는 빅데이터, 인공지능에 걸쳐 폭넓게 활용됩니다.

중학교에서는 학년별로 다음과 같은 통계 및 확률에 대한 주제를 배웁니다.

1학년 과정	① 도수분포표 ② 히스토그램 ③ 상대도수/누적도수
2학년 과정	① 경우의 수 ② 확률
3학년 과정	① 대표 값(평균, 분산, 표준편차, 중간 값) ② 상관관계

[코딩] 챕터에서는 다음과 같은 것들을 배웁니다.

① Dictionary 자료형

② numpy로 히스토그램 구하고 그리기

③ 파이썬의 대표적인 데이터 분석 도구인 판다스(Pandas) 익히기

④ itertools로 경우의 수 구하기

⑤ 판다스로 데이터 분석 맛보기(2018 월드컵 데이터 분석)

이번 파트는 통계 및 확률을 공부하면서 중간중간 코딩을 배우겠습니다. 또한 2018 월드컵 데이터 분석으로부터 통계를 어떻게 활용할 수 있는지를 배우고, 이를 통해 많은 독자들이 데이터 분석에 관심 및 흥미를 가졌으면 좋겠습니다.

Chapter

01 Dictionary 자료형

코딩

Dictionary는 새로운 자료형이며 {key : value} 형태로 되어 있습니다. tuple은 ( ), 리스트는 [ ]인데 비해, dictionary는 { } 형태의 중괄호를 사용합니다. 리스트, tuple, numpy의 array는 처음부터 순서대로 0, 1, 2의 index를 가지는 것에 비해, dictionary는 key 값을 index로 사용하여 value를 호출합니다.
다음 예를 보겠습니다.

※ 소스 : 05\5_1.py

```
>>> a = {'name' : '철수', 'age' : 15, 'hobby' : 'baseball'}
>>> print (a)
>>> print (a['name'])
>>> print (a['age'])
>>> print (a['hobby'])
{'name': '철수', 'age': 15, 'hobby': 'baseball'}
철수
15
baseball
```

01 dictionary에 자료 추가하기

dic[key] = val 형태로 추가할 수 있습니다.

```
>>> a['phone'] = '01022223333'
>>> print (a)
{'name': '철수', 'age': 15, 'hobby': 'baseball', 'phone': '01022223333'}
```

02 dictionary에 자료 삭제하기

del dic[key] 형태로 삭제할 수 있습니다.

```
>>> del a['phone']
>>> a
{'age': 15, 'hobby': 'baseball', 'name': '철수'}
```

03 dictionary에 어떤 자료가 있는지 확인하기

key가 어떤 것들이 있고, value가 어떤 것들이 있는지 dic.keys( ), dic.values( )로 확인할 수 있습니다.

```
>>> a.keys()
dict_keys(['name', 'age', 'hobby'])

>>> a.values()
dict_values(['철수', 15, 'baseball'])
```

key와 value 각각을 리스트나 tuple로 만들 수 있습니다.

```
>>> list(a.keys())          # key 값들을 list로 만들기
['name', 'age', 'hobby']
>>> tuple(a.values())       # value 값들을 list로 만들기
('철수', 15, 'baseball')
```

04 get으로 불러내기

dictionary에 없는 key를 불러내면 오류가 표시됩니다. 위에서 'phone'은 지웠는데, 다시 불러 보겠습니다.

```
>>> a['phone']
---------------------------------------------------------------------------
KeyError                                  Traceback (most recent call last)
<ipython-input-63-722bc641ff25> in <module>()
----> 1 a['phone']

KeyError: 'phone'
```

없는 key를 호출하면 위와 같이 오류가 표시됩니다. 이때 key가 있는지 없는지 모르지만, 오류를 발생시키고 싶지 않을 때 get을 이용하면 됩니다.

```
>>> a.get('phone')
```

아무 결과가 나오지 않습니다. 왜냐하면 phone에 해당하는 value가 없기(None) 때문입니다. 'phone'이라는 key 값이 없으니 아무것도 불러지지 않았으며, None과 동일합니다.

```
>>> a.get('phone') == None
True
```

하지만 존재하는 key 값을 get으로 불러내면, get 없이 불러내는 것과 동일한 결과를 보입니다.

```
>>> a.get('age')
15
```

05 key 값이 존재하는지 찾기

in을 써서 리스트, tuple의 원소 존재 여부를 찾을 수 있듯이, in을 써서 dictionary의 key 값이 있는지 찾을 수 있습니다.

```
>>> 'age' in a
True
>>> 'phone' in a
False
```

지금까지 파이썬에서 기본적으로 제공하는 리스트, tuple, dictionary 형태의 자료형을 알아보았습니다. 이와 마찬가지로 자주 쓰이는 numpy 패키지의 array 형태도 공부해 보았으며, 마지막으로 pandas 패키지의 Series, DataFrame 자료 형태를 공부하면 이 책의 모든 자료 형태를 다 배웁니다.

Chapter

02 도수분포표

코딩

우선 판다스를 불러오겠습니다. 판다스는 데이터 분석을 위한 파이썬 라이브러리입니다. 엑셀처럼 큰 데이터를 다루거나 데이터 분석을 위한 여러 가지 편리한 기능을 제공합니다.

※ 소스 : 05\5_2.py

```
>>> import pandas as pd
```

판다스를 읽어 pd라는 약자로 사용하겠습니다.

도수분포표는 해당 구간에 몇 개의 데이터가 있는지 나타내는 표입니다. 다음 예로 Series를 통해 도수분포표를 만들어 보겠습니다.

2학년 1반 24명 학생들의 몸무게를 나열하면 다음과 같습니다.

```
>>> weight = 22, 24, 26, 30, 32, 40, 35, 45, 20, 29, 34, 36, 36, 38, 39, 48, 43,
37, 33, 31, 29, 39, 26, 29
```

위 몸무게를 20~25, 25~30, 30~35, 35~40, 40~45, 45~50kg 구간으로 나누고 각 구간에 몇 명이 있는지 코딩해 보겠습니다.

몸무게를 5로 나눈 몫이 4이면 20~25, 몫이 5이면 25~30, ……, 이런 식으로 구하였습니다. 이렇게 20, 25, 30, 35처럼 구분하려는 수를 영어로는 bin이라고 하며, 해당 구간에 몇 개의 데이터가 있는지를 나타내는 수를 hist라고 하겠습니다.

```
>>> hist = np.zeros(6)
>>> for i in weight:
        if i//5 == 4:          # 5로 나눈 몫이 4이면, 즉 20~25kg이면
            hist[0] += 1       # hist[0]에 1을 추가해라.
        elif i//5 == 5:        # 5로 나눈 몫이 5이면, 즉 25~30kg이면
            hist[1] += 1       # hist[1]에 1을 추가해라.
        elif i//5 == 6:
            hist[2] += 1
```

```
        elif i//5 == 7:
            hist[3] += 1
        elif i//5 == 8:
            hist[4] += 1
        elif i//5 == 9:
            hist[5] += 1
>>> print (hist)
[3.  5.  5.  7.  2.  2.]
```

다음은 판다스의 Series와 DataFrame을 배우겠습니다.

01 판다스 Series 사용하기

판다스 Series는 리스트와 같은 데이터들과 그 데이터들을 가리키는 index로 구성되어 있습니다. 도수분포표에서는 그 bin이 index 역할을 하게 됩니다.

리스트, tuple, numpy의 array는 처음부터 순서대로 0, 1, 2의 index를 가지는 데 비해, pandas Series는 index를 임의로 지정할 수 있습니다.

그럼 Series로 도수분포표를 만들어 보겠습니다.

문법

```
pd.Series(data, index)
```

```
>>> index = ['20~25', '25~30', '30~35', '35~40', '40~45', '45~50']
>>> a = pd.Series(hist, index = index)
>>> a
20~25    3.0
25~30    5.0
30~35    5.0
35~40    7.0
40~45    2.0
45~50    2.0
```

타입을 알아볼까요? a의 자료 형태는 판다스의 Series입니다.

```
>>> type(a)
pandas.core.series.Series
```

혹은 구간의 중간값으로 index를 나타낼 수 있습니다. 데이터 타입이 원래 float로 되어 있으나 이를 dtype=int로 정수형 (int)로 바꿔 보겠습니다.

```
>>> index = np.array([20, 25, 30, 35, 40, 45]) + 2.5  # 구간 중간값을 index로 만들기
>>> b = pd.Series(hist, index = index)
>>> b
22.5    3.0
27.5    5.0
32.5    5.0
37.5    7.0
42.5    2.0
47.5    2.0
dtype: float64

>>> index = np.array([20, 25, 30, 35, 40, 45]) + 2.5
>>> b = pd.Series(hist, index = index, dtype = int)
>>> b
22.5    3
27.5    5
32.5    5
37.5    7
42.5    2
47.5    2
dtype: int64
```

이 도수분포표의 이름을 붙어볼까요?

```
>>> b.name = 'A반의 체중 도수분포표'
>>> b
22.5    3.0
27.5    5.0
32.5    5.0
37.5    7.0
42.5    2.0
47.5    2.0
Name: A반의 체중 도수분포표, dtype: float64
```

Series의 index 거꾸로 찾기

'Series 이름.index'로 index를 찾을 수 있습니다. 자신이 만든 Series면 index를 다 알고 있지만 데이터 분석할 때는 남이 만든 데이터를 사용할 때가 많습니다.

```
>>> print (a.index)
>>> print (b.index)
Index(['20~25', '25~30', '30~35', '35~40', '40~45', '45~50'], dtype='object')
Float64Index([22.5, 27.5, 32.5, 37.5, 42.5, 47.5], dtype='float64')
```

Series 연산하기

임의의 5개의 숫자로 이루어진 Series를 만들고 index를 a,b,c,d,e로 만들겠습니다. Series는 numpy array처럼 사칙 연산이 가능합니다.

※ 소스 : 05\5_3.py

```
>>> s = pd.Series(np.random.randn(5), index=['a', 'b', 'c', 'd', 'e'])  # 임의로 5개
의 난수가 발생하고 a, b, c, d, e를 index로 만들었습니다.
>>> s
a   -0.028715
b   -0.302301
c   -0.229336
d   -0.737131
e    1.065798
dtype: float64

>>> s + s    # Series의 덧셈
a   -0.057430
b   -0.604601
c   -0.458673
d   -1.474261
e    2.131595
dtype: float64

>>> s *2     # Series의 곱셈
a   -0.057430
b   -0.604601
c   -0.458673
d   -1.474261
```

```
e    2.131595
dtype: float64

>>> s**2     # Series의 거듭제곱
a    0.000825
b    0.091386
c    0.052595
d    0.543362
e    1.135924
dtype: float64
```

dictionary로부터 Series 만들기

dictionary와 Series는 임의의 index로부터 value를 불러낸다는 공통점이 있습니다. 따라서 dictionary로부터 Series를 쉽게 만들 수 있습니다.

※ 소스 : 05\5_4.py

```
>>> d = {'a' : 0., 'b' : 1., 'c' : 2.}
>>> f = pd.Series(d)      # dictionary로부터 Series 만들기
>>> f
a    0.0
b    1.0
c    2.0
dtype: float64
```

Series의 indexing으로 값 불러오기

Series는 두 가지 방식으로 데이터를 불러올 수 있습니다. 리스트, tuple, array처럼 [ ] 안에 숫자를 써서 불러올 수 있습니다.

```
>>> print (f[0])
0.0
```

slice(:)를 사용할 경우 index도 나타납니다.

```
>>> print (f[:])
a    0.0
b    1.0
c    2.0
dtype: float64
```

또한 dictionary처럼 index를 써서 불러올 수 있습니다.

```
>>> f['a']
0.0
```

in을 써서 key 값이 Series에 있는지 확인할 수 있습니다.

```
>>> 'b' in f
True

>>> 'd' in f
False
```

d에 index를 써서 불러오려고 하면 오류가 표시됩니다.

```
>>> f['d']
---------------------------------------------------------------------------
TypeError                                 Traceback (most recent call last)
/Users/KP/anaconda/envs/py36/lib/python3.6/site-packages/pandas/core/indexes/
base.py in get_value(self, series, key)
......
```

하지만 get을 이용하면 오류 없이 불러옵니다. 아무 결과는 없지만 오류는 발생되지 않습니다.

```
>>> f.get('a')
0.0
>>> f.get('d')
```

02 pandas의 DataFrame 사용하기

pandas Series는 한 형태의 데이터만 다루는 데 비해 pandas DataFrame은 동일한 index로 여러 데이터를 나타낼 수 있습니다. 앞에서 Series를 써서 한 반의 몸무게(weight)를 도수분포표로 만들었습니다. 여기에 height(키)도 같이 저장하고 싶을 경우 DataFrame을 쓰면 됩니다.
height도 추가하겠습니다.

※ 소스 : 05\5_5.py

```
>>> len(weight)     # 24명인지 확인
24
>>> weight
(22,
 24,
 26,
......
 39,
 26,
 29)
>>> height = [124, 125, 128, 130, 134, 140, 131, 143, 122, 129, 136, 139, 141,
135, 142, 150, 149, 141, 127, 131, 130, 125, 135, 126]
```

그럼 이 둘을 DataFrame으로 만들겠습니다. 우선 dictionary로 만든 다음 DataFrame으로 만들겠습니다.

```
>>> d = {'weight' : pd.Series(weight),  'height' : pd.Series(height)}
>>> e = pd.DataFrame(d)
>>> e

height  weight
0   124 22
1   125 24
2   128 26
......
21  125 39
22  135 26
23  126 29
```

또한 2차원 리스트로 만들어서 DataFrame으로 만들 수 있습니다. 이때 각 데이터를 구분하려면 columns를 써서 그 안에 어떤 데이터인지 표시해 주어야 합니다.

```
>>> f = np.zeros((len(weight), 2))        # 2차원 배열을 만들기
>>> f[:,0] = weight                       # 1열을 몸무게
>>> f[:,1] = height                       # 2열을 키로 저장
>>> g = pd.DataFrame(f, columns = ['weight', 'height'])
>>> g
    weight  height
0   22.0    124.0
1   24.0    125.0
2   26.0    128.0
......
21  39.0    125.0
22  26.0    135.0
23  29.0    126.0
```

Series와 마찬가지로 이름을 붙여보겠습니다.

```
>>> g.name = 'A반의 몸무게와 키'
>>> g.name
'A반의 몸무게와 키'
```

DataFrame의 자료 불러오기

column으로 몸무게 자료만 불러옵니다.

```
>>> e['weight']
0     22
1     24
2     26
......
21    39
22    26
23    29
Name: weight, dtype: int64
```

loc, iloc 사용하기

loc는 index로부터 불러오고 iloc는 리스트, tuple처럼 순서로 불러옵니다.

```
>>> weight = [34, 36, 75]
>>> height = [144, 151, 178]
>>> wh = list(zip(weight, height))
>>> index = ['철수', '영희', '선생님']
>>> h = pd.DataFrame(wh, index = index, columns = ['몸무게', '키'])
>>> h
    몸무게 키
철수  34  144
영희  36  151
선생님 75  178

>>> h.loc['철수']
몸무게      34
키      144
Name: 철수, dtype: int64

>>> h.iloc[0]
몸무게      34
키      144
Name: 철수, dtype: int64
```

DataFrame의 index와 columns 찾기

DataFrame의 index와 columns를 찾는 방법을 알아보겠습니다. DataFrame 이름 뒤에 '.'을 붙이고 columns나 index를 붙이면 됩니다.

```
>>> h.columns
Index(['몸무게', '키'], dtype='object')
>>> h.index
Index(['철수', '영희', '선생님'], dtype='object')
```

다시 도수분포표를 공부해 보겠습니다.

Chapter

03 numpy의 히스토그램으로 도수분포도 수학

01 numpy의 히스토그램 그리기 - 도수분포도

파이썬에는 도수분포표로부터 히스토그램을 그리는 기능이 있습니다.

```
도수, 구분 = np.histogram(data, 도수분포 구간 (bin))
```

도수는 도수분포표의 각 구간에 있는 data 수이며, 구분은 도수분포 구간을 나타냅니다.

※ 소스 : 05\5_6.py

```
>>> weight = 22, 24, 26, 30, 32, 40, 35, 45, 20, 29, 34, 36, 36, 38, 39, 48, 43,
37, 33, 31, 29, 39, 26, 29
>>> bins = np.arange(20, 55, 5)  # 도수분포 구간 20부터 55까지 5씩 증가
>>> hist, bins = np.histogram(weight, bins)
>>> print (hist)
>>> print (bins)
[3 5 5 7 2 2]
[20 25 30 35 40 45 50]
```

위와 같이 도수 및 구분 구간이 나오는 것을 알 수 있습니다.

상대도수 구하기

상대도수는 구간별 도수를 전체 도수의 총합으로 나눈 값이죠? 이를 코딩해 보겠습니다.
우선 총합은 다음과 같이 구합니다.

```
>>> total_number = len(weight)
```

따라서 각 도수를 총합으로 나누면 상대도수가 나옵니다.

```
>>> hist_normal = np.asarray(hist)/total_number
>>> print(hist_normal)
[ 0.125       0.20833333  0.20833333  0.29166667  0.08333333  0.08333333]
```

이 상대도수의 합을 구하면 1이 나온 것을 알 수 있습니다.

```
>>> sum_hist_normal = sum(hist_normal)
>>> print (sum_hist_normal)
1.0
```

누적도수 구하기

누적도수는 자기 앞 도수를 모두 더해서 도수를 만들면 됩니다.
예를 들어 도수가 [3,5,5,7,2,2]이면, 누적도수는 [3,8,13,20,22,24]가 됩니다.
이를 코딩해 볼까요?

```
>>> accumul_weight = []
>>> previous = 0
>>> for i in hist:
        previous += I   # 그 전 누적도수에 i에 해당하는 도수를 더함
        accumul_weight.append(previous)
>>> print(accumul_weight)
[3, 8, 13, 20, 22, 24]
```

02 히스토그램 그리기

matplotlib.pyplot에는 히스토그램을 자동으로 그려 주는 명령어가 있습니다.

※ 소스 : 05\5_7.py

```
>>> plt.hist(weight, bins)
>>> plt.xlabel('Weight (kg)', fontsize = 14)
>>> plt.xticks(fontsize = 14)
>>> plt.yticks(fontsize = 14)
```

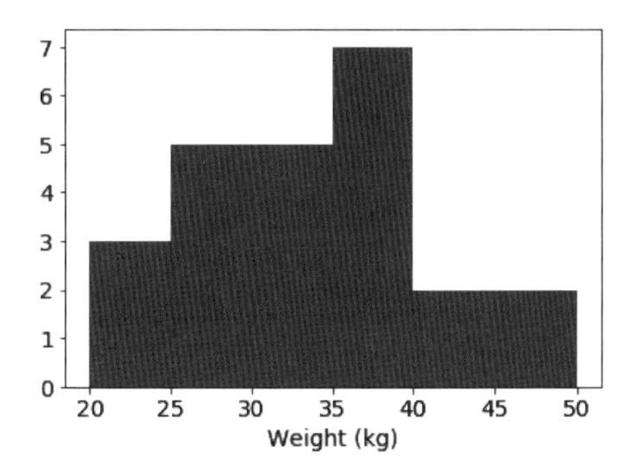

그림이 너무 못생겼죠? bar 사이 간격을 줘 볼까요?

```
>>> plt.hist(weight, bins, rwidth = 0.8)  # rwidth로 막대 폭 조정
>>> plt.xlabel('Weight (kg)', fontsize = 14)
>>> plt.xticks(fontsize = 14)
>>> plt.yticks(fontsize = 14)
```

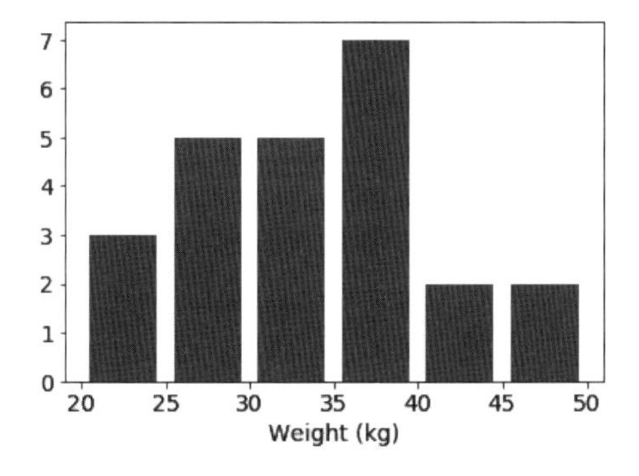

색깔을 초록색으로 바꾸어 보겠습니다. 책에서는 색을 알아 볼 수 없지만, 파란색이던 그래프가 초록색으로 바뀌었습니다.

```
>>> plt.hist(weight, bins, rwidth = 0.8, color = 'green')  # 막대 색 조정
>>> plt.xlabel('Weight (kg)', fontsize = 14)
>>> plt.xticks(fontsize = 14)
>>> plt.yticks(fontsize = 14)
```

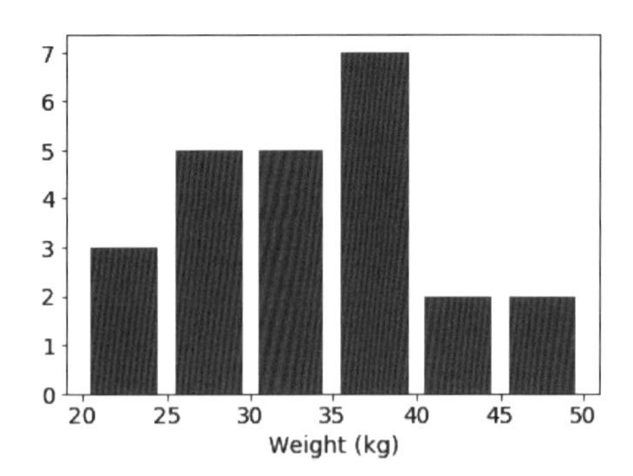

투명도를 약간 주고 눈금을 더해 보겠습니다.

```
>>> plt.hist(weight, bins, rwidth = 0.8, color = 'green', alpha = 0.5) # 투명도 조절
>>> plt.grid()
>>> plt.xlabel('Weight (kg)', fontsize = 14)
>>> plt.xticks(fontsize = 14)
>>> plt.yticks(fontsize = 14)
```

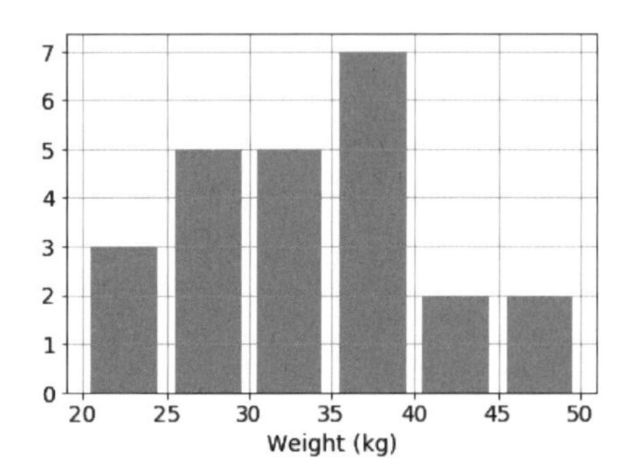

또한 numpy.histogram에서 구한 hist를 가지고 histogram을 그릴 수 있습니다.

```
>>> plt.bar(b.index, hist, width = 4)
>>> plt.grid()
```

다음은 4학년 2반의 몸무게입니다.

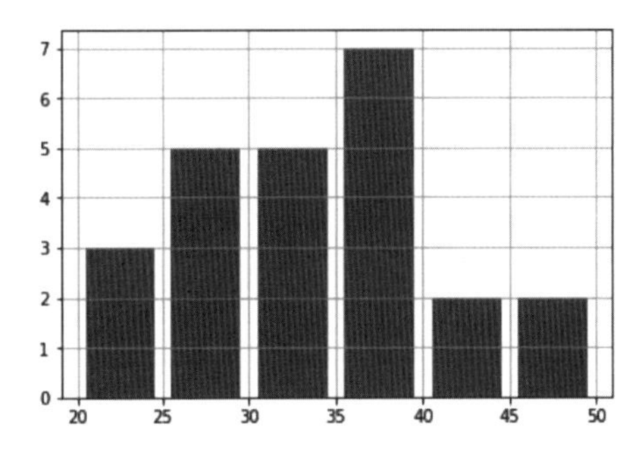


```
>>> weight2 = 42, 43, 46, 50, 48, 40, 38, 46, 50, 52, 54, 58, 46, 48, 51, 52, 56,
60, 39, 61, 52, 45, 44, 45
```

위 자료에 대한 히스토그램을 그려 보겠습니다.

```
>>> bins = np.arange(20, 55, 5)
>>> bins2 = np.arange(20, 65, 5)  # 도수분포 구간
>>> hist2, bin_edges = np.histogram(weight2, bins2)
>>> print (hist2)
[0 0 0 2 4 7 7 3]
>>> plt.hist(weight2, bins2, rwidth = 0.8, color = 'red', alpha = 0.5)
>>> plt.grid()
>>> plt.xlabel('Weight (kg)', fontsize = 14)
>>> plt.xticks(fontsize = 14)
>>> plt.yticks(fontsize = 14)
```

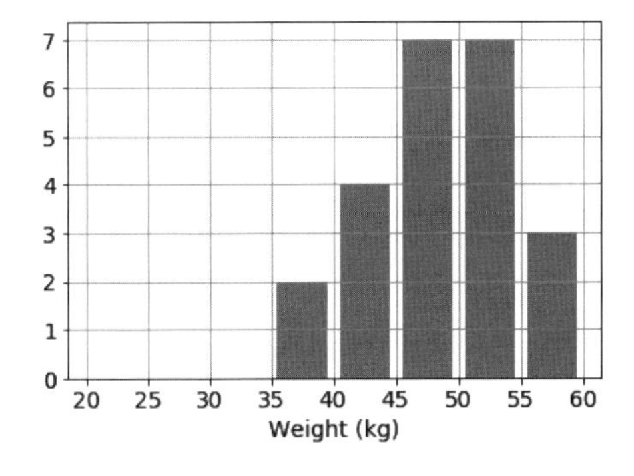

2학년, 4학년의 histogram을 같이 그려 보겠습니다.

```
>>> plt.hist(weight, bins, rwidth = 0.8, color = 'green', alpha = 0.5, label = '2nd')
>>> plt.hist(weight2, bins2, rwidth = 0.8, color = 'red', alpha = 0.5, label = '4th')
>>> plt.grid()
>>> plt.xlabel('Weight (kg)', fontsize = 14)
>>> plt.xticks(fontsize = 14)
>>> plt.yticks(fontsize = 14)
>>> plt.legend(fontsize = 14)
>>> plt.ylim([0,9])
```

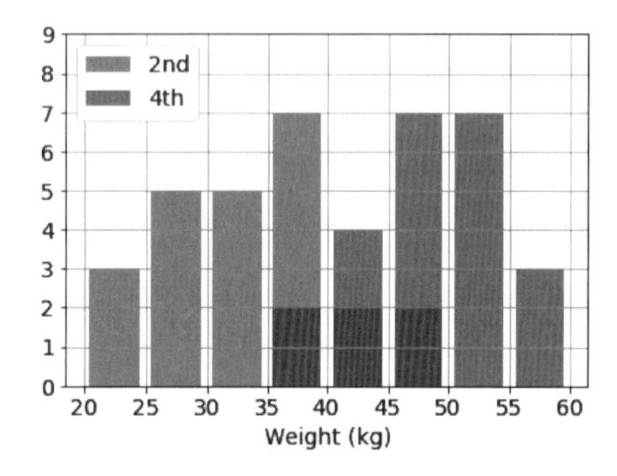

계급 값 구하기

계급 값은 계급의 양 끝의 합을 2로 나눈 값이며 즉, 평균 값입니다. 이번 예제에서 계급 값은 22.5, 27.5, 32.5, 37.5, 42.5, 47.5가 됩니다.

```
>>> print (bins)
[20 25 30 35 40 45 50]

>>> size_bins = (bins[1]-bins[0])/2       # 각 구간의 차이
>>> bins_mean = bins[:-1]+size_bins       # 각 구간의 중간값 구하기
>>> print(bins_mean)      # 각 구간의 중간값
[ 22.5  27.5  32.5  37.5  42.5  47.5]
>>> accumul_weight = []  # 누적 도수
>>> previous = 0
>>> for i in hist:
        previous += i
        accumul_weight.append(previous)
```

```
>>> print(accumul_weight)
>>> plt.figure()
>>> plt.scatter(bins_mean, accumul_weight)
```

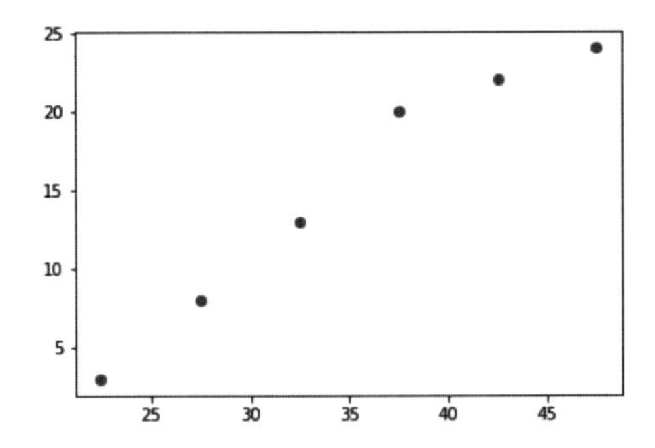

구간별 평균 구하기

$평균 = \frac{계급\ 값 \times 도수의\ 총합}{도수의\ 총합}$ 을 구하려면, [3,5,5,7,2,2]와 [22.5, 27.5, 32.5, 37.5, 42.5, 47.5]를 각각 곱하면 되겠죠?

이는 array로 바꾼 다음 np.multiply를 이용하면 각각 곱할 수 있습니다.

```
>>> bins_average = np.multiply(np.array(hist), np.array(bins_mean))
>>> print(bins_average)
[  67.5  137.5  162.5  262.5   85.    95. ]
```

이로부터 평균을 구하면 다음과 같습니다.

```
>>> average = sum(bins_average)/total_number
>>> print(average)
33.75
```

이 33.75는 대표되는 계급 값으로부터 도출된 결과이며, 이를 실제 평균과 비교해 보겠습니다. 평균을 구하는 방법은 np.mean을 쓰면 됩니다. 앞에서 구한 값과 약간의 차이가 있습니다.

```
>>> np.mean(weight)
33.375
```

연습문제

5-01 다음 그림은 A반 학생들의 키를 히스토그램으로 그린 것입니다. 키가 160cm 미만인 학생은 전체 몇 %인가요?

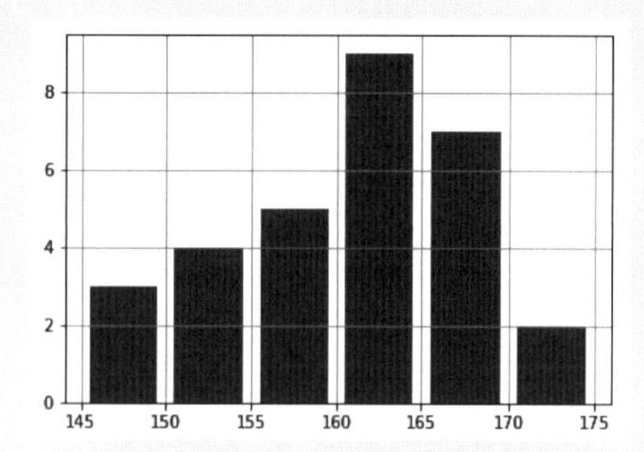

※ 정답은 py 파일(05\연습 문제 폴더) 또는 ipynb 파일에서 확인하세요.

Chapter

04 경우의 수

수학

01 경우의 수 찾기

파이썬에서는 경우의 수를 찾을 때 도움이 되는 itertools가 있습니다.

※ 소스 : 05\5_8.py

```
>>> import itertools
```

경우의 수는 딱 두 가지를 따져 봐야 합니다.

① 순서가 중요한가? 안 중요한가?
② 중복이 허용되는가? 안 되는가?

순서는 중요하고, 중복은 허용 안 될 때

예를 들어 1부터 5까지 쓰인 깃발을 두 번 뽑을 때 경우의 수는 순서는 중요하고, 중복은 허용되지 않습니다. 이럴 때 itertools.permutations를 이용합니다. permutation은 순열이라고 합니다.

```
>>> event = list(itertools.permutations(range(1,6), 2))
>>> event
[(1, 2), (1, 3), (1, 4), (1, 5), (2, 1), (2, 3), (2, 4), (2, 5), (3, 1), (3, 2),
(3, 4), (3, 5), (4, 1), (4, 2), (4, 3), (4, 5), (5, 1), (5, 2), (5, 3), (5, 4)]

 >>> len(event)
20
```

permutation(순열)일 경우 총 경우의 수는 n개 중에 k개를 뽑는다 하면 다음과 같습니다.

$$경우의\ 수 = \frac{n!}{(n-k)!}$$

$$n! = n \times (n-1) \times (n-2) \times \cdots 2 \times 1$$

앞의 경우 5개 중에 2개를 뽑았으니 $\frac{5!}{(5-2)!} = \frac{5 \times 4 \times 3 \times 2 \times 1}{3 \times 2 \times 1} = 5 \times 4 = 20$이 됩니다.

순서는 중요하고, 중복은 허용될 때

주사위를 두 번 던져 나오는 경우의 수는 순서는 중요하고, 중복은 허용됩니다. itertools.product을 이용합니다.

※ 소스 : 05\5_9.py

```
>>> event = list(itertools.product([1,2,3,4,5,6], [1,2,3,4,5,6]))
>>> len(event)
36
```

이 경우 경우의 수는 가능한 횟수[2]가 됩니다.
위의 경우 $6^2 = 36$이 됩니다.

순서는 중요하지 않고, 중복은 허용 안 될 때

1, 2, 3, 4가 적혀 있는 카드 중 2개를 뽑을 때 뽑힌 카드의 경우의 수는 itertools.combinations를 사용합니다. combination은 '조합'이라는 의미입니다.

※ 소스 : 05\5_10.py

```
>>> list(itertools.combinations([1,2,3,4], 2))
[(1, 2), (1, 3), (1, 4), (2, 3), (2, 4), (3, 4)]
```

n개 중에 k개를 뽑는 combination(조합)의 총 경우의 수는 다음과 같습니다.

$$\text{경우의 수} = \frac{n!}{(n-k)!k!}$$

위의 경우 4개 중 2개를 뽑았으니 총 6개가 됩니다.

$$\frac{4!}{(4-2)!2!} = 4 \times 3 \div 2 = 6$$

순서는 중요하지 않고, 중복은 허용될 때

1, 2, 3, 4가 적힌 카드 두 쌍에서 하나씩 뽑을 때는 itertools.combinations_with_replacement를 사용합니다.

※ 소스 : 05\5_11.py

```
>>> list(itertools.combinations_with_replacement([1,2,3,4], 2))
[(1, 1), (1, 2), (1, 3), (1, 4), (2, 2), (2, 3), (2, 4), (3, 3), (3, 4), (4, 4)]
```

'순서는 중요하지 않고 중복이 허용될 때' 경우의 수는 $n^2/2$이며, 앞의 경우 $4^2/2 = 8$이 됩니다.
'순서는 중요하고 중복이 허용될 때' 경우의 수에서 같은 패가 나오는 경우는 하나로 치기 때문에 2로 나눠 줘야 합니다.

02 확률 구하기

확률은 전체 경우의 수 중에서 해당 조건의 경우의 수의 비율입니다.
예제로 공부해 보겠습니다. 주사위를 두 번 던져 합이 소수가 나올 경우의 수 및 확률을 구하세요. 소수 판별기 코딩 함수를 불러오겠습니다.

※ 소스 : 05\5_12.py

```
>>> def is_prime2(a):      # 소수를 판별하는 함수
        b = range(2, a)    # 2부터 a-1까지의 리스트
        c = 0
        for i in b:
            if a % i == 0:
                c += 1
        if c > 0:
            d = False
        else:
            d = True
        return d

>>> add_prime = []
>>> for i in range(1,7):
        for j in range(1,7):
            if is_prime2(i + j):
                add_prime.append((i,j))
>>> print (add_prime)
[(1, 1), (1, 2), (1, 4), (1, 6), (2, 1), (2, 3), (2, 5), (3, 2), (3, 4), (4, 1),
(4, 3), (5, 2), (5, 6), (6, 1), (6, 5)]
```

경우의 수는 다음과 같습니다.

```
>>> n = len(add_prime)
>>> p = Fraction(n,36)
>>> print (n)
>>> print (p)
15
5/12
```

이를 itertools로 구해 보면 다음과 같습니다.

```
>>> total = list(itertools.product([1,2,3,4,5,6], [1,2,3,4,5,6]))
>>> a = [i for i in total if is_prime2(sum(i))]
>>> a
[(1, 1), (1, 2), (1, 4), (1, 6), (2, 1), (2, 3), (2, 5), (3, 2), (3, 4), (4, 1),
(4, 3), (5, 2), (5, 6), (6, 1), (6, 5)]
>>> Fraction(len(a), len(total))
5/12
```

연습문제

5-02 자기 자신을 제외한 모든 양의 약수들의 합이 자기 자신이 되는 자연수를 완전수라고 합니다. 예를 들면, 6과 28은 완전수입니다.

- 6=1+2+3 (1, 2, 3은 각각 6의 약수)
- 28=1+2+4+7+14 (1, 2, 4, 7, 14는 각각 28의 약수)

2000 이하의 수 중에서 완전수를 찾으세요.

5-03 10 미만의 자연수에서 3과 5의 배수들을 구하면 3, 5, 6, 9입니다. 이들의 총합은 23입니다. 1000 미만의 자연수에서 3, 5 배수의 총합을 구하세요.

5-04 500원짜리 동전이 3개, 100원짜리 동전이 7개, 50원짜리 동전이 2개, 10원짜리 동전이 6개 있습니다. 이 조합으로 만들 수 있는 금액의 경우의 수를 구하세요(0원도 가능).

5-05 1, 2, 3, 4, 5가 적힌 다섯 장의 카드가 있습니다. 1은 2보다 왼쪽에, 3은 2보다 오른쪽에 있을 확률을 구하세요.

5-06 20개의 제비 중에 5개의 당첨 제비가 들어 있습니다. 이 중에서 3개의 제비를 뽑을 때, 다음 확률을 구하세요.

① 3개 모두가 당첨 제비가 아닐 확률

② 적어도 1개가 당첨 제비일 확률

5-07 로또는 1부터 45까지의 숫자로 되어 있습니다. 이 중 6개가 맞아야 1등입니다. 당첨 확률을 구하세요.

5-08 주사위를 다섯 번 던져, 합계가 15일 경우의 수를 구하세요.

5-09 주머니 안에 0, 0, 1, 1, 1, 2, 2, 3, 4, 5가 쓰인 카드가 있습니다. 이 카드를 잘 섞어서 세 장의 카드를 동시에 뽑을 때 다음을 구하세요.

① 세 장의 카드에 적힌 숫자의 곱이 1이 될 확률

② 세 장의 카드에 적힌 숫자의 곱이 2 이상일 확률

5-10 크기가 다른 2개의 주사위를 동시에 던져 나온 눈의 수를 각각 x, y라고 할 때, 다음 물음에 답하세요.

① $x+y \leq 6$을 만족하는 확률

② $x-y=3$일 확률

③ $y=x-2,\ y>-x+7$을 동시에 만족하는 확률

※ 정답은 py 파일(05\연습 문제 폴더) 또는 ipynb 파일에서 확인하세요.

03 기대 값 구하기

기대 값은 'A의 값×A가 나올 확률'입니다.

주사위 1개를 던졌을 때 기대값은 $3.5(=\frac{1}{6}\times1+\frac{1}{6}\times2+\frac{1}{6}\times3+\frac{1}{6}\times4+\frac{1}{6}\times5+\frac{1}{6}\times6)$입니다.
예제로 공부해 보겠습니다.
2개의 주사위를 동시에 던질 때, 나온 눈의 차의 기대 값을 구하겠습니다.
차는 0, 1, 2, 3, 4, 5인 경우가 있으며 각각의 경우의 수는 6, 10, 8, 6, 4, 2개가 있습니다.
따라서 기대 값은 다음과 같습니다.

$$0\times\frac{6}{36}+1\times\frac{10}{36}+2\times\frac{8}{36}+3\times\frac{6}{36}+4\times\frac{4}{36}+5\times\frac{2}{36}=\frac{35}{18}$$

Chapter

05 통계

수학

통계는 여러 데이터로부터 의미 있는 숫자를 뽑는 학문입니다. 의미 있는 대표 값으로 평균, 중앙 값, 최빈값이 있고 또한 데이터의 산포(분포)를 나타내는 분산과 표준편차가 있습니다. 또한 2개의 다른 데이터로부터 얼마나 유사한지를 배우는 상관관계가 있습니다. 키가 큰 사람은 몸무게도 많이 나갈 것이라 예상할 수 있습니다. 이때 키와 몸무게는 양의 상관관계가 있다고 할 수 있습니다.

① 대표 값

② 평균 = $\frac{\text{계급 값}\times\text{도수의 총합}}{\text{도수의 총합}}$

③ 중앙 값 : 위에서 혹은 아래부터 차례로 나열했을 때 가운데 있는 값

④ 최빈값 : 가장 빈도수가 높은 값

⑤ 분산 = $\frac{1}{n}[(x_1-m)^2+(x_2-m)^2+\cdots+(x_n-m)^2]$ (m은 평균)

⑥ 표준편차 = ($\sqrt{\text{분산}}$)

01 numpy의 average로 평균 구하기

x가 2, 6, 6, 8, 8, 10일 때 평균을 코딩하는 방법은 다음과 같습니다.

※ 소스 : 05\5_13.py

```
>>> x = 2,6,6,8,8,10
>>> length = len(x)
>>> average = sum(x)/length     # 혹은 sum(x)/len(x)이어도 동일한 결과
>>> print (average)
6.666666666666667
```

또는 함수로 만들 수 있습니다.

```
>>> def average(x):
        return sum(x)/len(x)

>>> average(x)
6.666666666666667
```

짧은 함수니깐, lambda를 써서 구할 수도 있겠네요.

```
>>> average2 = lambda a:sum(a)/len(a)
>>> average2(x)
6.666666666666667
```

하지만 파이썬에는 이미 평균을 구하는 함수가 있습니다. numpy의 average( )를 이용하면 됩니다.

```
>>> np.average(x)
6.666666666666667
```

02 numpy의 median으로 중앙 값 찾기

여러 숫자의 중앙 값을 찾아보겠습니다. 우선 정렬합니다.

※ 소스 : 05\5_14.py

```
>>> x = [9,3,5,2,7,2,6,6,7,7,8,8,10]
>>> x.sort()
>>> x
[2, 2, 3, 5, 6, 6, 7, 7, 7, 8, 8, 9, 10]
```

다음과 같이 구하면 됩니다.

```
>>> n = len(x)
>>> middle_number = n//2

>>> print ('원소 개수 : {}'.format(n))
>>> print ('중앙은 {}번째 원소'.format(middle_number))
>>> print ('그래서 중앙 값은 {}'.format(x[middle_number]))
원소 개수 : 13
중앙은 6번째 원소
그래서 중앙 값은 7
```

다음과 같이 간단하게 numpy의 median을 이용해도 됩니다.

```
>>> np.median(x)        # median은 중앙 값이라는 뜻
7,0
```

03 numpy의 bincount와 argmax로 최빈값 찾기

최빈값은 가장 많이 나오는 원소입니다.

※ 소스 : 05\5_15.py

```
>>> np.bincount(x).argmax()
7
```

우선 최빈값을 dictionary라는 자료형을 통해서 만들어 보겠습니다.

x = [9,3,5,2,7,2,6,6,7,7,8,8,10]에서 {2:2의 개수, 3:3의 개수, ……} 이런 형태로 만들어 보겠습니다.

x{원소 : 빈도} 이런 식으로 dictionary를 만들면 되겠죠?

※ 소스 : 05\5_16.py

```
>>> x = [9,3,5,2,7,2,6,6,7,7,8,8,10]
>>> frequency = {}
>>> max_n = 0
>>> for i in x:
        frequency[i] = x.count(i)  # 일단 숫자별로 count를 합니다.

>>> for j in frequency:
        print (j,frequency[j])
        if frequency[j] > max_n:
            max_n = frequency[j]
            max_key = j
>>> print ('최빈수는 {}'.format(max_key))
9 1
3 1
5 1
2 2
7 3
6 2
8 2
10 1
최빈수는 7
```

하지만 numpy의 bincount와 argmax로 쉽게 만들 수 있습니다.

bincount는 x = [9,3,5,2,7,2,6,6,7,7,8,8,10]에서 0부터 최대 10까지 숫자가 몇 개 있는지 array로 돌려 줍니다.

```
>>> np.bincount(x)
array([0 0 2 1 0 1 2 3 2 1 1])
```

0, 1은 없으니 0, 2는 2개, 3은 1개, 4는 0개 이런 식으로 돌려 줍니다.

그 다음 argmax는 최대값이 어떤 원소인지를 가르쳐 줍니다.

```
>>> np.bincount(x).argmax()
7
```

04 numpy의 var와 std로 분산과 표준편차 구하기

자료들이 얼마나 넓게 분포되어 있는지 분포상태를 알려주는 지표로 분산이 있습니다. 분산이 크면 분포가 크게 되어 있다는 뜻입니다. 편차는 변량(분산의 측정, 표준편차의 제곱)에서 평균을 뺀 값입니다.

편차 = 변량 − 평균

각 변량의 편차를 제곱한 값들의 평균을 분산이라 하고, 분산의 제곱근을 표준편차라고 합니다. 따라서 표준편차가 커도 분포가 넓다는 의미입니다. 평균을 m, 변량의 개수를 n이라 할 때, 분산은 다음과 같이 구할 수 있습니다.

분산 = $\frac{1}{n}[(x_1-m)^2+(x_2-m)^2+\cdots+(x_n-m)^2]$

표준편차 = $\sqrt{\text{분산}}$

다음 값의 분산을 구해 볼까요?

※ 소스 : 05\5_17.py

```
>>> x = 0, 1, 3, 6, 12, 13, 10, 7, 5, 1
```

우선 평균을 구합니다.

```
>>> mean = np.average(x)
>>> print(mean)
5.8

>>> variance = 0
>>> for i in range(len(x)):
        variance += (x[i]-mean)**2   # (값 - 평균)의 제곱
>>> variance /= len(x)
>>> std= np.sqrt(variance)

>>> print ('분산 : {}'.format(variance))
>>> print ('표준편차 : {}'.format(std))
분산 : 19.759999999999998
표준편차 : 4.445222154178573
```

이번엔 numpy에서 분산을 구하는 var와 표준편차를 구하는 std를 이용해 보겠습니다.

```
>>> np.var(x)
19.759999999999998
>>> np.std(x)
4.4452221541785732
```

연습문제

5-11 5개의 변량 4, 10, x, y, 5의 평균이 6이고 분산이 4.4일 때, x^2+y^2 값을 구하세요.
(이 문제는 코딩이 아닌 수학 문제입니다.)

5-12 주사위를 2번 던져서, 처음 나온 숫자를 x, 두 번째 나온 숫자를 y라 할 때, x−y의 분산을 구하세요.

5-13 다음과 같은 2개의 히스토그램이 있습니다. 평균과 표준편차가 큰 쪽을 고르세요.

```
>>> bin = np.arange(-120, 120, 10)
>>> hist1 = np.random.normal(0, 30, 1000)
>>> hist2 = np.random.normal(10, 20, 1000)
>>> plt.hist(hist1, bin, alpha = 0.5, rwidth = 0.8)
>>> plt.hist(hist2, bin, alpha = 0.5, rwidth = 0.8)
>>> plt.grid()
```

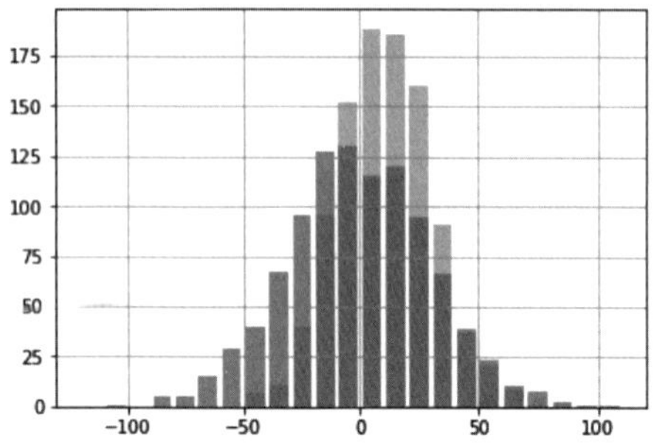

※ 정답은 py 파일(05\연습 문제 폴더) 또는 ipynb 파일에서 확인하세요.

numpy의 average, median, bincount.argmax, var, std로 많이 쓰이니 꼭 알아두시기 바랍니다.

Chapter

06 데이터 분석 - 2018 월드컵

분석

요즘만큼 데이터 분석가의 수요가 높고 몸값이 높을 때가 없습니다. 아마 미래에는 이 데이터 분석가를 더 필요로 하게 될 것이고 특정 분야뿐만 아니라 모든 분야에서도 더욱 중요해질 것입니다.
다음 예를 통해 데이터 분석에 흥미를 느꼈으면 좋겠습니다.

01 2018 월드컵 데이터 분석하기

pandas로 2018 월드컵 데이터를 분석해 보겠습니다. 우선 데이터를 읽어야 합니다.
'https://www.kaggle.com/mathan/fifa-2018-match-statistics/version/20#'에서 'FIFA 2018 Statistics.csv'를 다운로드하여 자료로 사용하겠습니다. 해당 파일은 예제 폴더에서도 제공합니다.

02 CSV 파일 불러오기

데이터는 CSV 파일로 저장되어 있으며 데이터마다 큰 칸(Tab) 띄우기로 구분되어 있습니다. 이 CSV 파일은 마이크로소프트의 엑셀로도 잘 읽힙니다.
CSV 파일을 읽고 도수분포표로 만드는 판다스 데이터 분석 모듈을 먼저 불러오겠습니다.

※ 소스 : 05\5_18.py

```
>>> import pandas as pd
```

그 다음 csv를 읽는 명령어인 'pd.read_csv( )' 안에 작은 따옴표를 붙이고 그 안에 folder명/파일명을 추가하면 됩니다.

```
>>> df = pd.read_csv('/Users/KP/Google/Python 4 - education/FIFA 2018 Statistics.
csv')
```

df라는 표 안에 CSV 파일 내용을 저장했습니다. 이를 확인해 볼까요?

```
>>> df
```

	Date	Team	Opponent	Goal Scored	Ball Possession %	Attempts	On-Target	Off-Target	Blocked	Corners	...	Yellow Card	Yellow & Red	Red	Man of the Match	1st Goal	Round	PSO	G
0	14-06-2018	Russia	Saudi Arabia	5	40	13	7	3	3	6	...	0	0	0	Yes	12.0	Group Stage	No	
1	14-06-2018	Saudi Arabia	Russia	0	60	6	0	3	3	2	...	0	0	0	No	NaN	Group Stage	No	
2	15-06-2018	Egypt	Uruguay	0	43	8	3	3	2	0	...	2	0	0	No	NaN	Group Stage	No	
3	15-06-2018	Uruguay	Egypt	1	57	14	4	6	4	5	...	0	0	0	Yes	89.0	Group Stage	No	

위와 같이 나왔습니다. 이 df가 어떤 자료형인지 확인해 볼까요?

```
>>> type(df)
pandas.core.frame.DataFrame
```

판다스의 DataFrame인 것을 확인하였습니다. 파이썬에서 이와 같이 표로 된 자료가 많은 경우 판다스 모듈의 DataFrame을 활용합니다.

DataFrame은 columns(항목)와 index(색인)로 구성되어 있습니다.

```
>>> df.columns
Index(['Date', 'Team', 'Opponent', 'Goal Scored', 'Ball Possession %',
       'Attempts', 'On-Target', 'Off-Target', 'Blocked', 'Corners', 'Offsides',
       'Free Kicks', 'Saves', 'Pass Accuracy %', 'Passes',
       'Distance Covered (Kms)', 'Fouls Committed', 'Yellow Card',
       'Yellow & Red', 'Red', 'Man of the Match', '1st Goal', 'Round', 'PSO',
       'Goals in PSO', 'Own goals', 'Own goal Time'],
      dtype='object')
```

다음과 같이 어떤 항목인지 구별이 가능합니다.

```
>>> df.columns[1]
'Team'
```

각 항목에 숫자를 통해 개별적 접근이 가능합니다.

※ 소스 : 05\5_19.py

```
>>> df.index
RangeIndex(start=0, stop=128, step=1)
```

index는 0부터 128까지 숫자로 되어 있음을 알 수 있습니다. 처음 세 줄을 읽어 보겠습니다.

```
>>> df[:3]
```

	Date	Team	Opponent	Goal Scored	Ball Possession %	Attempts	On-Target	Off-Target	Blocked	Corners	...	Yellow Card	Yellow & Red	Red	Man of the Match	1st Goal	Round	PSO	Goals in PSO
0	14-06-2018	Russia	Saudi Arabia	5	40	13	7	3	3	6	...	0	0	0	Yes	12.0	Group Stage	No	0
1	14-06-2018	Saudi Arabia	Russia	0	60	6	0	3	3	2	...	0	0	0	No	NaN	Group Stage	No	0
2	15-06-2018	Egypt	Uruguay	0	43	8	3	3	2	0	...	2	0	0	No	NaN	Group Stage	No	0

3 rows × 27 columns

click to expand output; dou

맨 앞에 0, 1, 2라고 indexing이 되어 있네요. 이로부터 리스트의 index하여 불러오는 것처럼, 자료를 선택적으로 불러올 수 있습니다. 또한 head나 tail을 써서 처음 혹은 마지막 부분의 데이터를 읽을 수도 있습니다. 다음과 같이 head( )를 쓰면 처음 4개만 불러옵니다.

```
>>> df.head(4)
```

	Date	Team	Opponent	Goal Scored	Ball Possession %	Attempts	On-Target	Off-Target	Blocked	Corners	...	Yellow Card	Yellow & Red	Red	Man of the Match	1st Goal	Round	PSO	Goals in PSO
0	14-06-2018	Russia	Saudi Arabia	5	40	13	7	3	3	6	...	0	0	0	Yes	12.0	Group Stage	No	0
1	14-06-2018	Saudi Arabia	Russia	0	60	6	0	3	3	2	...	0	0	0	No	NaN	Group Stage	No	0
2	15-06-2018	Egypt	Uruguay	0	43	8	3	3	2	[illegible]	[illegible]	[illegible]	[illegible]	[illegible]	[illegible]	NaN	Group Stage	No	0
3	15-06-2018	Uruguay	Egypt	1	57	14	4	6	4	5	...	0	0	0	Yes	89.0	Group Stage	No	0

click to expand output; double click to hide output

4 rows × 27 columns

tail( )을 써서 마지막 데이터 역시 불러올 수 있습니다. head( )나 tail( )의 ( ) 안에 숫자를 지정하지 않으면 5개의 데이터를 불러옵니다.

```
>>> df.tail()
```

click to expand output; double click to hide output

	Date	Team	Opponent	Scored	Ball Possession %	Attempts	On-Target	Off-Target	Blocked	Corners	...	Yellow Card	Yellow & Red	Red	Man of the Match	1st Goal	Round	PSO
123	11-07-2018	England	Croatia	1	46	11	1	6	4	4	...	1	0	0	No	5.0	Semi-Finals	No
124	14-07-2018	Belgium	England	2	43	12	4	3	5	4	...	1	0	0	Yes	4.0	3rd Place	No
125	14-07-2018	England	Belgium	0	57	15	5	7	3	5	...	2	0	0	No	NaN	3rd Place	No
126	15-07-2018	France	Croatia	4	39	8	6	1	1	2	...	2	0	0	Yes	18.0	Final	No
127	15-07-2018	Croatia	France	2	61	15	3	8	4	6	...	1	0	0	No	28.0	Final	No

5 rows × 27 columns

0부터 128개 경기 결과에 대한 자료가 있습니다. 하지만 잘 보면 0과 1이 러시아와 사우디아라비아의 경기인데, 0번 데이터는 러시아 경기를 나타낸 것이고, 1번 데이터는 사우디아라비아의 경기를 나타낸 것입니다.

즉, 실제 경기는 64번이었으며, 각 팀별 스탯을 구분하려고 2개로 나눈 것을 알 수 있습니다. 다음과 같이 [ ] 안에 항목 이름을 넣어서 그 항목의 원소들만 불러올 수도 있습니다.

※ 소스 : 05\5_20.py

```
>>> df['Team']
0             Russia
1       Saudi Arabia
2              Egypt
…
126           France
127          Croatia
Name: Team, Length: 128, dtype: object
```

총 몇 골이 나왔는지 확인하려면 sum( )으로 전체 합을 구할 수 있습니다.

```
>>> df['Goal Scored'].sum()
169
```

mean( )으로 평균 골을 구할 수 있습니다. 경기당 1.32골이 나왔네요.

```
>>> df['Goal Scored'].mean()
1.3203125
```

표준편차를 알아볼까요?

```
>>> df['Goal Scored'].std()
1.156519307858204
```

다음은 한국 팀의 스탯을 확인해 보겠습니다. 한국 팀의 경기만 추려서 보려면 index를 Team으로 바꿔야겠죠. '.set_index'로 바꿀 수 있습니다.

※ 소스 : 05\5_21.py

```
>>> df.set_index('Team')
```

Team	Date	Opponent	Goal Scored	Ball Possession %	Attempts	On-Target	Off-Target	Blocked	Corners	Offsides	...	Yellow Card	Yellow & Red	Red	Man of the Match	1st Goal	Round
Russia	14-06-2018	Saudi Arabia	5	40	13	7	3	3	6	3	...	0	0	0	Yes	12.0	Group Stage
Saudi Arabia	14-06-2018	Russia	0	60	6	0	3	3	2	1	...	0	0	0	No	NaN	Group Stage
Egypt	15-06-2018	Uruguay	0	43	8	3	3	2	0	1	...	2	0	0	No	NaN	Group Stage
Uruguay	15-06-2018	Egypt	1	57	14	4	6	4	5	1	...	0	0	0	Yes	89.0	Group Stage

click to unscroll output; double click to hide

다음과 같이 index를 Team으로 바꿔 놓고 Korea Republic 결과만을 찾을 수 있습니다.

```
>>> df.set_index('Team').loc['Korea Republic']
```

Team	Date	Opponent	Goal Scored	Ball Possession %	Attempts	On-Target	Off-Target	Blocked	Corners	Offsides	...	Yellow Card	Yellow & Red	Red	Man of the Match	1st Goal	Round	PSO
Korea Republic	18-06-2018	Sweden	0	48	5	0	2	3	5	0	...	2	0	0	No	NaN	Group Stage	No
Korea Republic	23-06-2018	Mexico	1	41	17	6	2	9	7	0	...	4	0	0	No	90.0	Group Stage	No
Korea Republic	27-06-2018	Germany	2	30	11	5	5	1	3	0	...	4	0	0	Yes	90.0	Group Stage	No

3 rows × 26 columns

그럼 이 스탯의 평균, 표준편차를 구해 볼까요?

```
>>> df.set_index('Team').loc['Korea Republic'].mean()
Goal Scored                   1.000000
Ball Possession %            39.666667
Attempts                     11.000000
On-Target                     3.666667
Off-Target                    3.000000
Blocked                       4.333333
Corners                       5.000000
Offsides                      0.000000
Free Kicks                   12.000000
Saves                         4.333333
Pass Accuracy %              78.333333
Passes                      311.333333
Distance Covered (Kms)      106.666667
Fouls Committed              21.000000
Yellow Card                   3.333333
Yellow & Red                  0.000000
Red                           0.000000
1st Goal                     90.000000
Goals in PSO                  0.000000
Own goals                          NaN
Own goal Time                      NaN
dtype: float64

>>> df.set_index('Team').loc['Korea Republic'].std()
Goal Scored                  1.000000
Ball Possession %            9.073772
Attempts                     6.000000
On-Target                    3.214550
Off-Target                   1.732051
Blocked                      4.163332
Corners                      2.000000
Offsides                     0.000000
Free Kicks                   7.810250
Saves                        2.309401
Pass Accuracy %              4.041452
Passes                      64.423081
Distance Covered (Kms)      10.016653
Fouls Committed              4.358899
```

```
Yellow Card                    1.154701
Yellow & Red                   0.000000
Red                            0.000000
1st Goal                       0.000000
Goals in PSO                   0.000000
Own goals                           NaN
Own goal Time                       NaN
dtype: float64
```

평균적으로 한 골을 넣고, 슈팅 기회는 열한 번 중에 골대 안으로 3.67번, 바깥으로 3번, 골기퍼한테 4.3번 꼴로 막혔습니다.

03 국가별 정리하기

국가별 스탯을 정리해 보겠습니다.

※ 소스 : 05\5_22.py

```
>>> team_list = df.set_index('Team').index
>>> team_list
Index(['Russia', 'Saudi Arabia', 'Egypt', 'Uruguay', 'Morocco', 'Iran',
       'Portugal', 'Spain', 'France', 'Australia',
       ...
       'Russia', 'Croatia', 'France', 'Belgium', 'Croatia', 'England',
       'Belgium', 'England', 'France', 'Croatia'],
      dtype='object', name='Team', length=128)
```

중복되는 나라 이름을 빼기 위해 나라 이름을 뽑은 다음 스탯을 정리하겠습니다.

```
>>> team = []
>>> for i in team_list:
>>>     if i not in team:
>>>         team.append(i)
>>> team
 ['Russia',
 'Saudi Arabia',
 'Egypt',
......
 'Japan',
```

```
 'Poland',
 'Senegal']
```

데이터에 대한 접근 key를 나라 이름으로 하려면 dictionary 자료형으로 만드는 게 좋겠죠?

```
>>> team_summary = {}
>>> for i in range(len(team)):
>>>     team_summary[team[i]] = df.set_index('Team').loc[team[i]].mean()

>>> team_summary['Korea Republic']
Goal Scored                 1.000000
Ball Possession %          39.666667
Attempts                   11.000000
......
Own goals                        NaN
Own goal Time                    NaN
dtype: float64

>>> team_summary['France']
Goal Scored                 2.000000
Ball Possession %          47.857143
Attempts                   11.714286
......
Own goals                   1.000000
Own goal Time              18.000000
dtype: float64
```

나라 중 가장 파울을 많이 범한 나라를 찾아볼까요? 13번째가 Fouls committed입니다.

```
>>> team_summary['Korea Republic'][13]
21.0
```

이 데이터만 모아 보고, 가장 파울을 많이 한 나라를 찾아보겠습니다.

```
>>> fouls = {}
>>> goals = {}
>>> possession = {}
>>> distance = {}
>>> yellow_and_red = {}
>>> pass_accuracy = {}

>>> for i in range(len(team)):
        fouls[team[i]] = team_summary[team[i]][13]
        goals[team[i]] = team_summary[team[i]][0]
        possession[team[i]] = team_summary[team[i]][1]
        pass_accuracy[team[i]] = team_summary[team[i]][9]
        distance[team[i]] = team_summary[team[i]][11]
        yellow_and_red[team[i]] = team_summary[team[i]][15]

>>> fouls
{'Argentina': 13.75,
 'Australia': 12.333333333333334,
 'Belgium': 14.142857142857142,
 'Brazil': 10.0,
 'Colombia': 15.75,
 'Costa Rica': 14.333333333333334,
 'Croatia': 16.285714285714285,
 'Denmark': 13.5,
 'Egypt': 12.666666666666666,
 'England': 10.285714285714286,
 'France': 13.285714285714286,
 'Germany': 9.666666666666661,
 'Iceland': 11.666666666666666,
 'Iran': 14.666666666666666,
 'Japan': 9.25,
 'Korea Republic': 21.0,
 'Mexico': 13.5,
 'Morocco': 20.666666666666668,
 'Nigeria': 15.0,
 'Panama': 16.333333333333332,
 'Peru': 12.333333333333334,
 'Poland': 10.333333333333334,
 'Portugal': 13.75,
 'Russia': 19.0,
 'Saudi Arabia': 10.0,
```

```
 'Senegal': 14.666666666666666,
 'Serbia': 15.0,
 'Spain': 8.5,
 'Sweden': 13.0,
 'Switzerland': 13.25,
 'Tunisia': 15.333333333333334,
 'Uruguay': 12.6}

>>> max(fouls, key=fouls.get)
'Korea Republic'
```

아쉽게도 한국이네요(개발 환경에 따라 순서는 다르게 출력될 수 있습니다). max는 가장 큰 값을 찾아 주며, 찾고 나서 max에 접근하는 key 값을 돌려 줍니다.

이와 같이 골, 섬유율, 패스 정확도, 뛴 거리, Yellow + Red Card가 가장 높은 나라를 찾아보겠습니다.

```
>>> print ('가장 골 많이 넣은 나라 : {}'.format(max(goals, key=goals.get)))
>>> print ('가장 점유율 높은 나라 : {}'.format(max(possession, key=possession.get)))
>>> print ('가장 패스 정확도 높은 나라 : {}'.format(max(pass_accuracy, key=pass_
accuracy.get)))
>>> print ('가장 뛴 거리가 많은 나라 : {}'.format(max(distance, key=distance.get)))
>>> print ('가장 경고 & 퇴장 많이 받은 나라 : {}'.format(max(yellow_and_red,
key=yellow_and_red.get)))
가장 골 많이 넣은 나라 : Belgium
가장 점유율 높은 나라 : Spain
가장 패스 정확도 높은 나라 : Mexico
가장 뛴 거리가 많은 나라 : Spain
가장 경고 & 퇴장 많이 받은 나라 : Germany
```

마지막으로 나름의 기준으로 가장 아름다운 축구를 한 나라를 뽑아 보겠습니다. 골은 +2, 점유율은 +0.1, 패스 정확도는 +0.15, 뛴 거리는 +0.005, 경고 및 퇴장은 −1 가중치를 부여하겠습니다.

```
>>> score = {}
>>> for i in range(len(team)):
        score[team[i]] = team_summary[team[i]][0]*2 + team_summary[team[i]][1]*0.1
+ team_summary[team[i]][9]*0.15 \
                        + team_summary[team[i]][11]*0.005 - team_summary[team[i]]
[15]
>>> score
{'Argentina': 12.518750000000001,
 'Australia': 9.375,
 'Belgium': 13.034285714285716,
 'Brazil': 11.749000000000002,
 'Colombia': 10.66625,
 'Costa Rica': 7.7116666666666669,
 'Croatia': 12.732857142857146,
 'Denmark': 8.8674999999999997,
 'Egypt': 8.2666666666666657,
 'England': 11.908571428571429,
 'France': 11.239999999999998,
 'Germany': 11.605,
 'Iceland': 6.8233333333333333,
 'Iran': 6.0149999999999988,
 'Japan': 11.330000000000002,
 'Korea Republic': 8.1733333333333338,
 'Mexico': 9.9587500000000002,
 'Morocco': 8.4100000000000001,
 'Nigeria': 8.7416666666666671,
 'Panama': 7.2983333333333338,
 'Peru': 9.0899999999999999,
 'Poland': 8.8633333333333333,
 'Portugal': 11.11875,
 'Russia': 10.254000000000001,
 'Saudi Arabia': 10.31,
 'Senegal': 8.8949999999999996,
 'Serbia': 8.3133333333333344,
 'Spain': 14.676250000000001,
 'Sweden': 8.1419999999999995,
 'Switzerland': 11.395000000000001,
 'Tunisia': 11.565000000000001,
 'Uruguay': 10.143000000000001}

>>> print ('가장 아름다운 축구를 한 나라 : {}'.format(max(score, key=score.get)))
```

```
>>> print ('가장 안 아름다운 축구를 한 나라 : {}'.format(min(score, key=score.get)))
가장 아름다운 축구를 한 나라 : Spain
가장 안 아름다운 축구를 한 나라 : Iran
```

신기하게도 침대 축구로 유명한 이란이 가장 안 아름다운 축구를 했고, 점유율 및 패스 성공률이 높은 스페인이 가장 아름다운 축구를 했다고 결과가 나왔네요. 이와 같이 데이터 파일을 불러서, 통계적 처리를 하는 것은 데이터 사이언티스트가 되는 기초가 됩니다.

앞으로 이와 같은 데이터 분석 능력은 어떤 분야에서건 꼭 필요하며, 유용하게 쓰일 능력이니, 문과이건 이과이건 알아두면 좋습니다.

판다스를 이용하여 가장 기초적인 데이터 분석을 해 보았습니다. 맛만 본 것이기 때문에 더 자세한 내용을 알고 싶으면 다음 링크를 살펴보기를 추천합니다.

- https://pandas.pydata.org/pandas-docs/stable/index.html

메모하세요

PART 6

이차방정식 및 이차함수

CODING

이차방정식은 x^2 즉, 어떤 미지수의 제곱이 포함된 방정식으로 $ax^2 + bx + c = 0$으로 표현합니다.

운이 좋게도 $x^2 - 2x + 1 = 0$의 해는 1임을 직감적으로 알 수 있지만 아닌 경우가 많습니다.
이차방정식을 푸는 방법은 다음과 같으며, 이러한 방법으로 나누어 이차방정식을 풀어보겠습니다.

① x에 하나씩 대입하기
② 식이 인수분해가 되는 경우 인수분해하여 구하기
③ 마지막으로 제곱근 공식을 이용해 찾기

[코딩] 챕터에서는 numpy의 roots로 고차방정식을 쉽게 푸는 법과 클래스를 다시 배워보겠습니다.

Chapter

01 고차방정식 해 - numpy의 roots

코딩

numpy에는 1, 2, 3 혹은 그 이상의 고차방정식을 계산하는 코딩 함수인 numpy, roots가 있습니다. $0 = ax^n + bx^{(n-1)} + cx^{(n-2)} \cdots + mx + n$이 있을 때 항의 계수인 a, b, c들을 1차원 array로 [a, b, c, ..., m, n]처럼 만들고 numpy의 roots 입력 값으로 넣으면 바로 계산됩니다. 하지만, 이러한 방법은 수학을 공부하는 데 있어서는 도움이 안 되므로, 잠시 연습해보고 지나가겠습니다.

※ 소스 : 06\6_1.py

```
>>> %matplotlib inline
>>> import numpy as np
>>> import matplotlib.pyplot as plt
>>> from fractions import Fraction
```

- $x - 3 = 0$

```
>>> np.roots([1,-3])
array([ 3.])
```

- $5x - 7 = 0$

```
>>> np.roots([5,-7])
array([ 1.4])
```

이차방정식도 마찬가지로 풀립니다.

- $3x^2 - x - 2 = 0$

```
>>> np.roots([3,-1,-2])
array([ 1.        , -0.66666667])
```

- $x^2 + 6x + 8 = 0$

```
>>> np.roots([1,6,8])
array([-4., -2.])
```

이 방법은 수학 공부에는 도움이 되지 않으니, 수학적으로 푸는 방법을 공부하겠습니다.

Chapter

02 클래스

코딩

파트 1에서 도둑을 예를 들면서 클래스를 설명하였습니다. 이번 시간엔 좀 더 자세히 알아보겠습니다. 클래스는 여러 개의 객체를 만들 수 있고, 각각의 객체들은 서로 독립적인 연산을 합니다. 즉, 도둑 캐릭터를 예로 들었는데 여러 개의 도둑 캐릭터를 만들더라도, 서로 독립적으로 게임을 할 수 있습니다. 이처럼 클래스로 만들어진 객체들은 클래스에서 설정한 연산 능력이 동일할 뿐, 서로 아무 영향을 주지 않습니다.

다음은 한 반의 학생들에 대한 생활기록부를 클래스로 만들겠습니다.

※ 소스 : 06\6_2.py

```
>>> class StudentRecord:                         # class를 정의
        def __init__(self, name, email, phone):
            self.name = name
            self.email = email
            self.phone = phone
            temp = 0
```

StudentRecord(생활기록부)라는 클래스를 만들었습니다. 클래스 안에 있는 코딩 함수를 메소드라고 합니다.

'init'라는 메소드는 클래스를 시작하자마자 실행되며 입력 값으로 이름, 이메일 주소, 전화번호를 요구합니다. 따라서, 클래스를 선언하자마자 실행에 필요한 내용을 init 안에 명시하는 게 좋습니다. 또한 파이썬 안의 메소드는 선언할 때 항상 self를 맨 처음 입력 값으로 기본적으로 써 두어야 합니다. 하지만 init 메소드는 항상 사용해야 하는 것은 아닙니다.

파트 1 집합에서 문제 생성 클래스는 init를 사용하지 않았습니다. 하지만 init를 정의하면 반드시 객체를 만들 때 init의 입력 값을 넣어줘야 합니다.

만약 다음처럼 이름, 이메일 주소, 전화번호를 쓰지 않으면 오류가 발생됩니다.

```
>>> a = StudentRecord()
TypeError                                 Traceback (most recent call last)
<ipython-input-10-71a3b804c4c6> in <module>()
----> 1 a = StudentRecord()

TypeError: __init__() missing 3 required positional arguments: 'name', 'email',
and 'phone'
```

student1, student2의 이름, 이메일주소, 전화번호 정보를 생활기록부에 성공적으로 등록하였습니다.

```
>>> student1 = StudentRecord('김똑똑', 'abc@gmail.com', '01011112222')
>>> student2 = StudentRecord('박한별', 'efg@gmail.com', '01011113333')
```

클래스를 정의할 때 변수 앞에 self가 들어가 있으면 클래스의 매개변수라고 하며 클래스 안에서 다른 메소드에서도 인식할 수 있고 클래스 밖에서도 읽을 수 있습니다.
위 예에서 이름의 정보가 매개변수(self, name 등)로 선언되었으므로 정보가 잘 들어가 있는지 확인해 보겠습니다.

```
>>> student1.name
'김똑똑'
```

반면 temp는 매개변수로 정의되지 않았으니 밖에서 읽을 수 없습니다.

```
>>> student1.temp
---------------------------------------------------------------------------
AttributeError                            Traceback (most recent call last)
<ipython-input-13-fad9e0ee5c93> in <module>()
----> 1 student1.temp

AttributeError: 'StudentRecord' object has no attribute 'temp'
```

다음은 수학, 영어 성적을 입력하는 메소드를 만들겠습니다.
클래스를 재정의했으니 다시 하겠습니다. math와 english는 수학 및 영어 성적을 입력받는 메소드이며, grade_both는 둘의 평균으로부터 최종 성적을 매기는 메소드입니다.

※ 소스 : 06\6_3.py

```
>>> class StudentRecord:
        def __init__(self, name, email, phone):
            self.name = name
            self.email = email
            self.phone = phone
        def math(self, score):
            self.math_score = score
        def english(self, score):
            self.english_score = score
        def show(self):
            print ('{}의 수학 성적은 {}, 영어 성적은 {}이다.'.format(self.name, self.
math_score, self.english_score))
        def grade_both(self):
            if np.average([self.math_score, self.english_score]) >= 90:
                self.grade = 'A'
            elif np.average([self.math_score, self.english_score]) >= 80:
                self.grade = 'B'
            else:
                self.grade = 'C'
            return self.grade
```

앞에서 김똑똑, 박한별 학생을 객체로 만든 다음 수학, 영어 점수를 각각 입력해서 제대로 입력이 되었는지 확인하겠습니다.

```
>>> student1 = StudentRecord('김똑똑', 'abc@gmail.com', '01011112222')
>>> student2 = StudentRecord('박한별', 'efg@gmail.com', '01011113333')
>>> student1.math(70)
>>> student1.english(85)
>>> student2.math(90)
>>> student2.english(80)
>>> student1.show()
>>> student2.show()
김똑똑의 수학 성적은 70, 영어 성적은 85이다.
박한별의 수학 성적은 90, 영어 성적은 80이다.
```

마지막으로 최종 성적을 확인해 보겠습니다.

```
>>> print ('{}의 최종 성적은 {}'.format(student1.name, student1.grade_both()))
>>> print ('{}의 최종 성적은 {}'.format(student2.name, student2.grade_both()))
김똑똑의 최종 성적은 C
박한별의 최종 성적은 B
```

지금까지 클래스에 대한 기본적인 내용을 알아보았습니다.

Chapter

03 이차방정식

수학

01 하나씩 대입해서 풀기

다음 예제로 공부해 보겠습니다. 이차방정식의 해 x를 일일이 대입해서 0이 되는지 확인하는 방법입니다. 다음 예제를 봅시다.

- **예제 1**

x가 −1부터 6까지일 때, $5x-x^2$을 대입하여 구하고, 그래프를 그리세요.

※ 소스 : 06\6_4.py

```
>>> x = np.arange(-2, 8)
>>> y = 5*x - x**2
>>> plt.plot(x,y)
>>> plt.grid()
```

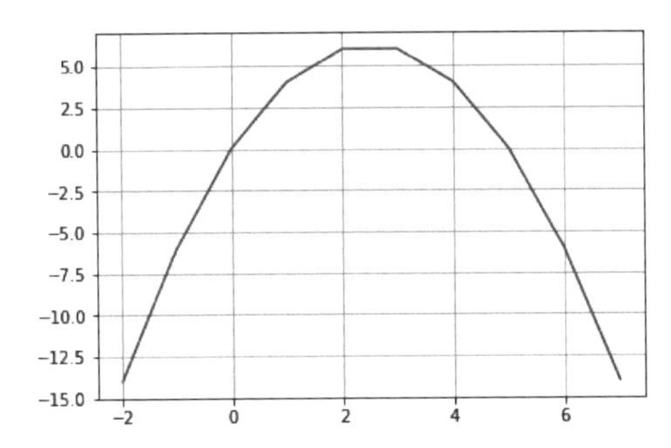

그래프로 확인을 하면 y = 0이 되는 x는 0과 5임을 알 수 있습니다. 이제 각 x에 대해 $5x-x^2$ 값을 출력해 보겠습니다.

```
>>> for i in x:
>>>     print ((i, 5*i-i**2))
(-2, -14)
(-1, -6)
(0, 0)
(1, 4)
(2, 6)
(3, 6)
(4, 4)
(5, 0)
(6, -6)
(7, -14)
```

또 다른 예제를 알아보겠습니다.

- **예제 2**

x가 집합 {−2, −1, 0, 1, 2}의 원소일 때, 이차방정식 $x^2 + x = 0$의 해를 구하시오.

※ 소스 : 06\6_5.py

```
>>> x = np.arange(-2, 3, 1)          # x는 -2, -1, 0, 1, 2

>>> for i in x:                      # x의 각 원소를 i라고 놓고
        if i**2 + i - 2 == 0:        # i에 대해 i**2 + i - 2 = 0을 만족하면
            print (i)                # i를 출력해라.
-2
1
```

답이 −2, 1로 나왔네요. 다음 문제를 풀어 보겠습니다.

- **예제 3**

$x^2 - 3x - 7 = 0$

※ 소스 : 06\6_6.py

```
>>> x = np.arange(-5, 6, 1)
>>> y = x**2 - 3*x - 7
>>> for i in x:
        print ('x = {}, y = {}'.format(i, i**2 - 3*i - 7))
>>> plt.plot(x, y)
>>> plt.grid()
```

```
x = -5, y = 33
x = -4, y = 21
x = -3, y = 11
x = -2, y = 3
x = -1, y = -3
x = 0, y = -7
x = 1, y = -9
x = 2, y = -9
x = 3, y = -7
x = 4, y = -3
x = 5, y = 3
```

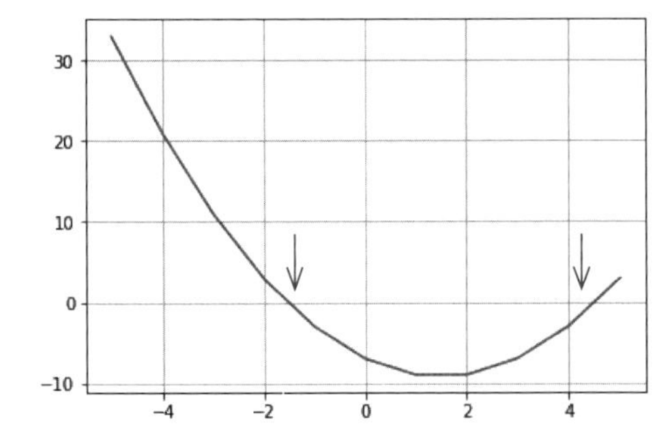

x가 정수일 때는 y = 0의 해가 없습니다. 하지만 위 그래프에서 y = 0인 x는 대략 −1.5 근처에 있고, 또한 4.5 근처에 있음을 알 수 있습니다. 따라서 x를 −1.6부터 −1.5까지, 그리고 4.4부터 4.7까지 더 촘촘히 해 보겠습니다.

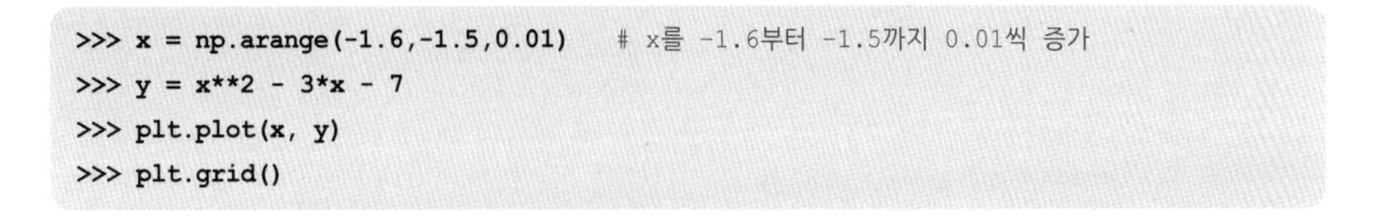

```
>>> x = np.arange(-1.6,-1.5,0.01)     # x를 -1.6부터 -1.5까지 0.01씩 증가
>>> y = x**2 - 3*x - 7
>>> plt.plot(x, y)
>>> plt.grid()
```

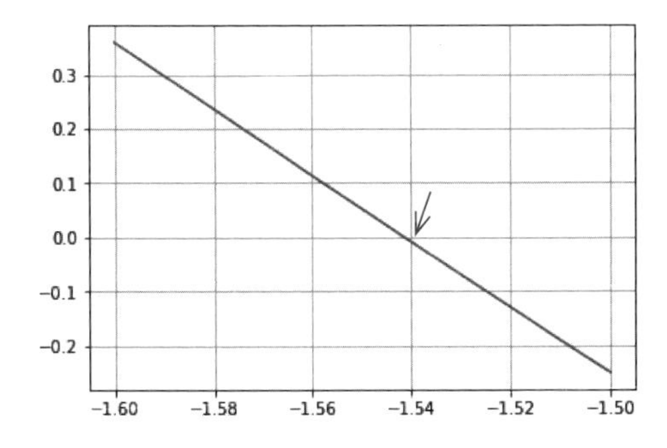

```
>>> plt.figure()
>>> x = np.arange(4.4,4.7,0.01)    # x를 4.4부터 4.7까지 0.01씩 증가
>>> y = x**2 - 3*x - 7
>>> plt.plot(x, y)
>>> plt.grid()
```

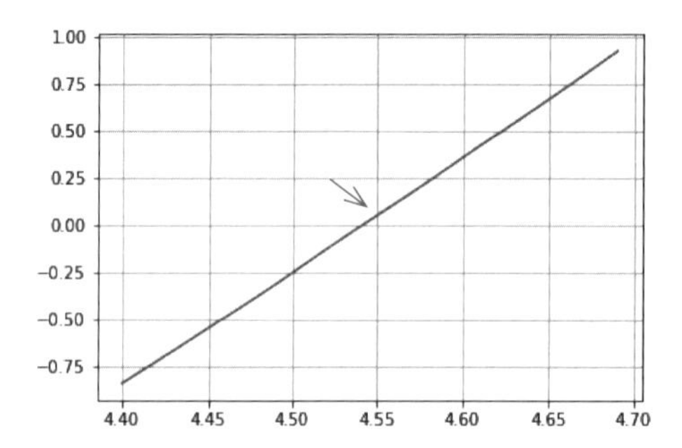

위 두 그래프에서 y = 0인 지점이 −1.54, 4.54에 가깝다는 것을 알 수 있습니다. 그래프를 보고 y = 0인 지점을 찾는 방법은 정확하지 않을 뿐만 아니라 해를 구하는 데 어려움을 겪는 경우가 있습니다. 하지만, 실제 컴퓨팅 작업에서 어려운 미분방정식을 계산할 때는 이렇게 arange를 더 촘촘히 하는 방법으로 y = 0인 값을 찾기도 합니다. 이러한 과정을 근사화 과정이라고 합니다.

이차방정식 문제 생성기 만들기

다음은 답이 정수로 떨어지는 문제입니다. 대입하는 방법으로 풀어 보겠습니다.

※ 소스 : 06\6_7.py

```
>>> class Second_order_eq:
        def __init__(self):
            print ('x = {-5부터 5까지의 정수} 다음을 이차방정식의 문제를 푸시오.')
        def question(self):
            # (x + self.a)(self+self.b) = 0의 문제를 생성
            self.c, self.d = np.random.randint(low = -5, high = 5, size = 2)
            self.a = self.c + self.d
            self.b = self.c * self.d
            print ('x^2 + {}x + {} = 0'.format(self.a, self.b))

        def answer(self):
            print ('x = {}, {}'.format(-self.c, -self.d))
```

문제를 풀고 답을 확인해 보겠습니다.

```
>>> a = Second_order_eq()
>>> a.question()
>>> a.answer()
```

02 인수분해해서 풀기

어떤 2차 방정식은 다음과 같이 인수분해가 되는 해들도 있습니다.

- $x^2 + x + -2 = (x + 1)(x - 2)$

이때 해는 $x = -1, 2$ 처럼 쉽게 구해집니다. 이렇게 답을 구하는 방법을 공부해 봅시다.
어떤 이차방정식이 다음과 같이 2개의 일차항으로 인수분해된다고 가정합니다.

- $ax^2 + bx + c = (dx + e)(fx + g)$

$a = df$이며, $c = eg$이며, $dg + ef = b$입니다. 이 관계를 만족하는 d, e, f, g를 찾으면 됩니다.
아래 예제를 풀어 보겠습니다.

- $6x^2 + 23x + 21 = 0$

6과 21의 약수를 구해 보면 다음과 같습니다.

- 6 : [1, 2, 3, 6]
- 21 : [1, 3, 7, 21]

하지만, 음수도 해가 될 수 있으니 음수의 약수도 만들어야 합니다.

- 6 : [-6, -3, -2, -1, 1, 2, 3, 6]
- 21 : [-21, -7, -3, -1, 1, 3, 7, 21]

a = df에서 a는 6이므로 6의 약수 중 d = 2를 고르면 나머지 하나는 f = 6/d = 3이 됩니다. 마찬가지로 21의 약수 중 e = 7을 고르면 나머지 하나는 g = 21/e = 3이 됩니다.
이제 $(dx + e)(fx + g)$의 d, e, f, g가 정해졌고, 23이 dg + ef가 되면 맞게 고른 것이 되겠죠? 위 과정을 코딩으로 풀어 보겠습니다.
우선 약수를 구하는 코딩 함수를 불러오겠습니다.

※ 소스 : 06\6_8.py

```
>>> def factorization(a):    # 약수 구하기 함수 (Part 2 참고)
        b = range(1, a)
        c = []
        for i in b:
            if a % i ==0:
                c.append(i)
        c.append(a)
        return c

>>> a_factor = factorization(6)
>>> c_factor = factorization(21)

>>> print (a_factor)
>>> print (c_factor)
[1, 2, 3, 6]
[1, 3, 7, 21]
```

다음은 음수의 약수를 추가하는 과정입니다.

```
>>> a_minus = list(map(lambda x: x*-1, a_factor))    # 위에서 구한 약수들 x (-1)
>>> c_minus = list(map(lambda x: x*-1, c_factor))
>>> a_factor += a_minus
>>> c_factor += c_minus

>>> print (a_factor)
>>> print (c_factor)
[1, 2, 3, 6, -1, -2, -3, -6]
[1, 3, 7, 21, -1, -3, -7, -21]
```

map(function, list)는 리스트의 각 원소에 대해 function을 수행하고 결과를 리스트로 만드는 역할을 합니다.

위 예제에서 [1, 2, 3, 6]의 1, 2, 3, 6에 대해 −1을 곱한 값을 리스트로 만들어 줍니다.

```
>>> for d in a_factor:                    # 6의 약수들을 차례로 d라 하고(음수 포함)
        for e in c_factor:                # 21의 약수들을 차례로 e라 해서(음수 포함)
            f = 6/d                       # a = df에서 a는 6임. 따라서 f = 6/d
            g = 21/e                      # c = eg에서 c는 21임. 따라서 g = 21/e
            if d*g + e*f == 23:
                if d > 0 or e > 0: # (-2x-3)(-3x-7)의 답을 피하기 위해 양수로 한정. 즉
중복 방지
                    print ('6x^2 + 23x + 21 = ({}x + {})({}x + {})'.format(d,e,f,g))
                    break
6x^2 + 23x + 21 = (2x + 3)(3.0x + 7.0)
6x^2 + 23x + 21 = (3x + 7)(2.0x + 3.0)
```

따라서 해는 −3/2, −7/3이 됩니다.

- **예제**

이차방정식 $x^2 + 12x + 32 = 0$의 해를 구하세요.

※ 소스 : 06\6_9.py

```
>>> a_factor = factorization(1)
>>> c_factor = factorization(32)

>>> print (a_factor)
>>> print (c_factor)
[1]
[1, 2, 4, 8, 16, 32]
>>> a_minus = list(map(lambda x: x*-1, a_factor))
>>> c_minus = list(map(lambda x: x*-1, c_factor))
>>> a_factor += a_minus
>>> c_factor += c_minus

>>> print (a_factor)
>>> print (c_factor)
[1, -1]
[1, 2, 4, 8, 16, 32, -1, -2, -4, -8, -16, -32]

>>> for d in a_factor:
        for e in c_factor:
            f = 1/d
            g = 32/e
            if d*g + e*f == 12:
```

```
            if d > 0 or e > 0:
                print ('x^2 + 12x + 32 = ({}x + {})({}x + {})'.format(d,e,f,g))
                break
```

$x^2+12x+32=(1x+4)(1.0x+8.0)$의 x는 -4, -8이 됩니다. 위 과정을 하나의 코딩 함수로 만들겠습니다.

※ 소스 : 06\6_10.py

```
>>> def decomposition(a,b,c):
        if c == 0:
            print ('x({}x+{})'.format(a, b))
        else:
            a_factor = factorization(a)
            c_factor = factorization(c)
            a_minus = list(map(lambda x: x*-1, a_factor))
            c_minus = list(map(lambda x: x*-1, c_factor))
            a_factor += a_minus
            c_factor += c_minus
            for d in a_factor:
                for e in c_factor:
                    f = a/d
                    g = c/e
                    if d*g + e*f == b:
                        if d > 0 or e > 0:
                            print ('{}x^2 + {}x + {} = ({}x +{})({}x+{})'.
format(a,b,c,d,e,f,g))
                            break
```

예제를 풀어 보겠습니다.

```
>>> decomposition(1,4,3)
1x^2 + 4x + 3 = (1x +1)(1.0x+3.0)
>>> decomposition(1,-3,2)
1x^2 + -3x + 2 = (1x +-1)(1.0x+-2.0)
1x^2 + -3x + 2 = (-1x +1)(-1.0x+2.0)
>>> decomposition(3,-3,0)
x(3x+-3)
>>> decomposition(1,0,-1)
1x^2 + 0x + -1 = (1x +-1)(1.0x+1.0)
1x^2 + 0x + -1 = (-1x +1)(-1.0x+-1.0)
```

03 완전제곱식을 이용한 이차방정식 풀기

완전제곱식을 이용하면 인수분해가 되지 않은 2차 방정식도 풀 수 있습니다.

다음 예제를 보겠습니다.

$$x^2 + 4x = 76$$

$$x^2 + 4x + 4 = 76 + 4$$

$$(x + 2)^2 = 80$$

$$x + 2 = \pm\sqrt{80}$$

$$x = -2 \pm \sqrt{80}$$

위 풀이 과정을 일반화해 보겠습니다.

$$ax^2 + bx + c = 0$$

$$x^2 + \frac{b}{a}x + \frac{c}{a} = 0$$

$$x^2 + \frac{b}{a}x = -\frac{c}{a}$$

$$x^2 + \frac{b}{a}x + (\frac{b}{2a})^2 = -\frac{c}{a} + (\frac{b}{2a})^2$$

$$(x + \frac{b}{2a})^2 = -\frac{c}{a} + (\frac{b}{2a})^2 = \frac{b^2 - 4ac}{4a^2}$$

$$x = -\frac{b}{2a} \pm \frac{\sqrt{b^2 - 4ac}}{2a} = \frac{-b \pm \sqrt{b^2 - 4ac}}{2a}$$

마지막 $x = \frac{-b \pm \sqrt{b^2 - 4ac}}{2a}$는 외우도록 합시다.

위 과정을 거쳐 답을 구하면 세 가지 경우가 나옵니다.

① $b^2 - 4ac > 0$인 경우, 해는 위에서 구한 것처럼 두 가지가 나옵니다.

② $b^2 - 4ac = 0$인 경우, 해는 $x = \frac{-b}{2a}$의 1개의 해가 되며 이를 중근이라고 부릅니다.

③ $b^2 - 4ac < 0$인 경우 해가 없습니다.

이를 함수로 간략하게 풀어 보겠습니다.

※ 소스 : 06\6_11.py

```
>>> def second_order_direct(a,b,c):
        if b**2 - 4*a*c < 0:    # b²-4ac<0이면 답이 없음
            print ('No answer')
        else:
            x1 = (-b + np.sqrt(b**2 - 4*a*c)) / (2*a)
            x2 = (-b - np.sqrt(b**2 - 4*a*c)) / (2*a)
        return x1, x2
```

예제를 풀어 보겠습니다.

```
>>> second_order_direct(1,-2,1)
(1.0, 1.0)
>>> second_order_direct(3,-3,0)
(1.0, 0.0)
>>> second_order_direct(4,0,-4)
(1.0, -1.0)
```

다음은 임의의 이차방정식 문제 생성기입니다.

```
>>> class Second_order:
        def __init__(self):
            print ('완전제곱식을 이용하여 다음 이차방정식을 푸시오.')
        def question(self):
            self.d = 0        # ax²+bx+c에서 계수 a가 0이 안 되게 코딩
            self.f = 0
            while self.d == 0 or self.f == 0:  # self.d, f가 0이 안될 때까지 난수 발생
                self.d, self.e, self.f, self.g = np.random.randint(-5, 6, size = 4)
            self.a = self.d * self.f
            self.b = self.e * self.f + self.d * self.g
            self.c = self.e * self.g
            print ('{}x^2 + {}x + {} = 0'.format(self.a, self.b, self.c))

        def answer(self):
            if self.b**2 - 4*self.a*self.c < 0:
                print ('No answer')
            else:
                x1 = (-self.b + np.sqrt(self.b**2 - 4*self.a*self.c)) / (2*self.a)
                x2 = (-self.b - np.sqrt(self.b**2 - 4*self.a*self.c)) / (2*self.a)
            return x1, x2
```

문제를 풀고 답을 구해 보겠습니다.

```
>>> a = Second_order()
>>> a.question()
>>> a.answer()
```

연습문제

6-01 이차방정식 $3x^2 + 4x - 3k + 2 = 0$이 근을 갖지 않을 때, 상수 k의 값의 범위를 구하세요. (이 문제는 코딩이 아닌 수학 문제입니다.)

6-02 이차방정식 $x^2 + 14x - 12a = 0$의 두 근의 비가 3:4일 때, a를 구하세요. (이 문제는 코딩이 아닌 수학 문제입니다.)

6-03 자연수 1부터 n까지의 합은 $\frac{n(n+1)}{2}$입니다. 1부터 n까지의 합이 78일 때, n의 값을 구하세요.

힌트 $n^2 + n = 156$

※ 정답은 py 파일(06\연습 문제 폴더) 또는 ipynb 파일에서 확인하세요.

Chapter

04 이차함수

수학

$y = f(x) = ax^2 + bx + c$(a, b, c는 상수, $a \neq 0$로 나타내어지는 함수)를 이차함수라고 합니다.
일차함수 y = ax + b에서 x가 증가함에 따라 y는 한 방향으로 계속 증가하거나 감소하는 데 반해, 이차함수는 x가 증가함에 따라 y는 감소하다가 증가하거나, 증가하거나 감소하는 특성을 보입니다.
이차함수를 그려 보고, 이차방정식 $b^2 - 4ac$의 의미와 연관시켜 보겠습니다.

01 $y = ax^2$ 그래프 익히기

a 〉 0인 경우 아래쪽으로 휘며, (x,y) = (0,0)에서 최소가 되고, a 〈 0인 경우 위쪽으로 휘고, (x,y) = (0,0)에서 최대가 됩니다.

※ 소스 : 06\6_12.py

```
>>> x = np.arange(-5,6)
>>> y = x**2
>>> plt.plot(x,y)
>>> plt.grid()
```

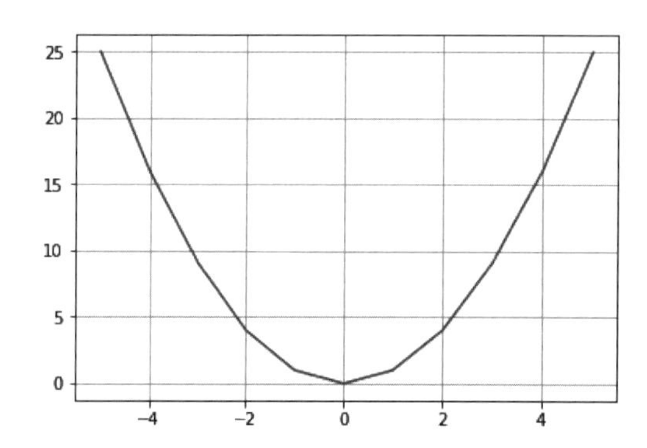

$y = x^2$는 x = 0을 중심으로 변곡점이 있습니다. 다음은 $y = 2x^2$, $y = 0.5x^2$을 그려 봅시다.

```
>>> y2 = 2*x**2
>>> y3 = 0.5*x**2
>>> plt.plot(x,y3, label = 'a = 0.5')
>>> plt.plot(x,y, label = 'a = 1')
>>> plt.plot(x,y2, label = 'a = 2')
>>> plt.legend(fontsize = 14)
>>> plt.grid()
```

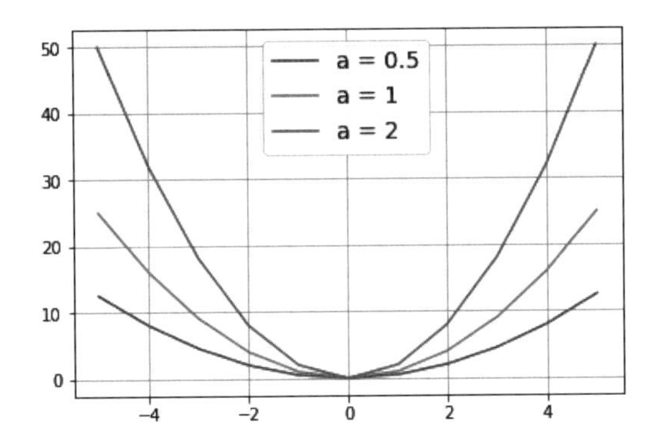

위 그래프에서 보듯이 이차함수 $y = ax^2 + bx + c$는 이차항의 계수 a가 커질수록 더 좁아집니다. a가 음수일 때도 마찬가지입니다.

```
>>> y2 = 2*x**2
>>> y3 = 0.5*x**2
>>> plt.plot(x,-y3, label = 'a = -0.5')
>>> plt.plot(x,-y, label = 'a = -1')
>>> plt.plot(x,-y2, label = 'a = -2')
>>> plt.legend(fontsize = 14)
>>> plt.grid()
```

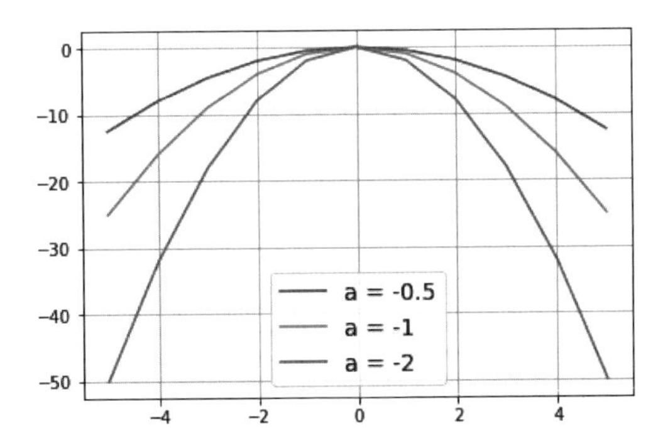

02 이차함수 $y = a(x-p)^2 + q$ 그래프 익히기

위 이차함수는 $y = ax^2$ 그래프를 x축으로 p만큼, y축으로 q만큼 이동한 그래프이며, (x,y) = (p,q)의 점을 지날 때 최대 혹은 최소가 됩니다.

예제를 살펴보겠습니다.

x는 0부터 6까지일 때, $y = 2(x-3)^2 + 4$ 그래프를 그리고, (3, 4)인 점을 scatter로 표시하세요.

※ 소스 : 06\6_13.py

```
>>> x = np.arange(6)
>>> y = 2*(x-3)**2 + 4
>>> plt.plot(x,y)
>>> plt.scatter(3,4, s = 100, color = 'r')
>>> plt.grid()
```

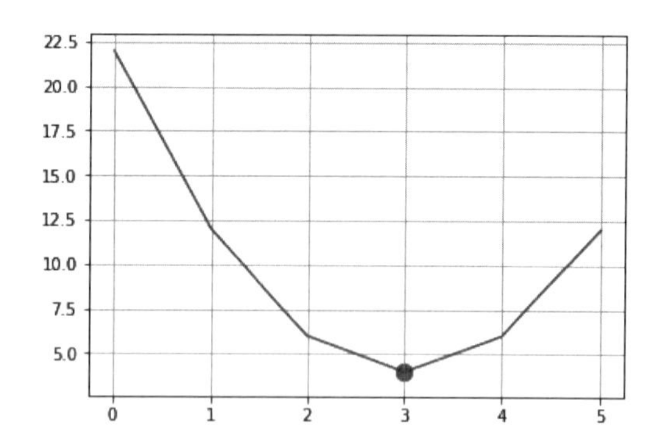

연습문제

6-04 $y = 3x^2$을 x축으로 1만큼 y축으로 −2만큼 이동한 그래프를 그리세요(x는 −1부터 4까지).

※ 정답은 py 파일(06\연습 문제 폴더) 또는 ipynb 파일에서 확인하세요.

03 이차함수 $y = ax^2 + bx + c$ 그래프 익히기

이차함수 $y = ax^2 + bx + c$를 아래와 같이 전개해 보겠습니다.

$$ax^2 + bx + c = 0$$
$$a(x^2 + \frac{b}{a}x + \frac{c}{a}) = 0$$
$$a(x + \frac{b}{2a})^2 + \frac{c}{a} - \frac{b^2}{4a} = 0$$
$$a(x + \frac{b}{2a})^2 + \frac{4ac - b^2}{4a} = 0$$

즉 위 식의 최대, 최소점은 $x = -\frac{-b}{2a}$, $y = \frac{4ac - b^2}{4a}$이 됩니다. 따라서 $b^2 - 4ac < 0$이면 해가 없게 되고, $b^2 - 4ac = 0$이면 해가 1개만 있게 되며, $(x = \frac{-b}{2a})$, $b^2 - 4ac > 0$이면 2개의 해가 존재합니다.

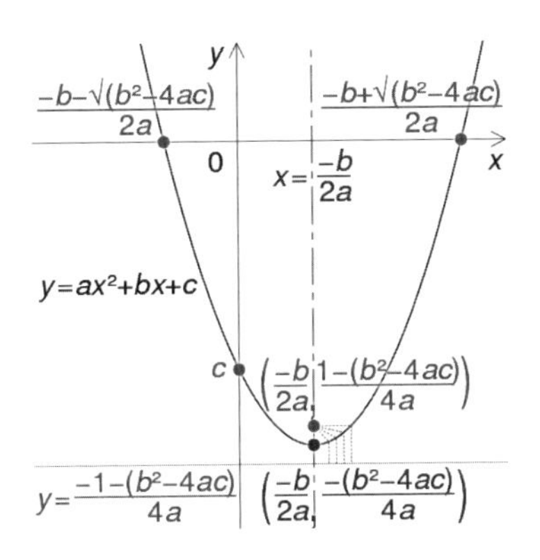

- **예제**

다음 이차함수의 해가 몇 개인지를 판별하고, 그래프를 그리세요.

$$-5x^2 + 9x + 2$$

※ 소스 : 06\6_14.py

```
>>> 9**2 - (4*-5*2) >= 0
True
```

따라서 해가 2개입니다.

```
>>> x = np.arange(-5,6)
>>> y = -5*x**2 + 9*x + 2
>>> plt.plot(x,y)
>>> plt.grid()
```

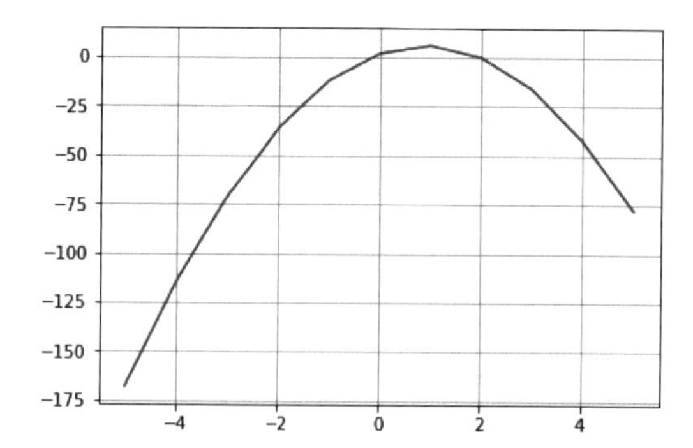

연습문제

6-05 이차함수 $y = \frac{-4}{3}x^2$의 그래프를 y축의 방향으로 q만큼 평행 이동한 그래프가 점 (−3, −17)을 지날 때 q의 값을 구하세요.
(이 문제는 코딩이 아닌 수학 문제입니다.)

6-06 $x_0 = 0.5, r = 3$일 때 $x_{n+1} = rx_n(1 - x_n)$입니다. n과 x의 관계를 그래프로 그리세요(n은 0부터 100까지).

6-07 첫째 자리와 둘째 자릿수가 같은 수(AA)가 있습니다. 이 수를 제곱하면, 네 자릿수 BBCC가 됩니다. B는 A보다 1이 작고 C는 A의 반입니다. 이때 AA를 구하세요.

6-08 수학책을 열었을 때 두 페이지 수의 곱이 1122였습니다. 몇 페이지를 열었는지 구하세요.

6-09 이차함수가 (−1,0)과 (5,0), (0,10)을 지날 때 이 함수를 구하세요.
(이 문제는 코딩이 아닌 수학 문제입니다.)

6-10 이차함수의 변곡점이 (−1,5)이며, 또한 (−2,3)을 지날 때 이 함수를 구하세요.
(이 문제는 코딩이 아닌 수학 문제입니다.)

6-11 $y = x + \sqrt{x-2}$의 그래프를 그리세요(x는 2부터 10까지).

6-12 $(x-2)^2 + (x-9)^2 = (x-11)^2$를 푸세요.
(이 문제는 코딩이 아닌 수학 문제입니다.)

6-13 $\sqrt{x+5} - \sqrt{5-x} = 2$일 때 만족하는 자연수 x를 구하세요.
(이 문제는 코딩이 아닌 수학 문제입니다.)

6-14 $\sqrt{x+3} - 1 = \sqrt{x - \sqrt{x-2}}$를 만족하는 자연수 x를 구하세요.

힌트 x 〉 -3 과 x 〉 2 를 동시에 만족해야함

6-15 $36u^4 - 13u^2 + 1 = 0$의 해를 구하세요.

6-16 $x = \dfrac{4}{5 - \frac{4}{5-x}}$를 만족하는 자연수 x를 구하세요.

※ 정답은 py 파일(06\연습 문제 폴더) 또는 ipynb 파일에서 확인하세요.

PART 7

딥러닝

CODING

최근 들어 AI, 인공지능, 머신러닝, 이러한 용어들을 많이 들어 보았을 것입니다. AI는 Artificial Intelligence 즉, 인공지능이란 뜻이고 이를 구현하기 위한 기술이 머신러닝입니다. 머신러닝은 말 그대로 기계(컴퓨터)가 데이터를 바탕으로 스스로 학습하여 원하는 예측 혹은 결론을 도출해 내는 기술입니다. 딥러닝은 머신러닝 기술 중 최근에 각광받는 기법 중 하나이며, 여러 층의 인공신경망을 통해 학습을 하는 방법입니다.

컴퓨터에서 신경망이라니 이상하지 않나요? 왜냐하면, 이 인공신경망이 사람의 신경망의 동작 원리를 모방해서 만들었기 때문입니다. 이번 파트에서는 실제 신경망의 특성에 대해 알아보고, 인공신경망에 대해서도 간단한 두 예제를 통해 공부해 보도록 하겠습니다. 이 예제들은 비록 한 층(Layer)의 인공신경망이라 딥러닝(Deep Learning)이라 부르기는 어렵습니다. 딥러닝은 소규모의 층 수가 아니라 여러 층으로 구성되어 있다는데 차이가 있을 뿐, 동작 원리는 유사합니다.

기본적인 머신러닝, 혹은 신경망 학습의 원리는 다음과 같습니다.

① 머신러닝의 각 알고리즘에 필요한 가중치들에 대해 초기값 부여
② 이렇게 부여된 초기값으로 입력 값에 대한 예측값 도출
③ 실제값과 예측값 차이의 Error를 계산
④ 계산된 Error를 가지고 가중치 값 변경
⑤ ①~④ 과정을 여러 번 반복하여, 실제값과 예측값이 최대한 작아지게끔 계산

머신러닝은 위와 같은 순서로 작동합니다. 이번 파트에서 배우게 될 예들은, 다른 책들과 달리 수식으로 설명하기보다는 우리가 쉽게 접할 수 있는 예를 통해 직관적으로 배울 수 있게끔 되어 있습니다. 머신러닝 기법들은 피타고라스 함수처럼 앞으로 컴퓨터를 활용하는 분야에서는 기본적으로 습득해야 할 덕목이 될 것입니다. 더 자세한 내용은 고등학교 수학을 배우고 난 후에, 파이썬의 Scikt-learn이나 구글의 TensorFlow, 페이스북의 PyTorch 모듈로 공부할 것을 추천합니다.

Chapter

01 인공신경망 원리

사람의 신경 세포는 다음 그림처럼 생겼습니다.

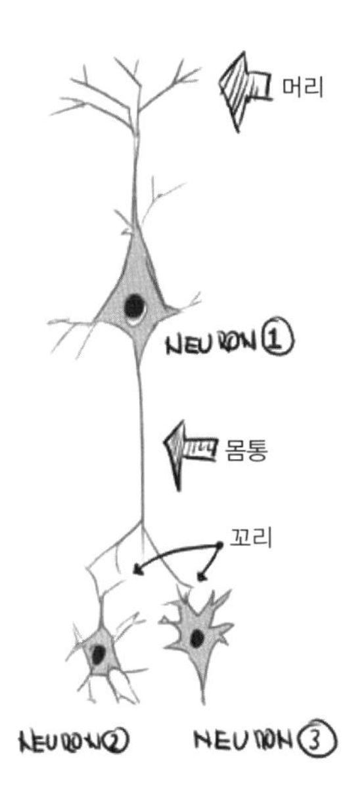

머리 부분에는 여러 가지가 있고 가지 각각에서 전기 신호를 받습니다. 가지에서 전달된 이 전기 신호들은 몸통 부위에서 다 더해진 다음, 특정 값보다 크게 되면 꼬리 부분으로 전달됩니다. 이 꼬리 부분 각 가지들은 다음 신경 세포의 머리들로 전기 신호를 전달합니다. 이러한 신경 세포는 사람 머릿속에 약 천억 개가 있고, 각 신경 세포는 다른 1000여 개의 신경 세포와 연결되어 있습니다. 뇌에 어떤 자극이 들어오면 이렇게 거대한 신경 세포 군집들이 서로 의사소통을 하게 되어, 사고, 기억, 운동 등의 반응을 일으킵니다. 또한 자극을 많이 받으면 받을수록, 해당 전기 신호를 전달하는 신경 세포들은 더 촘촘한 망을 이루게 됩니다. 이를 학습이라 합니다. 운동을 많이 하면 할수록 더 잘하게 되고, 공부를 하면 할수록 더 잘해지게 되는 것은 신경망이 더 발달한다는 의미입니다.

딥러닝에 기반한 인공신경망도 이러한 자극을 학습시켜 작동하게 됩니다. 따라서 자극을 많이 받으면 더 좋은 결과를 도출해 냅니다. 이때 자극은 인공신경망에서 자료와 같습니다. 더 많은 자료를 학습시킴으로써 인공신경망은 더 정확한 결과를 내놓게 되는 것입니다.

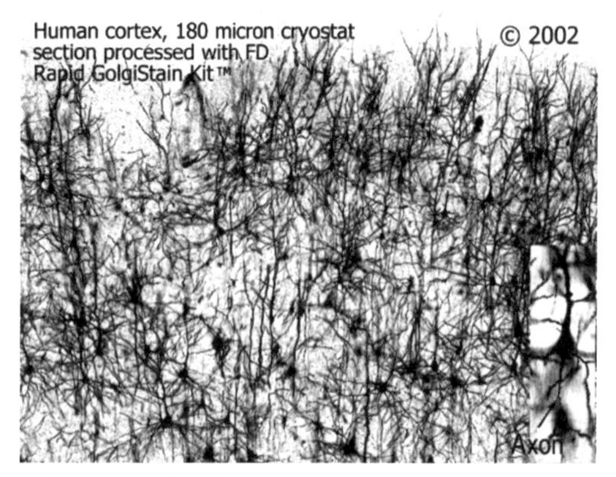

▲ 실제 신경 세포망

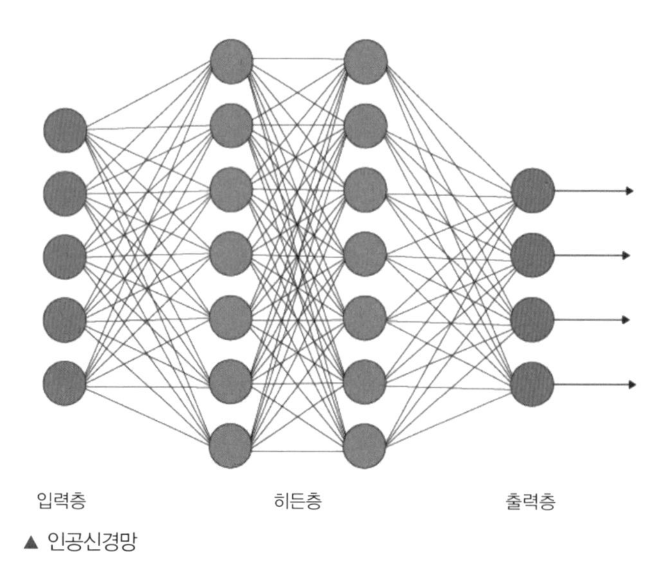

▲ 인공신경망

위 그림은 실제 신경 세포망이고, 아래 그림은 인공신경망의 그림입니다. 비슷하지 않나요? 인공신경망의 원리가 잘 알려져 있는 파블로프의 개 실험을 예로 배워 보겠습니다.

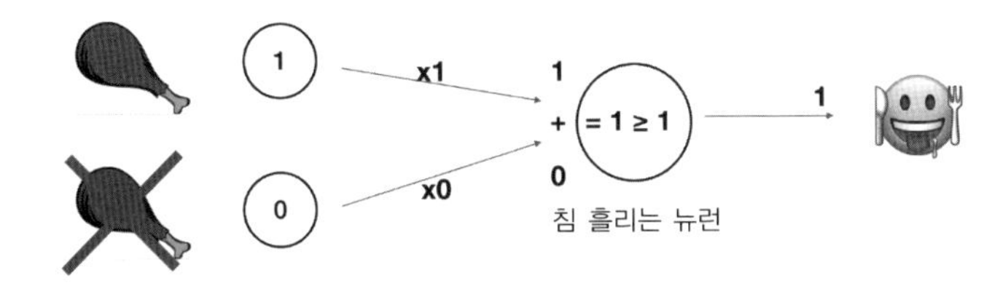

닭고기를 보게 되면(입력 신호 = 1), 이 자극이 침 흘리는 신경 세포에 ×1의 가중치를 받아 최종 1 × 1 = 1의 신호를 전달하게 됩니다. 이때 침 흘리는 신경 세포는 입력 전기 신호의 합이 1보다 크면 침을 흘리게 됩니다. 닭이 없으면 0의 신호가 들어오니 침을 흘리지 않습니다.

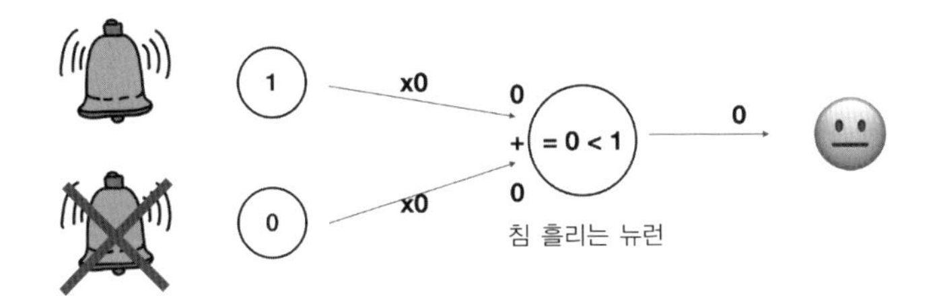

반면 종소리는 신호가 들어와도(1) 침 흘리는 신경 세포에 전달되는 가중치가 0이므로, 총 입력된 전기 신호는 1 × 0 = 0 〈 1이 되어 침을 흘리지 않습니다. 다른 실험을 해 보겠습니다. 이번엔 닭고기를 주는 동시에 종소리를 울려 보겠습니다.

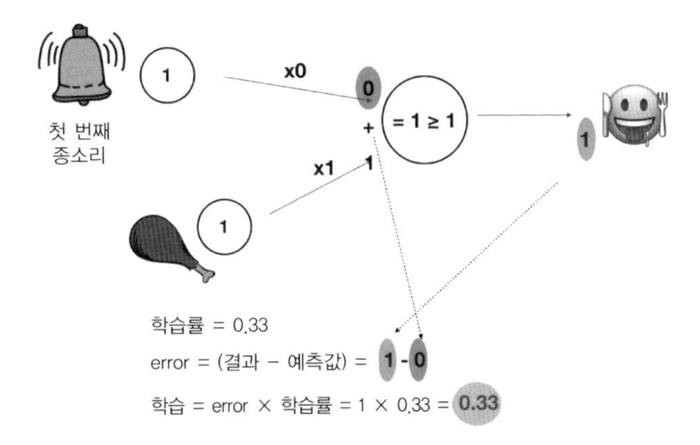

종소리에서는 0(1 × 0)의 입력 신호가 들어가지만, 닭고기에서 1의 입력 신호가 들어가 최종적으로 침을 흘리게 됩니다. 닭고기에서 전달된 신호는 1이고, 침 흘리는 신경 세포의 출력 값도 1이니 둘 사이에 차이(error)는 없습니다. 하지만 종소리의 신호는 0이고, 침 흘리는 신경 세포의 출력 값은 1이니 둘 사이의 차이는 error = 1이 됩니다. 이때 머리는 헷갈리게 됩니다. 닭고기를 보면 침 흘리는 것은 당연한데, '내가 침 흘리는 게 종소리 때문인가?'라고 착각할 수 있죠.

이때 종소리를 듣는 신경 세포와 침 흘리는 신경 세포 사이 가중치가 0.33의 학습률을 가지고 있다고 한다면, 종소리를 들어도 침을 흘리게끔 0.33의 학습률로 종소리 듣는 신경 세포에서 침 흘리는 신경 세포망으로 망이 0.33만큼 강화하게 됩니다. 이 과정이 두 번 반복되면 0.66이 되고 세 번 반복되면 1이 됩니다.

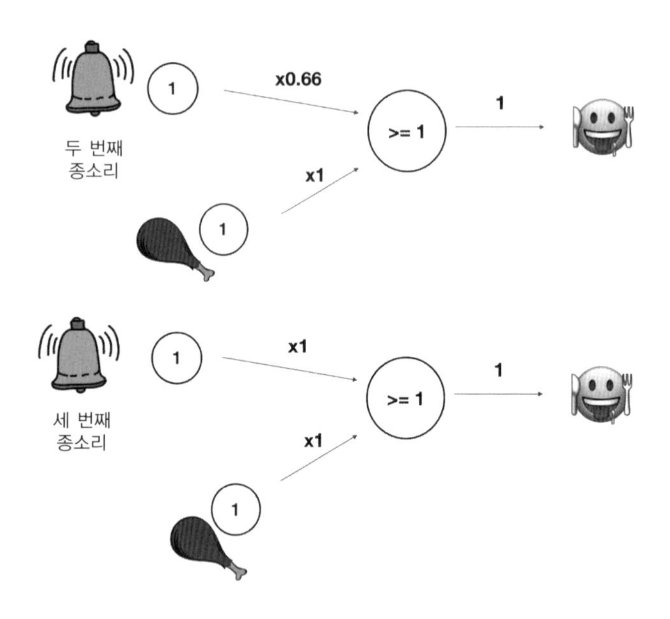

마지막으로는 닭고기가 없이 종소리만 들어도 침을 흘리게 됩니다.

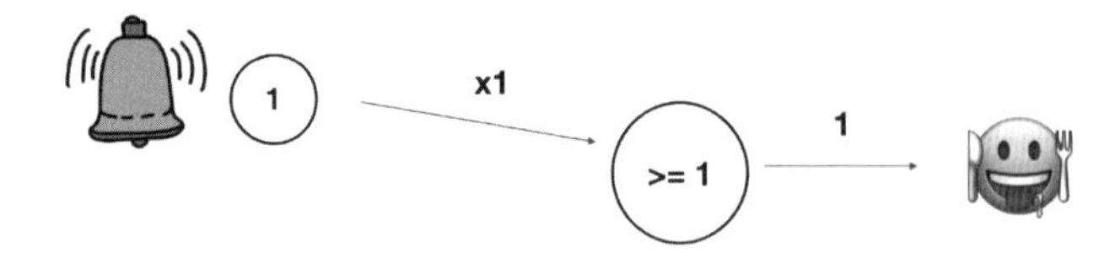

Chapter

02 인공신경망의 수학적 표현

앞에서 살펴본 인공신경망을 수학적으로 표현해 보겠습니다.

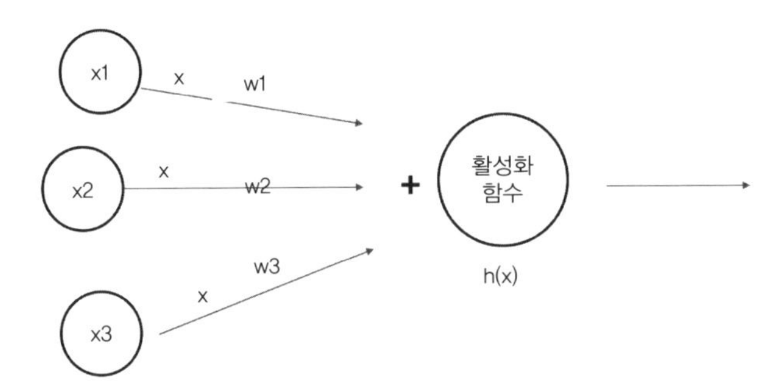

이 전체 신경 세포로부터 나오는 입력 값을 x1, x2, x3이라고 합시다. 입력 값 x1은 가중치 w1을 곱하여 다음 신경 세포에 전달됩니다. 마찬가지로 입력 값 x2, x3은 각각 가중치 w2, w3이 곱해져서 다음 신경 세포에 도달합니다. 이 도달한 입력 값들은 더해집니다. 더한 결과 값이 활성화 함수를 통하여 다음 신경 세포로 전달됩니다. 이 과정이 신경 세포 하나가 입력을 받고, 계산을 하고, 다음 신경 세포로 출력을 전달하는 하나의 원리입니다.
다른 예제를 한 번 더 보겠습니다. 가운데 버튼을 누를 때만 닭고기가 나온다고 합시다. 처음 보는 상황이므로 가운데 신호가 닭고기가 나온다고 생각하는 뉴런은 아직 가중치가 0입니다.

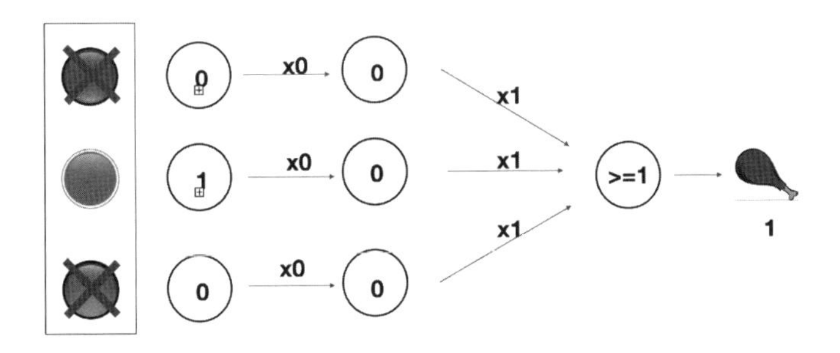

입력 값 X를 [R, G, B]라고 정의하겠습니다. 입력 값 R, G, B에 대한 가중치 W를 [0, 0, 0]으로 정의하겠습니다. 활성화 함수는 합이 1보다 크면 1이 나오고, 작으면 0이 나오는 함수를 쓰겠습니다. 이는 173쪽 연습 문제 4-04처럼 생겼습니다.

※ 소스 : 07\7_01.py

```
>>> % matplotlib inline
>>> import numpy as np
>>> import matplotlib.pyplot as plt
>>> # 윗부분(XR), 가운데(XG), 아랫부분(XB) 버튼의 초기 상태인 0
>>> XR = 0
>>> XG = 0
>>> XB = 0
>>> # 각각에 따른 가중치 초기 상태는 0
>>> WR = 0
>>> WG = 0
>>> WB = 0

>>> X = np.array([XR, XG, XB])
>>> W = np.array([WR, WG, WB])
```

다음은 입력 값 총합을 계산하는 함수를 만들겠습니다. 입력 값 총합은 입력에 해당하는 X에 가중치 W가 곱해진 값들을 다 더한 것입니다.

```
>>> def input_total(X, W):    # 입력 값의 총합을 돌려 주는 함수
>>>     y = np.multiply(X, W)
>>>     return np.sum(y)

>>> y = input_total(X,W)
>>> y
0
```

Chapter

03 활성화 함수를 이용한 인공신경망 코딩

이 인풋 총합(x×w)을 활성화 함수에 넣겠습니다. 활성화 함수는 다음처럼 생겼습니다. 인풋 총합이 0보다 작으면 출력 값(y)은 0이고, 0보다 크면 1을 돌려주는 함수입니다.

```
>>> xx = np.arange(-10, 11)
>>> yy = np.zeros(len(xx))
>>> for i in range(len(xx)):    # 총합이 1보다 크면, y = 1을 돌려 주는 함수
        if xx[i] >= 1:
            yy[i] = 1
>>> plt.plot(xx,yy)
>>> plt.grid()
```

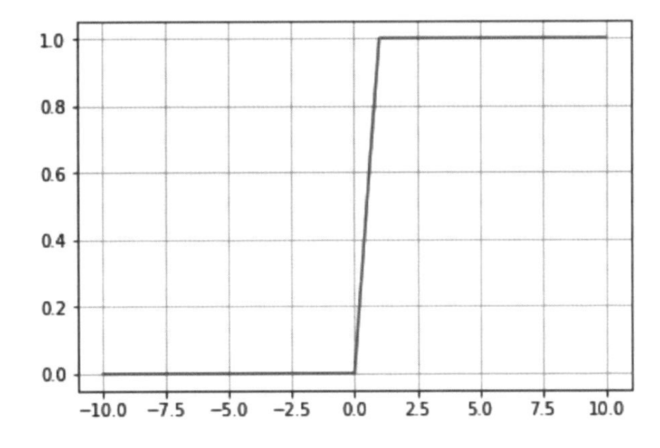

이를 코딩 함수로 만들겠습니다. Green 불포함 아무 불이 켜지지 않으면, X = [0,0,0]이므로 X × W하면 합이 0입니다. 따라서 0을 이 활성화 함수에 집어 넣어도 1보다 작으므로 결과 값은 0이 나오고 이렇게 계산한 값을 예상 결과(y)라고 하겠습니다.

```
>>> def activation_func(y):        # 활성화 함수 정의
        if y >= 1:
            return 1
        else:
            return 0
>>> activation_func(y)
0
```

실제로 닭이 안 나왔으므로, 실제 결과(t)는 0이고, 예상 결과(y)는 0이므로 이 둘 사이의 error = t − y는 0입니다.

```
>>> t = 0                       # 실제 결과
>>> def error(y, t):            # 실제 결과와 예상치의 차이를 돌려 주는 함수
        return t - y
>>> e = error(y, t)
>>> print('expectation : {}'.format(y))
>>> print('error : {}'.format(e))
expectation : 0
error : 0
```

R만 1일 때 X = [1, 0, 0] 예상 값을 구해 보겠습니다.

```
>>> t_R = 0
>>> X_R = np.array([1,0,0])
>>> Y_R = activation_func(input_total(X_R,W))
>>> e_R = error(Y_R, t_R)
>>> print('expectation : {}'.format(Y_R))
>>> print('error : {}'.format(e_R))
expectation : 0
error : 0
```

이때 error는 실제 결과(t_R = 0)와 예상 값(y_R = 0)의 차이입니다. 그리고 학습률을 0.01이라고 해 봅시다. 이 학습률에 error를 곱한 값을 learning이라 하겠습니다.

※소스 : 07\7_02.py

```
>>> learning_rate = 0.01
>>> learning = learning_rate*e_R
>>> learning
0.0
```

이 learning 값을 W에 더하겠습니다. error가 없으므로, 가중치가 변하지 않습니다. 즉 학습이 되지 않습니다.

```
>>> W = W + learning * X_R
>>> W
array([0., 0., 0.])
```

G만 1일 때 X = [0, 1, 0] 예상 값, error를 구해 보겠습니다. 이때 error는 실제 결과(t_G = 1)와 예상 값(y_G = 0)과의 차이입니다.

```
>>> t_G = 1
>>> X_G = np.array([0,1,0])
>>> Y_G = activation_func(input_total(X_G,W))    # X_G = [0,1,0], W = [0,0,0]
>>> e_G = error(Y_G, t_G)                         # Y_G = 0, t_G = 1
>>> print('expectation : {}'.format(Y_G))
>>> print('error : {}'.format(e_G))
expectation : 0
error : 1
```

이 error에 학습률을 곱한 값을 WG에 반영하겠습니다. 0.01만큼 학습이 된 것을 확인하였습니다.

```
>>> learning = learning_rate * e_G    # learning_rate * e_G = 0.01 x 1
>>> W = W + learning * X_G            # learning = 0.01, X_G = [0, 1, 0]
>>> W                                 # 따라서 W = [0, 0.01, 0]
array([0.  , 0.01, 0.  ])
```

다음으로는 B만 1일 때 X = [0, 0, 1] 예상 값, error를 구해 보겠습니다. 역시 error는 0이 나왔으며, blue는 학습이 되지 않습니다.

```
>>> t_B = 0
>>> X_B = np.array([0,0,1])
>>> Y_B = activation_func(input_total(X_B,W))
>>> e_B = error(Y_B, t_B)
>>> print('expectation : {}'.format(Y_B))
>>> print('error : {}'.format(e_B))
expectation : 0
error : 0
```

```
>>> tlearning = learning_rate * e_B
>>> W = W + learning * X_B
>>> W
array([0.  , 0.01, 0.  ])
```

자 그럼 이 과정을 랜덤하게 1000번(n = 1000) 해 보고 인공지능이 학습하는 것을 관찰해 보겠습니다.
단, 한 번의 실험에는 R, G, B 중 1개의 불만 켜지는 것으로 하겠습니다.
랜덤하게 켜지는 불을 코딩으로 만들면 다음과 같이 할 수 있습니다.

※소스 : 07\7_03.py

```
>>> light = np.random.randint(3)
>>> light
2
```

0, 1, 2가 랜덤으로 나옵니다.
light가 0이면 R이고, t가 0, 1이면 G이고, t가 1, 2이면 B이고, t = 2라고 정의하겠습니다.

```
>>> n = 1000
>>> W = np.array([0, 0, 0])
>>> learning_rate = 0.01
>>> for i in range(n):
        light = np.random.randint(3)
        if light == 0:   # 0이면 윗부분 불이 켜짐
            X = np.array([1, 0, 0])
            t = 0
        elif light == 1:  # 1이면 가운데 불이 켜짐
            X = np.array([0, 1, 0])
            t = 1
        elif light == 2:  # 2이면 아랫부분 불이 켜짐
            X = np.array([0, 0, 1])
            t = 0
        y = activation_func(input_total(X, W))
        e = error(y, t)
        learning = learning_rate * e
        W = W + learning * X

        if i % 50 == 0:    # 50의 배수일 때만 아래 print를 출력
```

```
        print ('{}번째 학습이며 이때 가중치 W는 {}'.format(i, W))
0번째 학습이며 이때 가중치 W는 [0.   0.01 0.  ]
50번째 학습이며 이때 가중치 W는 [0.   0.15 0.  ]
100번째 학습이며 이때 가중치 W는 [0.   0.33 0.  ]
150번째 학습이며 이때 가중치 W는 [0.   0.54 0.  ]
200번째 학습이며 이때 가중치 W는 [0.  0.7 0. ]
250번째 학습이며 이때 가중치 W는 [0.   0.83 0.  ]
300번째 학습이며 이때 가중치 W는 [0. 1. 0.]
350번째 학습이며 이때 가중치 W는 [0. 1. 0.]
400번째 학습이며 이때 가중치 W는 [0. 1. 0.]
450번째 학습이며 이때 가중치 W는 [0. 1. 0.]
500번째 학습이며 이때 가중치 W는 [0. 1. 0.]
550번째 학습이며 이때 가중치 W는 [0. 1. 0.]
600번째 학습이며 이때 가중치 W는 [0. 1. 0.]
650번째 학습이며 이때 가중치 W는 [0. 1. 0.]
700번째 학습이며 이때 가중치 W는 [0. 1. 0.]
750번째 학습이며 이때 가중치 W는 [0. 1. 0.]
800번째 학습이며 이때 가중치 W는 [0. 1. 0.]
850번째 학습이며 이때 가중치 W는 [0. 1. 0.]
900번째 학습이며 이때 가중치 W는 [0. 1. 0.]
950번째 학습이며 이때 가중치 W는 [0. 1. 0.]
```

R, G, B 불이 난수로 켜지니 결과가 앞과 비슷하지만 매번 달라질 것입니다. 약 300에서 350번 사이 가중치 W는 [0, 1, 0]으로 바뀌었으며 학습이 완료된 것을 볼 수 있습니다.

다음으로는 불을 각각 독립적으로 켜 보겠습니다. 즉, 불을 중복되게도 켜 보고 다 안 켜 보기도 하겠습니다. 결국 Green 빛이 들어오거나 다른 불도 Green 빛과 동시에 들어오면 학습이 됩니다. 이때 켜지는 불을 코딩으로 만들면 다음과 같습니다.

```
>>> light = np.random.randint(2, size = 3) # [0~2, 0~2, 0~2] 각 원소가 0부터 2까지 난
수 발생
>>> X = light.copy()
```

이 light를 그대로 X에 대입하면 됩니다.

```
>>> X = np.random.randint(2, size = 3)
>>> if X[1] == 1:    # X[1]은 가운데 불이 켜지는 것을 의미한다.
        t = 1        # 즉, 가운데 불이 켜지면, 실제 값은 1이다.
>>> y = activation_func(input_total(X, W))
```

```
>>> e = error(y, t)
>>> learning = learning_rate * e
>>> W = W + learning * X

>>> print (W)
[0. 1. 0.]
```

다음은 이 과정을 200번 거치겠습니다.

```
>>> n = 200
>>> W = np.array([0, 0, 0])    # 가중치 W 초기화
>>> learning_rate = 0.05

>>> for i in range(n):
        t = 0
        X = np.random.randint(2, size = 3)
        if X[1] == 1:
            t = 1
        y = activation_func(input_total(X, W))
        e = error(y, t)
        learning = learning_rate * e
        W = W + learning * X

        if i % 10 == 0:   # 10번할 때마다 결과 출력
            print ('{}번째 학습이며 이때 가중치 W는 {}'.format(i, W))
0번째 학습이며 이때 가중치 W는 [0. 0. 0.]
10번째 학습이며 이때 가중치 W는 [0.1  0.25 0.2 ]
20번째 학습이며 이때 가중치 W는 [0.2  0.5  0.35]
30번째 학습이며 이때 가중치 W는 [0.3  0.7  0.35]
40번째 학습이며 이때 가중치 W는 [0.3  0.75 0.35]
50번째 학습이며 이때 가중치 W는 [0.3  0.75 0.35]
60번째 학습이며 이때 가중치 W는 [0.3  0.85 0.35]
70번째 학습이며 이때 가중치 W는 [0.3  0.9  0.35]
80번째 학습이며 이때 가중치 W는 [0.3  1.   0.35]
90번째 학습이며 이때 가중치 W는 [0.3  1.   0.35]
100번째 학습이며 이때 가중치 W는 [0.3  1.   0.35]
110번째 학습이며 이때 가중치 W는 [0.3  1.   0.35]
120번째 학습이며 이때 가중치 W는 [0.3  1.   0.35]
130번째 학습이며 이때 가중치 W는 [0.3  1.   0.35]
140번째 학습이며 이때 가중치 W는 [0.3  1.   0.35]
```

```
150번째 학습이며 이때 가중치 W는 [0.3  1.   0.35]
160번째 학습이며 이때 가중치 W는 [0.3  1.   0.35]
170번째 학습이며 이때 가중치 W는 [0.3  1.   0.35]
180번째 학습이며 이때 가중치 W는 [0.3  1.   0.35]
190번째 학습이며 이때 가중치 W는 [0.3  1.   0.35]
```

위 예는 R, B 불빛이 G 없이 나오면 학습이 줄어들지 않게 만들어졌습니다. 다음 예로는 R, B가 G 없이 나오면 닭이 안 나오므로 가중치가 오히려 줄게 만들겠습니다. 이를 위해 새로운 활성화 함수를 사용해 보겠습니다.

Chapter

04 ReLU 함수를 이용한 코딩 함수

ReLU 함수를 코딩 함수로 만들어 보겠습니다. ReLU 함수는 우선 다음과 같이 생겼습니다. 인풋 x 〈 0 일 때는 y = 0이지만, x 〉= 0 일 때는 y = x의 그래프입니다.

```
>>> xx = np.arange(-10,11)
>>> yy = np.zeros(len(xx))
>>> for i in range(len(xx)):
        if xx[i] >= 0:
            yy[i] = xx[i]
>>> plt.plot(xx,yy)
>>> plt.grid()
```

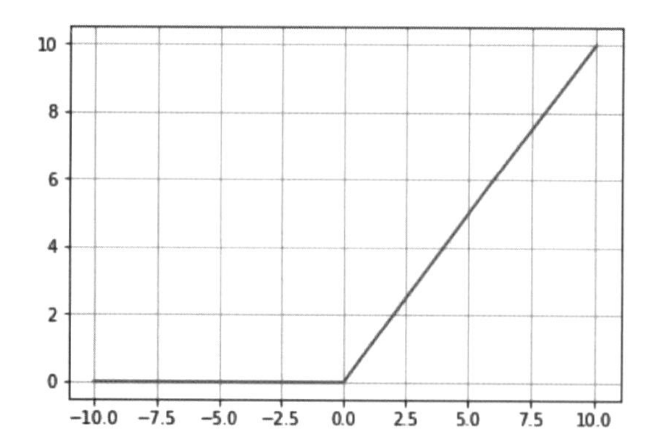

이러한 함수를 ReLU 함수라 부르며 코딩 함수로 만들어 보겠습니다.

※소스 : 07\7_04.py

```
>>> def ReLU(y):    # ReLU 함수
        if y > 0:
            return y
        else:
            return 0
```

또한 가중치 W 값이 1이 넘으면 1로 한정하겠습니다. 이를 위해서 아래 문구를 추가하면 됩니다.

```
>>> for j in range(len(W)):
        if W[j] > 1:
            W[j] = 1
```

그럼 위에서 했던 학습을 400번, 학습률은 0.05로 다시 진행해 보겠습니다.

```
>>> n = 400
>>> W = np.array([0, 0, 0])
>>> learning_rate = 0.05

>>> for i in range(n):
        t = 0
        X = np.random.randint(2, size = 3)     # [0~2, 0~2, 0~2]의 배열 발생
        if X[1] == 1:                          # 가운데 불이 켜지면
            t = 1                              # 실제 값은 1, 즉 닭고기가 나옴
        y = ReLU(input_total(X, W))            # 활성화 함수를 ReLU를 이용
        e = error(y, t)
        learning = learning_rate * e
        W = W + learning * X

        for j in range(len(W)):       # 가중치의 최대를 1로 제한한다고 하였으니 아래 문구 추가
            if W[j] > 1:              # j번째 가중치가 1보다 크면
                W[j] = 1              # j번째 가중치를 1로 고정한다.

        if i % 50 == 0:
            print ('{}번째 학습이며 이때 가중치 W는 {}'.format(i, W))
0번째 학습이며 이때 가중치 W는 [0.   0.05 0.05]
50번째 학습이며 이때 가중치 W는 [0.02432883 0.57987968 0.19445687]
100번째 학습이며 이때 가중치 W는 [0.0344023  0.84635076 0.16097397]
150번째 학습이며 이때 가중치 W는 [0.03199363 0.89754416 0.087403  ]
200번째 학습이며 이때 가중치 W는 [-2.19212819e-04  9.38225447e-01  3.36643330e-02]
250번째 학습이며 이때 가중치 W는 [0.00233161 0.97341602 0.02152101]
300번째 학습이며 이때 가중치 W는 [0.00213467 0.98870083 0.01020875]
350번째 학습이며 이때 가중치 W는 [2.91707704e-04 9.94115560e-01 5.27600811e-03]
```

WR, WB는 학습을 할수록 0에 가까워지고 WG는 학습을 할수록 1에 가까워지는 것을 볼 수 있습니다. 학습이 잘 되고 있죠? 이를 학습 횟수에 따른 그래프로 그려 보겠습니다.

학습할 때마다 W_save에 W의 결과를 저장하겠습니다(W_save.append(W) 이용).

※소스 : 07\7_05.py

```
>>> n = 400
>>> W = np.array([0, 0, 0])
>>> learning_rate = 0.05

>>> WR_save = []    # WR 값을 저장할 빈 리스트
>>> WG_save = []     # WG 값을 저장할 빈 리스트
>>> WB_save = []     # WB 값을 저장할 빈 리스트
>>> for i in range(n):
        t = 0
        X = np.random.randint(2, size = 3)
        if X[1] == 1:
            t = 1
        y = ReLU(input_total(X, W))
        e = error(y, t)
        learning = learning_rate * e
        W = W + learning * X

        for j in range(len(W)):
            if W[j] > 1:
                W[j] = 1
        WR_save.append(W[0])       # 매번 WR에 변화된 WR 값을 추가
        WG_save.append(W[1])       # 매번 WG에 변화된 WG 값을 추가
        WB_save.append(W[2])       # 매번 WB에 변화된 WB 값을 추가
        if i % 50 == 0:            # 50번 마다 아래 print 출력
            print ('{}번째 학습이며 이때 가중치 W는 {}'.format(i, W))
0번째 학습이며 이때 가중치 W는 [0. 0. 0.]
50번째 학습이며 이때 가중치 W는 [0.13654458 0.67705186 0.1473627 ]
100번째 학습이며 이때 가중치 W는 [0.05311435 0.80437606 0.09207528]
150번째 학습이며 이때 가중치 W는 [0.05083906 0.91916274 0.04369482]
200번째 학습이며 이때 가중치 W는 [0.02519519 0.95775546 0.02479417]
250번째 학습이며 이때 가중치 W는 [0.01041945 0.97560117 0.01195636]
300번째 학습이며 이때 가중치 W는 [0.00744984 0.98721881 0.0087959 ]
350번째 학습이며 이때 가중치 W는 [0.00335407 0.99290791 0.0036806 ]

>>> plt.plot(range(n), WR_save, 'r', label = 'Red learning')
>>> plt.plot(range(n), WG_save, 'g', label = 'Green learning')
>>> plt.plot(range(n), WB_save, 'b', label = 'Blue learning')
>>> plt.legend(fontsize = 15)
```

```
>>> plt.grid()
>>> plt.xticks(fontsize = 15)
>>> plt.yticks(fontsize = 15)
>>> plt.xlabel('number of learning', fontsize = 15)
>>> plt.ylabel('Accuracy', fontsize = 15)
```

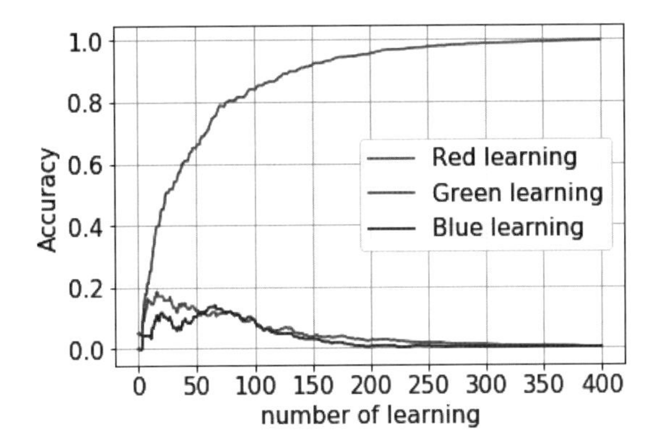

자 Green만 학습이 잘 되는 것을 볼 수 있죠? 300번만 해도 이렇게 정확해지는데 구글 음성 인식이나 사진 속 사람 인식은 몇 백만 건, 몇 억 건 이상의 데이터를 가지니 얼마나 정확할까요? 또한 알파고가 수십만 건의 데이터로 학습하니 얼마나 정확하게 바둑을 둘 수 있을까요?

이번 파트는 딥러닝 인공신경망 기술에 대해 알아보았습니다. 물론 쉽게 설명하기 위해서 지나친 많은 수학적 함수들이 있습니다.

- np.multiply(X, W)로 입력 값과 가중치를 더한 값을 만들었습니다. 하지만 이 신호들을 모으는 신경 세포가 1개 이상이면 연립방정식의 확장판인 선형대수에 대한 공부가 필요합니다. 이는 고등학교 수학에 나옵니다.
- 또한 앞 예제에서 가장 간단한 error 함수 (t-y)를 사용하였습니다. 하지만 실제 error 함수는 더 복잡한 이차함수 $error = \frac{1}{2}\Sigma_k(y_k - t_k)^2$을 쓰거나 혹은 고등학교에서 배울 log를 이용한 함수를 사용합니다($error = -\Sigma_k(t_k log y_k)$).
- 활성화 함수도 앞에서 배운 step function과 ReLU 외에 고등학교 수학에 배우는 지수를 이용한 함수를 사용하기도 합니다.
- 가장 중요한 것은 우리가 간단하게 덧셈을 통해 가중치의 변화를 배운 것입니다.
  - learning = learning_rate * e
  - W = W + learning * X

하지만 실제 인공신경망에서는 덧셈이 아니라 고등학교 수학에서 배우는 미분 혹은 편미분을 이용하여 가중치를 변화하게 합니다.

어렵게 느껴질 수도 있지만, 다른 말로 하면 고등학교 수학만 배우면 딥러닝은 어느 정도 완성할 수 있다는 말이 되겠죠? 지금까지 중학교 수학과 이에 대한 코드만으로 딥러닝을 배워 보았습니다.

찾아보기 index

ㅊ~ㅌ

ㅍ~ㅎ